もう一つの親鸞像
『口伝鈔』講義

義盛幸規

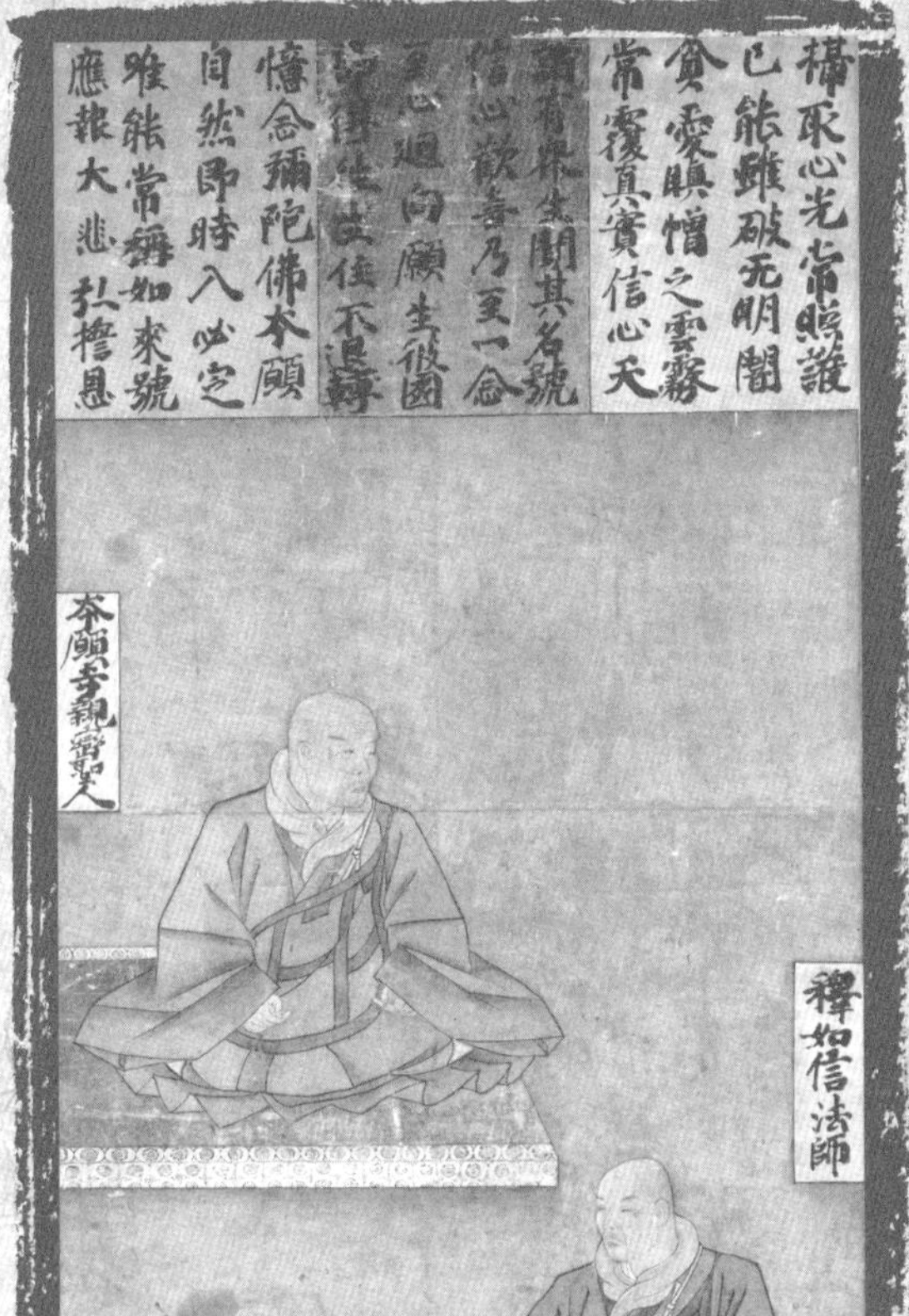

「親鸞・如信・覚如連坐像」（西本願寺蔵）

大法輪閣

目次

装幀：山本太郎

もう一つの親鸞像
『口伝鈔』講義

第1講

覚如と『口伝鈔』

一、親鸞像

十二世紀末、源頼朝によって鎌倉幕府が開かれました。それ以降、一三三三（元弘三）年に後醍醐天皇によって倒幕がなされる（元弘の乱）までの期間を鎌倉時代と言います。

この時代に、貴族の心の安息を大きな目標とした仏教であった平安仏教から、貴族だけでなく民衆の救済を最大の目標とした仏教が派生しました。これを鎌倉新仏教と言います。その鎌倉新仏教とは、

浄土宗（法然）　浄土真宗（親鸞）
臨済宗（栄西）　曹洞宗（道元）
時　宗（一遍）　日蓮宗（日蓮）

であると、中学・高校いずれの歴史の教科書にも記されています。このように、鎌倉新仏教を担った一人に親鸞《しんらん》（一一七三（承安《じょうあん》三）〜一二六二（弘長二）年）がいます。

親鸞は下級貴族である日野有範《ひのありのり》の子として生まれ、九歳で得度したと言われています。以来、親鸞は

比叡山（天台宗）で修行を重ねましたが、二十九歳の時に下山、浄土宗の開祖である法然（一一三三（長承二）～一二一二（建暦《けんりゃく》二）年）のもとを訪ね、選択本願念仏《せんじゃくほんがんねんぶつ》の教えに帰します。その後、一二〇七（建永二）年に専修念仏《せんじゅねんぶつ》の禁止を朝廷から言い渡され、法然門下は罪科を問われることとなります（承元《じょうげん》（建永）の法難）。法然は土佐の国へ流罪《るざい》、親鸞もまた越後の国へと流罪になります。その四年後には法然も親鸞も罪が赦《ゆる》されはしましたが、間もなく法然は入滅し、一方親鸞は関東へと移り、法然の教えを関東の人々に布教する生活を送ります。

そして親鸞は六十歳前後で主著である『顕浄土真実教行証文類《けんじょうどしんじつきょうぎょうしょうもんるい》（教行信証《きょうぎょうしんしょう》）』の執筆活動に入り、更に関東を離れ、京都へと戻ります。親鸞は晩年、関東の門弟の布教のために多くの書を著し・書き写すなどし、手紙のやりとりを続けました。そして一二六二（弘長二）年十一月二十八日、九十歳で入滅したのです。

仏教では、亡くなられた方の命日を縁として、仏法に触れるために月忌《がっき》や年忌《ねんき》法要等を営みます。浄土真宗では、この親鸞の祥月命日《しょうつきめいにち》に「報恩講《ほうおんこう》」という法要を営みますが、二〇一一年（平成二十三年）には親鸞の七百五十回の遠忌《えんき》が浄土真宗各派で勤修《ごんしゅ》（おつとめ）されました。

そもそも、五十年おきに勤修される年忌（遠忌）を大きな機会として、先達《せんだつ》はその時代に応じた親鸞像を作り上げてきました。そして親鸞が入滅してから七百五十年を迎えた現在も、やはり遠忌を一つの契機として、親鸞に関する様々な著作を私達は目にすることが出来ます。例えば親鸞のフェアを催した大きな書店もあります。恐らく、七百五十回の遠忌をきっかけとして、それぞれが現代社会の求めに応じた親鸞像を作り、鎌倉時代を生きた親鸞の声を聞き取ろうとしているのでしょう。

二、『歎異抄』と『口伝鈔』

さて、私達が親鸞像を作り上げるに当たって、最も影響を及ぼすであろう著作が『歎異抄《たんにしょう》』であると思われます。『歎異抄』の著者は厳密に言うと不詳ですが、現在のところ親鸞の直弟子である河和田《かわだ》（現在の茨城県）の唯円《ゆいえん》とする説が有力です。

例えば私達は、『歎異抄』から「善人なおもて往生をとぐ、いわんや悪人をや」と宣言した「悪人正《あくにんしょう》機《き》説」に象徴される、『歎異抄』の文章に基づいた親鸞像を作り上げている場合が多いでしょう。『歎異抄』が今なお現代の人々に愛読されているその証拠に、あるインターネットショッピングサイトで『歎異抄』をキーワードとして商品検索をすると、のべ百件以上もの商品がヒットします。その内、ここ三年で刊行された『歎異抄』関連の著作は十一件もあるのです（二〇一〇年三月著者調べ）。ことほどさように、『歎異抄』は現代を生きる私達へ強いメッセージを発信すると共に、私達がイメージする親鸞像に影響を及ぼしているわけです。この『歎異抄』が成立したのは親鸞が入滅してから三十年ほど経った鎌倉時代後期あたりとされています。

しかし、あまり御存知ない方もおられるでしょうが、ほぼ同じ時代に記された親鸞の言行録がもう一つあります。それが『口伝鈔《くでんしょう》』です。これは一三三一（元弘元）年、親鸞の曾孫《ひまご》に当たる覚如《かくにょ》が著したとされています（真宗高田派にも『口伝鈔』という同じ名の著作が伝えられています）。これからこの『口伝鈔』を通して、現代に応じた新たな親鸞像を確かめていきたいと思います。そこで、「『歎異抄』とは少し異なる、新たな〝もう一つの親鸞像〟を構築し、親鸞の生き様が私達に届けようとするメッセージを聞き取りたい」という願いを込めてこのタイトルをつけました。

三、覚如という人物

では、『口伝鈔』を著した覚如とはどういった人物なのでしょうか。そもそも覚如は、本願寺第三世留守職《るすしき》（住職）であり、現在の東西本願寺の基盤を作り上げた人物です。今回は、この『口伝鈔』著者である覚如について紹介します。

覚如宗昭《しゅうしょう》。覚如は、一二七〇（文永七）年、親鸞の末娘・覚信尼《かくしんに》の長男である覚恵《かくえ》の長男として生まれます。つまり、親鸞の曾孫に当たりますが、親鸞は一二六二年に入滅していますので、覚如は親鸞直々に教えを蒙《こうむ》ったことはありません。

そもそも親鸞入滅後、末娘・覚信尼が親鸞の遺骨を納める廟堂《びょうどう》（お墓）を京都・大谷の地に建立します。そしてその廟堂の維持を関東在住の門弟達に依頼するのです。

覚信尼は、この廟堂を建立するに当たって、親鸞の子孫をその廟堂の留守職にするようにルールを作り、関東の門弟達と約束を交わします。覚如は、その三代留守職であった一三二一（元亨元《げんこう》）年頃から廟堂を「本願寺」という寺号を名のり始め、それが後の本願寺教団と成っていきます。その後も覚如は本願寺教団が興隆するように尽力しました。以来、現在に至るまで、親鸞の子孫が本願寺教団の筆頭となっているわけです。

そのような、いわば本願寺教団の基盤を作った覚如は、様々な著作を残しています。特に念仏の教えを伝えた親鸞の恩に報いるべく著された『報恩講私記《ほうおんこうしき》』は一二九四（永仁二）年、親鸞の三十三回忌に合わせて著されたもので、実に覚如二十五歳の作品ですし、更にその翌一二九五（永仁三）年、二十六歳の時には親鸞の伝記である『本願寺聖人伝絵』の初稿本を著す等、覚如は精力的に執筆活動を進めます。この二つの著作は、本願寺教団では現在もなお年に一度の報恩講に際して拝読されます。

そして一三三一（元弘元）年六十二歳の時、覚如はこの『口伝鈔』を著します。覚如は親鸞の教えの正しい伝承を願って、それ以外にも、一三二六（嘉暦元）年に『執持鈔《しゅうじしょう》』、一三三七（建武四）年に『改邪鈔《がいじゃしょう》』を制作します。また、一三〇一（正安三）年には法然の伝記である『拾遺古徳伝《しゅうい》』等、覚如は、法然─親鸞─如信《にょしん》という念仏の教えの伝統を明らかにしようと意識した作品を著します。その後、覚如は一三五一（観応二）年、八十二歳で入滅、南北朝時代の最中でした。

覚如は晩年に至るまで戦乱の最中にあって、大谷廟堂の後援者である関東の門弟達との関係維持に苦慮し、叔父（覚恵の弟）に当たる唯善《ゆいぜん》が大谷廟堂の鍵を奪い、廟堂を乗っ取った事件にも直面しました。更には息子である存覚《ぞんかく》とも確執があり二度も義絶（勘当）するなど、人間関係で様々な苦労を重ねながらも、本願寺教団創立に賭けた生涯でありました。

四、『口伝鈔』成立の目的と背景

『口伝鈔』は、二十一箇条にわたって記された親鸞の言行録です。覚如が口述したものを弟子乗専《じょうせん》が

筆記しました。その初めには、

　本願寺の鸞聖人、如信上人に対しましまして、おりおりの御物語の条々。

と記されています。

〈現代語訳〉本願寺の〔開祖である〕親鸞聖人が〔その孫に当たる〕如信上人に向かって、折にふれてお話しになった物語の数々。

という序文です。

　そして『口伝鈔』本文は、一条一条が親鸞の言行であったり、浄土真宗の法語であったりしますが、中には、親鸞と、親鸞の師である法然とのやりとり等も多く記されています。なお、法然は親鸞に先立つ五十年前に入滅しています。ですから、親鸞の七百五十回忌と同じ二〇一一年、浄土宗各派では法然の八百回忌がつとまりました。実は親鸞と法然の遠忌は五十年ごとにいつも同じ年につとまるのです。

　この『口伝鈔』の序文を読むと、覚如が、（法然《ほうねん》―）親鸞《しんらん》―如信《にょしん》―覚如という伝統（これを「血脈《けちみゃく》」と言います）を大切にしていることが容易に分かります。これは、単なる血筋ではなく、法然の選択本願念仏の教えを親鸞の膝下《しっか》で直接聞いた孫・如信、そしてその如信から直接親鸞の話を聞いた覚如という、教えを聞いた伝統としての「血脈」が明示されているのです。

　それでは、覚如が『口伝鈔』の序文で、あえてこのように（法然―）親鸞―如信―覚如という血脈を著す背景を確かめてみましょう。

　そのためには当時の本願寺教団を取り巻く状況を窺《うかが》わないといけません。現在でこそ東西両本願寺は全国に末寺を抱える大きな教団を形成していますが、覚如の時代は他の親鸞の門弟達による浄土真宗各教団が力をもっていました。そもそも親鸞の廟堂の留守職であった覚如は有力な関東の門弟達の力によって維持されるに過ぎませんでした。覚如はそのような親鸞の廟堂を「本願寺」と名付け、寺院化することによって、親鸞の教学を伝持し、現在の本願寺教団の礎《いしずえ》を作りました。

その本願寺教団を形成するためにどうしても必要だったのは、覚如自身が親鸞の正統なる後継者であるという評価でした。そのために覚如は、（法然―）親鸞―如信―覚如という系譜で念仏の伝統が脈々と流れていること、すなわち「血脈」を確かめ、訴えなければなりませんでした。この血脈を訴える営みの一つがこの『口伝鈔』でした。ですから、覚如は『口伝鈔』を作るに当たって並々ならぬ精力を傾けたことが推測出来ます。

更に『口伝鈔』結語（後書き）には次のように記されています。

元弘《げんこう》第一の暦《れき》　辛未《かのとひつじ》　仲冬下旬《ちゅうとうげじゅん》の候、祖師聖人　本願寺親鸞　報恩謝徳の七日七夜《しちにちしちや》の勤行《ごんぎょう》の中に相《あい》当たりて、先師上人　釈如信　面授口決《めんじゅくけつ》の専心《せんしん》・専修《せんじゅ》・別発《べっぽつ》の願を談話《たんかい》するについで、伝持《でんじ》したてまつるところの祖師聖人の御己証《ごこしょう》、相承《そうじょう》したてまつるところの他力真宗《たりきしんしゅう》の肝要《かんよう》、予《よ》が口筆《くひつ》をもってこれを記《しる》さしむ。これ往生浄土《おうじょうじょうど》の券契《けんけい》、濁世末代《じょくせまつだい》の目足《もくそく》なり。ひろく後昆《こうこん》を湿《うるお》し、遠く衆類《しゅるい》を利せんがための故なり。〔以下略〕

〈現代語訳〉元弘元〔一三三一〕年十一月下旬、祖師である本願寺の親鸞聖人の、その恩に報いその徳を謝する、七昼夜にわたる勤行を営むに当たって、先師である釈如信上人が、〔親鸞聖人から〕直接顔を合わせながら口伝えで受けた「専心」や「専修」、「本願」といったお話をなさり、〔それによって私覚如が〕伝え聞いた祖師・親鸞聖人自らのさとりや、継承した本願他力の浄土真宗の肝要を、この私覚如が口で伝え〔弟子・乗専に〕筆記させる。これこそ浄土に往生するための手形であり、濁《にご》った世・末法の時代に生きる者の目となり足となって導くものである。だから、広く後世の人達を瑞々《みずみず》しくうるおし、遠く未来に生きる人達に利益を与えるためのものなのである。〔以下略〕

結びに至ってなお、本願寺の開祖である親鸞の教えを後世に伝えることが覚如自身の仏道事業であるという意欲が見られます。しかも、そこには（法然―）親鸞―如信という浄土真宗の正統なる系譜を受け継ぐ者としての覚如の自負が明記されているのです。

このように序文と結語を読むだけでも、『口伝鈔』という著作の目的が、正しい念仏の教えを後世に伝えることと、（法然―）親鸞―如信という念仏の教えの伝統を正しく受け継いでいるのは覚如自身であることを明確にすることにあると窺うことが出来ます。

恐らく、覚如は鎌倉時代末から南北朝時代にかけての戦乱の中で、叔父・唯善や、後援者である関東の門弟達、更には実子・存覚との人間関係に悩みながら、「なんとしても親鸞より受け継いだ念仏の教えを正しく伝持しなければならない、そのためには私、覚如が本願寺教団を確立しなければならない」という志願に衝《つ》き動かされたのでしょう。

五、『口伝鈔』を読むに当たって

次回は、『口伝鈔』という名の由来と、二十一箇条にわたる内容構成を見ていきましょう。それによって『口伝鈔』の性格を大まかに確かめます。その上で具体的に『口伝鈔』本文を現代語訳し、内容を読み進めていく予定です。そこから『歎異抄』に描かれる親鸞像と同じ親鸞、はたまたそれとは異なる親鸞を見つけ出していき、『口伝鈔』が描くもう一つの親鸞像を構築していきます。

その際に気をつけておきたいことを一つだけ記しておきます。それは、親鸞や如信、覚如が生きた鎌倉時代と私達が生きる現代との距離（価値観の異なり）を見失ってはいけないということです。私達はどうしても現代のものの見方で過去を判断しがちですが、現代と過去との距離感を損なうことなく、いわば「遠近感」をもって歴史を見つめていかないと、その当時起こった出来事の本当の意義が見失われ、その出来事に学ぶこと自体がナンセンスになりかねません。そのために必要とされるのが、文献の丁寧な読み込みと想像力でしょう。この丁寧な読み込みと想像力によって、覚如が『口伝鈔』を著したことの意義を吟味していきます。そこで改めて『口伝鈔』によって形作られる親鸞像が浮彫りとなり、その親鸞像から発せられるメッセージが現代を生きる私達にもつ意味がはっきりしてくると思います。

第２講

『口伝鈔』の構成

本講では、本文に入る前に、『口伝鈔』に関する主要な人物を紹介し、『口伝鈔』の名称とその構成・概要について確かめていきます。

一、『口伝鈔』に関する主要な人物について

親鸞と覚如については前回紹介しましたので、その他の人物について確認します。

源空《げんくう》（法然房《ほうねんぼう》）　一一三三〜一二一二。浄土宗開祖。美作《みまさか》（岡山県）の押領使《おうりょうし》・漆間時国《うるまときくに》の子。夜討ちに遭《あ》った父より遺誡《ゆいかい》を受け仇討《あだう》ちを断念、後に出家。四十三歳で善導《ぜんどう》の『観経四帖疏《かんぎょうしじょうしょ》』「散善義《さんぜんぎ》」の「一心専念弥陀名号《いっしんせんねんみだみょうごう》云々」の文で回心《えしん》、浄土宗を立教開宗した。一二〇七年、建永《けんえい》の法難（念仏弾圧事件）で流罪となる。四年後に赦免《しゃめん》され京都に戻るも一二一二年入滅。『口伝鈔』では「黒谷《くろだに》聖人」等として登場する。

善導《ぜんどう》　六一三～六八一。唐時代の中国浄土教の祖師。浄土宗五祖の第三祖、浄土真宗の七高僧の第五祖に位置づけられる。上述の通り、法然は、善導の「一心専念弥陀名号云々」の文で回心し、その後『選択本願念仏集』に「偏《ひと》えに善導一師に依る」と宣言している。

聖徳太子《しょうとくたいし》　五七四～六二二。用明《ようめい》天皇の第二皇子。厩戸皇子《うまやどのみこ》、上宮王《かみつみやおう》。聖徳太子は諡号《しごう》。後世には、太子を讃仰《さんごう》する信仰が起こり、特に鎌倉時代はその隆盛期で太子像や絵伝が多く作られた。親鸞も太子信仰を重視し、「和国の教主 聖徳皇《しょうとくおう》」等と讃仰した。

恵信尼《えしんに》　一一八二～一二六八?。親鸞の妻。越後の豪族・三善為則《みよしためのり》の息女と伝えられる。晩年には越後で暮らし、孫達の養育等に当たったとされる。京都の末娘・覚信尼に宛てた手紙十通（『恵信尼消息』）が西本願寺に現存。『口伝鈔』では「恵信御房」として登場。

如信《にょしん》　一二三五～一三〇〇。親鸞の長男・善鸞《ぜんらん》の子。大網（福島県）の地に草庵（現在の願入寺）を構え、聞法の拠点とする。覚如は、親鸞の教えを如信から直々《じきじき》に受けたことを依り処として本願寺教団を創立したので、如信を本願寺二世に位置づける。

覚信尼《かくしんに》　一二二四～一二八三?。親鸞と恵信尼の間に生まれた末娘であり、覚如の祖母に当たる。日《ひ》野広綱《のひろつな》と結婚し、覚恵らをもうけたが夫と死別。後に小野宮禅念《おののみやぜんねん》と再婚して唯善を生む。京都大谷の地に親鸞の廟堂を建立し、門弟達の共有として寄進する。その際、廟堂を預かって給仕する者（留守職《るすしき》＝住職）は親鸞の子孫から出すよう契約した。

覚恵《かくえ》　一二三九～一三〇七?。覚信尼と日野広綱の間に生まれた長男であり、覚如の父に当たる。大谷廟堂二代留守職であったが、一三〇六年、弟・唯善の乗っ取りによって廟堂を追放され、間もなく入滅《にゅうめつ》。

乗専《じょうせん》　一二九五〜一三五七?。覚如の高弟であり、出雲路派本山毫摂寺《いずもじはほんざんごうしょうじ》開基。『口伝鈔』の口授を受け筆記する。また、覚如の伝記『最須敬重絵詞《さいしゅきょうじゅうえことば》』を著した。

『口伝鈔』にはその他、法然門下や親鸞の門弟等、幾人かが登場しますが、その都度確かめていきます。

二、『口伝鈔』という名について

次に『口伝鈔』という名称について確かめましょう。

「口伝鈔」とは「口伝」と「鈔」から成る言葉です。

「口伝」とは文字通り「口で伝える」ことであり、仏法を口で伝授するという意味です。もう少し言うならば、とりわけ大事な部分について、師が弟子の中で伝持出来る人を見出し、口ずから伝えることです。

師によって選ばれた弟子が口伝を許されるのですから、大切な意味があります。

また「口伝」とは「面授口訣《めんじゅくけつ》(面と向かっての口伝え)」とも言い、師から正しい教えを授かったことの証拠ともなります。

そして「鈔」とは「抄」と同義で、「かすめ取ること、書き写すこと、抜き書きすること」の意です。そこから転じて「難しい言葉を抜き出して注釈を加えること」までも意味します。

よって、覚如が名付けた『口伝鈔』とは、「師である如信より面授口訣を受けた、親鸞の浄土真宗の教えを抜き書きした注釈書」という意味です。

ここで、『口伝鈔』を著した当時の覚如の置かれた状況を振り返ってみましょう。

既に触れたように、一三〇六（嘉元四）年の叔父・唯善による大谷廟堂の乗っ取り事件以来、親鸞の末《まつ》裔《えい》同士による騒動に、後援者である関東の門弟達は少なからず嫌気がさしていたと思われます。唯善が東国へ逃亡したことから騒動は落ち着きを見せたものの、まだまだ関東の門弟達の不信感は拭《ぬぐ》えなかったでしょう。そのような中で一三一〇（延慶《えんきょう》三）年、覚如は大谷廟堂留守職を継職しました。しかし、その後は覚如とその長男・存覚との間が不和となります。覚如と存覚は、関東の門弟達への対応をめぐり、対立するのです。そのために、覚如は長男である存覚を義絶（勘当）します。その後、存覚は、興正寺《こうしょうじ》（一三二〇年、仏光寺と寺号を改めます）教団の了源《りょうげん》のブレーンとして活躍します。存覚の指導による了源の教団の活発な教化活動で、大谷廟堂興隆という覚如の目論見は崩れてしまいかねませんでした。

このような混乱の中、覚如は、親鸞の浄土真宗の教えが正しく伝わることに危機感を抱いたと思われます。親鸞の教えを正しく後世へと伝えていくためには、大谷廟堂の興隆と、その留守職・覚如こそが親鸞の正統なる後継者であることを訴える必要が生じました。

そのために覚如は、一三二六（嘉暦《かりゃく》元）年に『執持鈔《しゅうじしょう》』を執筆し、「南無阿弥陀仏」の名号を固く保持する他力信心《たりきしんじん》の要義を訴えます。そして一三三一（元弘《げんこう》元）年、この『口伝鈔』を著します。これによって覚如は、親鸞が命終《みょうじゅう》して八年後に生まれたので直接親鸞から面授されてはいないけれども、如信を通して、親鸞口伝の浄土真宗の法門はこの覚如が受け継いだと宣言するのです。しかも覚如は、親鸞—

覚信尼―覚恵―覚如という、まごうことなき親鸞の血筋です。「口伝」によって「法縁（仏法の伝持）」と「血縁」との両方を兼ね備えた正統な後継者の地位を、覚如は求めたのでしょう。ですから『口伝鈔』を貫くのはどこまでも「三代伝持の血脈」です。実際、覚如は親鸞の墓所である大谷廟堂を「本願寺」という寺号で名のり、門弟達が集《つど》う道場へと変革させました。これが今に残る本願寺教団の始原です。

さて、『口伝鈔』は覚如が口述したものを門弟である乗専が筆記することによって制作されましたが、その後、一三四四（康永《こうえい》三）年に改めて覚如が加筆・書写しました。ですから『口伝鈔』には、乗専が筆記した本と覚如が加筆・書写した本と二系統の古写本があります。この講義では、覚如の加筆・書写本を読んでいきます。

三、『口伝鈔』の構成と内容

さて、『口伝鈔』は⑴序文、⑵本文、⑶結語、⑷結語の補記で構成されています。

前回も確かめたように⑴序文では、

本願寺の鸞聖人、如信上人に対しましまして、おりおりの御物語の条々

という文が記されています。これによって、覚如自身が親鸞直弟子の如信から教えを直接受けたことをまず初めに訴えようとする意図が窺《うかが》えます。

次に⑵本文二十一箇条があります。ここではその題目の現代語訳を掲げて概要を確認しましょう。

一、〔親鸞、使者として聖覚のもとへ向かった時の事等〕

二、〔阿弥陀如来の〕光明と名号が直接の原因、間接の原因であるという事。
三、何ものも碍《さわ》りとならない光の輝きによって、無明の闇夜が晴れる事。
四、善と悪との二つの行いの事。
五、自らの力で善を修《おさ》め〔功徳を〕蓄《たくわ》えるのは難しく、他力という〔阿弥陀〕仏の智慧は、〔諸仏に〕念じ護られる利益《りやく》によって〔功徳を〕蓄えられる事。
六、弟子や同行《どうぎょう》を争ったり、本尊や聖教《しょうぎょう》を奪い取る事は、よろしくないという事。
七、愚かな者が浄土に往生する事。
八、〔親鸞聖人が〕一切経を校合なさった事。
九、〔親鸞聖人、聖光房《しょうこうぼう》を吉水へ導いた時の事等〕
十、〔『仏説無量寿経』の〕第十八願についての御解釈の事。
十一、〔往生の〕助けとなる業《ごう》をやはり傍《かたわ》らになさった事。
十二、親鸞聖人の本地《ほんじ》が観音菩薩である事。
十三、蓮位房《れんにぼう》（〔親鸞〕聖人につねに付き随った門弟で、真宗の学問を修めた学僧、俗姓は源三位頼政卿《げんざんみよりまさきょう》の孫）が見た夢の記。
十四、身体が失われて浄土に往生する事と、身体が失われないままで浄土に往生する事。
十五、真宗で説かれる報身《ほうじん》の如来が、諸宗で通常言われる三身《さんしん》を展開している事。
十六、信の上の称名念仏《しょうみょうねんぶつ》の事。
十七、凡夫であるのに、いつも勇ましそうに振る舞うのは、全て虚《むな》しいいつわりに過ぎない事。

十八、別離等の苦しみにあって、歎き悲しむ人達に、仏法の薬を勧めて、その心を教え導かなければならない事。

十九、〔阿弥陀〕如来の本願は本来、凡夫のためのものであって、聖者のためのものではない事。

二十、五逆や謗法《ほうぼう》の罪を犯しても〔浄土に〕往生出来ると知っても、どんな小さな罪もつくってはいけないという事。

二十一、一念で十分であると知って、更に多念を励まなければならないという事。

これら二十一箇条は親鸞の言行録であり、詳しく見ると、およそ行実《ぎょうじつ》編九条と法語《ほうご》編十二条に大別出来ます。難解な浄土真宗の教えのエッセンスに、親鸞の行実を織り交ぜることで、馴染み易く、且つ分かり易く説こうと苦心して制作した覚如の足跡を窺《うかが》うことが出来ます。

そして結びに(3)結語がありますが、その内容については前回紹介した通りです。

更に、最後に(4)結語の補記があります。

先年《せんねん》かくのごとくこれを註記しおわり、慮外《りょがい》に今に存命《ぞんめい》す。よって老筆を染めてこれを写すところなり。姓《しょう》いよいよ朦朧《もうろう》、身《しん》また羸劣《るいれつ》、右筆《ゆうひつ》に堪《た》えずといえども残留《ざんりゅう》す。ここに遺跡《ゆいしゃく》において書するは、もしこれを披見《ひけん》する人、往生浄土の信心開発《しんじんかいほつ》するかの間、窮屈を顧《かえり》みず灯下において筆を馳《は》せおわりぬ。

康永《こうえい》三歳甲申《きのえさる》九月十二日、亡父《ぼうふ》の尊霊の御月忌《おんがっき》に相当するがゆえに、終《つい》に写功《しゃこう》しおわりぬ。

釈宗昭七十五〔以下略〕

〈現代語訳〉先年、このようにこの書を註記し終わったが、思いがけなく今まで生きながらえている。だから老いた者であるが筆を染め、これを写したのである。気質はいよいよ朦朧とし、身体もひどく弱って、乱筆で見るに堪えないだろうが書き残しおく。ここに、足跡として書き残したのは、これを披《ひら》き見る人が、浄土に往生しようという信心を開きおこすかとも思うからであって、窮屈ではあったが灯の下に筆を走らせ書き終えたのである。

康永三〔一三四四〕年九月十二日、亡き父の尊霊の月忌に相当《あいあ》たる日を期《とき》としてやっと写し終えたのである。

釈宗昭七十五歳〔以下略〕

これは、覚如が乗専に筆記させ『口伝鈔』を制作した十三年後、覚如自身が確かめ直して書写した際に追記したものです。思い通りに筆を運べない老齢の身でありながらも、浄土真宗の教えを後世に残そうとする覚如の意欲は、多くの書物を制作し書写した晩年の親鸞を彷彿《ほうふつ》とさせます。この七年後の一三五一（観応《かんおう》二）年、覚如は八十二歳で入滅します。衰えた身でありながら、親鸞の教えを後の人に伝えたいという意欲を表すこの補記も、やはり覚如の願いを表す大切な言葉でしょう。

四、『口伝鈔』を制作する覚如の姿勢

覚如の主たる仏道事業は、教団を作る考えを持たず寺院を持つことすらなかった親鸞の教えを、あえ

て寺院を作り教団組織を形成することによって興隆させたことです。この覚如の事業には功罪両面あるように、後世を生きる私達には思われます。しかし、この覚如の仕事があったからこそ、今私達はこうして親鸞の教えに触れることが出来、念仏を頂くことが出来ます。すると私達がしなければならないのは、覚如の辿《たど》った道筋を尋ねて親鸞の教えを聞き、覚如が興隆した本願寺と浄土真宗の教えの持つ意味を問い直すことでしょう。そのためにまず必要なのは、先人の苦労に耳を澄ますことです。

そのことを、親鸞は主著『顕浄土真実教行証文類《けんじょうどしんじつきょうぎょうしょうもんるい》（教行信証《きょうぎょうしんしょう》）』の結びに、中国浄土教の祖師であり、七高僧の第四祖の道綽《どうしゃく》の『安楽集』の文を引いて訴えます。

前《さき》に生まれん者《もの》は後《のち》を導き、後に生まれん者《ひと》は前を訪《とぶら》え。連続無窮《むぐう》にして、願わくは休止《くし》せざらしめんことを欲す。

〈現代語訳〉前に生まれた者は後に生まれた者を導き、また後に生まれた者は前に生まれた者を訪ねなさい。このように〔仏法が〕連続して、途切れることがないようにと願うことである。

この親鸞の思いの如く、私達は先人の言葉を聞いて仏道を歩んでいかなければなりませんし、また学んだことを後の人達へと伝えていかなければなりません。連続無窮の仏法伝持を担うのは私達なのです。

以上、『口伝鈔』の構成を確かめて、親鸞の念仏の教えを正しく伝えることと、親鸞―如信―覚如という三代伝持の血脈の正統さを訴えようとする覚如の意趣が改めて見えてきます。そのために覚如は、親鸞に関する様々な伝記を、貪欲に自らに血肉化していきました。浄土真宗興隆を願う覚如のひたむきさに私達が学ぶべきことは多々あるでしょう。

第３講

第一条・法然の信任（一）

一、法然の浄土宗

今回は第一条の前半を読んでいきます。

◆第一条

一　あるときのおおせにのたまわく、黒谷聖人《くろだにの》源空《げんくう》浄土真宗御興行《ごこうぎょう》さかりなりしとき、上一人《かみいちにん》よりはじめて、偏執《へんしゅう》のやから一天にみてり。

〈現代語訳〉一、ある時〔親鸞《しんらん》聖人が〕こう仰《おっしゃ》った。黒谷の源空（法然《ほうねん》）上人が浄土真宗〔の教え〕を興《おこ》しひろめ、盛んであった時、天皇お一人を初めとして、〔念仏に対し〕偏屈な見方をもった人達が世の中に満ちていた。

この条については『口伝鈔』原文にタイトルが付されていないので、仮に「一、〔親鸞、使者として聖覚《せいかく》のもとへ向かった時の事等」」としておきましょう。

第一条は、如信《にょしん》が覚如《かくにょ》に伝えた、親鸞の行実《ぎょうじつ》です。親鸞が流罪《るざい》になる承元《じょうげん》の法難以前、親鸞が京都吉水《よしみず》の法然門下で学んでいた頃の出来事です。

そもそも親鸞は、下級貴族・日野有範《ありのり》の子として生まれました。九歳で天台宗の青蓮院《しょうれんいん》で出家得度し、二十年もの間、比叡山《ひえいざん》で修行を続けました。その後、京都の町中にある六角堂《ろっかくどう》（京都市中京区の烏丸《からすま》六角にある頂法寺《ちょうほうじ》本堂）に百日間の参籠《さんろう》（住まいを離れ別屋で過ごすこと）を試みます。その九十五日を迎える夜明け前に観音菩薩の夢告《むこく》を受け、親鸞は東山吉水に庵《いおり》を構える法然のもとを訪ねることになるのです。その後、親鸞は更に法然を百日間訪ね続けた後、吉水の教団に身をおきます。時に親鸞二十九歳のことでした。

それから三十五歳で越後に流罪になるまでの間、親鸞は法然の膝下《しっか》で選択本願念仏《せんじゃくほんがんねんぶつ》の教えを学びますが、当時の吉水教団には三百八十名余りの門弟がいました。その中でも親鸞こそ、法然の信任厚い門弟であったことを確かめるのがこの第一条です。

親鸞の師、法然房源空は、「法然」とも、「源空」「空」とも呼ばれています。法然が十八歳から四十三歳の間にわたり修行した、比叡山西塔《さいとう》にある別所・黒谷にちなんで「黒谷上人」とも呼ばれます。

貴族のための平安仏教が大きな勢力を誇っていた中、一一七五（承安五）年、法然が浄土宗を立教開宗し、民衆を救済の対象と見定めた仏教として浄土教は盛んになりました。浄土宗が盛んになるということは、とりもなおさずそれまで勢力を誇った平安仏教が衰えかねない事態を迎えるということです。そのことに危惧《きぐ》を抱いた人達は、当然のように浄土宗を目の敵にし、浄土宗の教えである「南無阿弥陀《なむあみだ》仏《ぶつ》」の称名念仏《しょうみょうねんぶつ》のみで阿弥陀如来の浄土へ往生することに対して、大きな誤解を生じました。そのことを覚如は「偏執のやから一天にみてり」と記したのです。

また、「黒谷聖人源空浄土真宗御興行」という表現は紛《まぎ》らわしいのですが、ここでいう「浄土真宗」は宗派の名ではありません。現在では親鸞を開祖とする宗派の名として理解されますが、それは一八七二（明治五）年に公称されるようになってからのことです。

親鸞は、法然から独立して宗派を立てる意志をもつことなく、「阿弥陀如来の浄土へ往生する真実の教え」の意として「浄土真宗」という言葉を用いました。特に、親鸞の主著『教行信証《きょうぎょうしんしょう》（顕浄土真実《けんじょうどしんじつ》教行証文類《きょうぎょうしょうもんるい》）』の初めには、「大無量寿経　真実の教　浄土真宗」と高らかに宣言されています。ですから覚如も、法然上人が開いた浄土宗こそ真実の教え・浄土の真宗であるという了解《りょうげ》のもと、「黒谷聖人源空浄土真宗御興行」と述したのです。

二、聖覚という人物

これによりて、かの立宗《りっしゅう》の義を破せられんがために、禁中《きんじゅう》時代不審、もし土御門《つちみかど》の院の御宇《ぎょう》かにして、七日の御逆修《ぎゃくしゅ》をはじめおこなわるるついでに、安居院《あんごいん》の法印聖覚《ほういんせいかく》を唱導《しょうどう》として、聖道《しょうどう》の諸宗のほかに別して浄土宗あるべからざるよし、これをもうしみだらるべきよし、勅請《ちょくしょう》あり。

〈現代語訳〉このために、法然上人が立てた浄土真宗の教義を打ち破ろうとして、宮中（時代は明らかでない。土御門天皇の御代であろうか）で七日にわたる逆修の法要が行われ始めることになっていたのをよい機会として、安居院の聖覚法印に、唱導師として、聖道門の諸宗の他とは別に浄土宗というものがあるはずがないといういわれと、この浄土宗の教えを言い破るようにというむねの、天皇からの要請の言葉があった。

親鸞が吉水教団にいた期間（一二〇一（建仁《けんにん》元）年〜一二〇七（建永《けんえい》二）年）の行実ですから、やはり土御門天皇の御代であると考えられます。

土御門天皇が、生前に予《あらかじ》め自らの死後の菩提を祈る仏事である、逆修の法要を行うのに際して、その唱導師（説教師）として安居院《あぐい》法印聖覚（一一六七〜一二三五）を招きました。安居院とは、唱導の名人・澄憲《ちょうけん》を祖とする天台宗の一流派であり、聖覚はその澄憲の子です。また、法印とは僧官の最高位です。更に、学僧としての事績をみても、聖覚は比叡山における教学の指導的立場であり第一人者であったと窺《うかが》うことが出来ます。土御門天皇は、天台宗の実力者聖覚を唱道師として招いたのです。

しかし、聖覚には法然の門弟という一面もありました。

しかりといえども、勅喚《ちょくかん》に応《よう》じながら、師範空《しはんくう》聖人の本懐《ほんがい》さえぎりて、覚悟のあいだ、もうしみだらるるにおよばず、あまっさえ、聖道のほかに、浄土の一宗興《こう》じて、凡夫直入《ぼんぶじきにゅう》の大益《だいやく》あるべきよしを、ついでをもって、ことに、申したてられけり。

〈現代語訳〉そうとは言いながらも、〔聖覚としては〕天皇のお呼びの言葉に応じつつも、師範である源空〔法然〕上人の本意が抑《おさ》えとなって、その覚悟を決めたこともあったので、〔浄土宗の教えを〕言い破ることをしないばかりか、かえって聖道門の他に浄土宗一宗が興って、凡夫が直ちに浄土に往生するという大いなる利益《りやく》があるという由を、その機会に、特に主張なさったのである。

聖覚は天台宗の実力者であると共に、法然が深く信頼を寄せた門弟でもあったのです。その証拠に、法然とその門下の言行録である『明義進行集《みょうぎしんぎょうしゅう》』に次のような法然の言葉がのこっています。

上人つねにのたまいけるは、吾が後に、念仏往生の義すぐにいわんずる人は、聖覚と隆寛となりと云々。

〈現代語訳〉〔法然〕上人がいつも言われたことには、私の後に念仏往生の義を正しく伝えるだろう人は、聖覚と隆寛《りゅうかん》であると云々。

聖覚もまた法然入滅に際して、その中陰《ちゅういん》の六七日の法要で導師を勤め、次のように師・法然への恩徳を表白し、深く讃嘆しています。

つらつら教授の恩徳を思えば、実に弥陀の悲願に等しきものか。骨を粉にしてこれを報ずべし、身を摧《くだ》きてこれを謝すべし。

〈現代語訳〉よくよく〔法然から〕教え授けられた〔念仏往生の仏道の〕恩徳を思うと、なんと弥陀の悲願に等しいものであろうか。我が骨を粉《こ》にしてもこれに報じなければならないし、我が身を摧《くだ》いてもこれに謝していかなければならない。

このように師・法然から賜《たまわ》った恩徳は、聖覚にとっては正に阿弥陀如来の悲願に等しいものとして受け止められたのです。「我が骨を粉にしても」「我が身を摧いても」という表現は師恩に報《むく》わんとする謝念の極まりでしょう。

この言葉に裏打ちされる通り、聖覚は師の教えを正しく伝えるべく、法然の主著『選択本願念仏集』の要約ともいえる『唯信鈔《ゆいしんしょう》』を著しました。そしてこの度も、天皇の勅命に反して、凡夫直入の仏道としての浄土宗の要義を、逆修の法要で主張したのです。こういった文章からも、法然と聖覚の絆の深さを窺《うかが》い知ることが出来るでしょう。

三、法然の使者・親鸞

ここに公廷《くてい》にしてその沙汰《さた》あるよし、聖人源空きこしめすについて、もしこのときもうしやぶられなば、浄土の宗義なんぞ立《りっ》せんや。よりて安居院の坊へおおせつかわされんとす。たれびとたるべきぞや、のよし、その仁《じん》を内内《ないない》えらばる。

〈現代語訳〉その頃、朝廷において先のような評議がなされたことを法然上人がお聞きになったので、〝もし法要の折に言い破られたならば、浄土の宗義はどうして成立しようか〟とお考えになり、このために安居院の聖覚法印のもとへ使いを立てられようとされた。〝誰が適任だろうか〟ということで、その任に当たる人を内々に選定された。

しかしながら、天皇の逆修の法要で浄土宗義が論破されるとなると、いよいよ法然の吉水教団・浄土宗存亡の危機です。法然はそのことが気がかりで、「その逆修の法要について、聖覚のもとへと使いを送らねばならない」と考えました。その際、使者を誰にするか深く思いを巡らせたのでしょう。そして、法然自ら選んだのが他ならぬ善信《ぜんしん》（親鸞）だったのです。

ときに、善信御房《ぜんしんのおんぼう》その仁《じん》たるべきよし、聖人さしもうさる。同朋《どうぼう》のなかに、また、もっともしかるべきよし、同心に挙《きょ》しもうされける、そのとき上人善信かたく御辞退、再三におよぶ。しかれども、貴命《きめい》、のがれがたきによりて、使節として、上人善信安居院の房へむかわしめたまわんとす。ときに、縡《こと》、もっとも重事《ちょうじ》なり、すべからく人をあいそえらるべきよし、もうさしめたまう。もっともしかるべしとて、西意善綽《さいいぜんしゃく》御房をさしそえらる。

〈現代語訳〉その時〝善信の御房が適任者であろう〟ということを、法然上人自ら指名された。そして同門の人の中でも〝やはり一番適任であろう〟ということを心を同じくして推薦された。その時親鸞聖人はかたく御辞退になり、二度三度に及んだが、しかし師の仰《おお》せを逃れることも出来ないので、使者として安居院の聖覚法印のもとへ向かわれることになった。その折、聖人は〝事は極めて重大であるから、当然どなたか介添《かいぞ》えを付けて頂きたい〟旨《むね》を申された。〝まことに当然なことである〟ということで、西意善綽房を同行者としてさし添えられた。

法然自らが指名し、それだけでなく他の門弟達も「やはりこの人しかいない」と推挙したのが親鸞でした。しかし、親鸞はかたく辞退します。その理由については第一条の後半で明らかになります。親鸞は再三辞退しますが、師・法然の仰せということもあってその指名を逃れることが出来ず、結局使者として聖覚のもとへと向かうことになります。但し、重大な問題であるから同行者をつけてほしいと親鸞は訴えました。その親鸞の介添え者が西意善綽房です。

一二〇四（元久元）年、法然が比叡山の念仏停止の訴えに対し、法然以下門弟達が言行を正すことを誓った『七箇条制誡《しちかじょうせいかい》』に、この西意は十七番目という早い順番で署名しています。また、法然と親鸞が流罪にあった承元《じょうげん》（建永）の法難において斬首《ざんしゅ》（死罪）に処せられた人物でもあります。親鸞の言行録『歎異抄《たんにしょう》』には、結びに法難の記録が記載された写本がありますが、そこに西意の名が出てきます。

後鳥羽院御宇《ごとばいんのぎょう》、法然聖人他力本願念仏宗を興行《こうぎょう》す。于時《ときに》、興福寺僧侶敵奏《こうふくじそうりょてきそう》之上、御弟子中狼藉子《おんでしのうちろうぜきし》細《さい》あるよし、無実風聞《ふうぶん》によりて罪科に処せらるる人数事《にんじゅのこと》。

一　法然聖人並《ならびに》御弟子七人流罪、また御弟子四人死罪におこなわるるなり。聖人は土佐国番田《とさのくにはた》という所へ流罪、罪名藤井元彦男《ふじいもとひこおとこ》云々、生年七十六歳なり。

親鸞は越後国《えちごのくに》、罪名藤井善信《よしざね》云々、生年三十五歳なり。〔中略〕遠流《おんる》之人々已上《いじょう》八人なりと云々

被行死罪《しざいにおこなわるる》人々。

一番　西意善綽房　二番　性願房《しょうがんぼう》　三番　住蓮房《じゅうれんぼう》　四番　安楽房《あんらくぼう》

二位法印尊長《にいのほういんそんちょう》之沙汰也。

〈現代語訳〉後鳥羽院の時代に、法然聖人が他力本願に基づいた念仏宗を興し、弘めた。この時、興福寺の僧達がこれを敵として朝廷に奏上《そうじょう》した。そして弟子達の中で狼藉がなされているという事実無根の噂《うわさ》のために罪科をきせられた人とその数の事。

一、法然聖人並びに弟子七人が流罪、弟子四人が死罪に処せられた。〔法然〕聖人は土佐の国の番田という所へ流罪、罪人としての名は藤井元彦云々、年齢は七十六歳である。

親鸞は越後の国へ流罪、罪人としての名は藤井善信云々、年齢は三十五歳である。〔中略〕遠流の人達は以上八人であると云々。

死罪に処せられた人達。

一番　西意善綽房　二番　性願房　三番　住蓮房　四番　安楽房。

これは二位の法印尊長の裁きである。

西意に関する記録は決して多くありませんが、法然門下でも高弟であったのではないでしょうか。そのような人物を介添え者として聖覚のもとを訪ねる親鸞は、吉水教団の中でも、法然の信任厚い門弟であったことの裏付けとなるでしょう。この西意の具体的な役割については、第一条後半に記されており、覚如はその解釈を述べています。

四、第一条前半を通して

第一条の前半部分で窺《うかが》うことが出来るのは、まず比叡山の実力者である安居院《あぐい》流《りゅう》唱導師《しょうどうし》・聖覚の、師法然への深い信頼と帰順です。それは浄土宗立教開宗という業績に留《とど》まらず、天台教学の第一人者をも包みこむ法然の懐《ふところ》の深さへと通じてくるのではないでしょうか。それに続いて、聖覚や西意といった人物を媒介として、法然門下における親鸞の地位の確かさが間接的に明らかとなってきます。覚如は『口伝鈔』の冒頭で、まずは親鸞こそ法然の選択本願念仏の教えを正しく伝える後継者であることを明かすのです。

そして、第一条の後半では、聖覚と親鸞の関係が著され、法然の使者としての親鸞の行実が展開します。

第4講

第一条・法然の信任（二）

一、聖覚と親鸞

第一条に登場する聖覚は天台宗の実力者であり、法然の門弟でもあります。唱導弁説に秀《ひい》で、名声高く、藤原定家《ていか》は『明月記《めいげつき》』に、聖覚を讃えて「濁世《じょくせ》の富楼那《ふるな》」と記すほどでした。富楼那とは、釈尊の十大弟子にして説法第一の人であり、「濁世の富楼那」とはそれに匹敵するほど弁舌にすぐれているという評価です。

第一条後半は、親鸞と介添《かいぞ》え者・西意《さいい》がその聖覚のもとを訪ねるところから展開します。

◆第一条（承前）

両人《りょうにん》、安居院《あんごいん》の房《ぼう》にいたりて案内せらる。おりふし、沐浴《もくよく》と云々《うんぬん》　御《おん》つかい、たれびとぞやと、とわる。善信御房入来《ぜんしんのおんぼうじゅらい》ありと云々　そのときおおきにおどろきて、この人の御使《おんつかい》たること、邂《かい》逅《こう》なり。おぼろけのことにあらじ、とて、いそぎ温室《うんじつ》よりいでて、対面《たいめん》。かみ、くだんの子《し》細《さい》をつぶさに、聖人 源空 のおおせとて演説《えんぜつ》。法印《ほういん》もうされていわく、このこと年来《ねんらい》の御宿念《ごしゅくねん》たり。聖覚《せいかく》いかでか疎簡《そかん》を存《そん》せん。たとい勅定《ちょくじょう》たりというとも、師範《しはん》の命《めい》をやぶるべからず。よりて、おおせをこうぶらざるさきに、聖道《しょうどう》・浄土《じょうど》の二門を混乱せず、あまっさえ、浄土の宗義《しゅうぎ》をもうしたてはんべりき。これしかしながら王命《おうめい》よりも師孝《しきょう》をおもくするがゆえなり。御《おん》こころやすかるべきよし、もうさしめたまうべしと云々 このあいだの一座《いちざ》の委曲《いきょく》、つぶさにするにいとまあらず。

〈現代語訳〉〔親鸞聖人と西意房の〕二人が〔聖覚法印がいる〕安居院《あぐい》に至って案内を請われた。ちょうどその時〔聖覚法印は〕入浴中ということであったと云々。〔聖覚法印が〕「お使いの方は一体どなたであるか」と問われた。〔案内の人は〕「善信〔親鸞聖人〕御房がおこしです」と云々。その時〔聖覚法印は〕大変驚いて「この方が使者であるとは、思いがけないことだ。並大抵のことではない」と、急いで浴室より出て対面した。〔親鸞聖人は〕前に記した件についての子細を事細かに、法然上人の仰《おお》せとして説き述べた。〔聖覚〕法印はこう言われた。「このことは〔師・法然上人の〕年来の御宿願であった。この聖覚がどうして疎略《そりゃく》にするであろう。たとえ天皇の命令であったといっても、師範の命令を破ることは出来ない。であるから、〔師の〕仰せをこうむる前から、聖道門と浄土門の二つの教えを混乱してはならないこと、それだけではなく浄土宗の宗義〔の正しさ〕を申し立てたのである。これというのも、天皇の勅命《ちょくめい》よりも師への恩孝《おんこう》が大切であると思うからである。御安心下さるよう、申して頂きたい」と云々。この間における、この座の模様を細かに述べるいとまはない。

親鸞と西意が安居院を訪ねると、聖覚は入浴中でしたが、親鸞が訪ねてきたことを知ると、ただ事ではないと考え、急いで準備をし、対面しました。聖覚によって親鸞が吉水《よしみず》教団で重要な位置にいることが暗に示されます。

ここで聖覚と親鸞の関係について確認しておきましょう。聖覚は、親鸞が吉水門下において深く信頼を寄せた人であり、それは関東の門弟達に送った消息《しょうそく》（手紙）に聖覚を「よきひとびと」「すでに往生をもしておわしますひとびと」「法然聖人の御おしえをよくよく御こころえたるひとびと」と讃じ慕《した》ったことからも窺《うかが》い知ることが出来ます。事実、聖覚は親鸞の思想に大きく影響を及ぼしました。例えば、親鸞の『正像末和讃《しょうぞうまつわさん》』の結びに「恩徳讃《おんどくさん》」という和讃があります。

如来大悲《にょらいだいひ》の恩徳《おんどく》は
身《み》を粉《こ》にしても報《ほう》ずべし
師主知識《ししゅちしき》の恩徳《おんどく》も
ほねをくだきても謝《しゃ》すべし

この和讃の源流を訪ねると、前回紹介した、

つらつら教授の恩徳を思えば、実に弥陀の悲願に等しきものか。骨を粉にしてこれを報ずべし、身を摧《くだ》きてこれを謝すべし。

という法然の中陰《ちゅういん》の法要における聖覚の表白《ひょうびゃく》に遡《さかのぼ》ることが出来ます。このように親鸞と聖覚は、法然

の教えを聞く姿勢において一致していたのです。また親鸞は、聖覚の『唯信鈔《ゆいしんしょう》』を繰り返し書写し、その注釈書『唯信鈔文意《もんい》』を制作し、関東の門弟達に送りました。親鸞は聖覚を大切にしましたし、第一条の言行から、聖覚もまた親鸞を大切な方と考えたのでしょう。

さて、聖覚は用件を聞くと、親鸞訪問の意図を汲んで法要の様子を説明しました。それは「師・法然の願いであった浄土宗興行について、どうして弟子である私・聖覚がおろそかに取り扱うだろうか、師の命《めい》は何よりも重いのだから、言われるまでもなく、聖道門と浄土門を混乱してはならないことと、浄土宗の宗義が正しいことを伝えたので安心して頂きたい」ということでした。

そもそも世俗の法である王法と、世を超えた真実の法である仏法とがあります。世俗の王たる天皇の命令と、仏法の師・法然の命令とでは、聖覚にとって法然の命令が大切であることは極めて明白なことでした。聖覚は、そのことを親鸞と西意に述べ、法然に伝えてほしいと言ったわけです。

二、西意の証明

すなわち、上人《しょうにん》 善信《ぜんしん》 御帰参《ごきさん》ありて、公廷一座《くていいちざ》の唱導《しょうどう》として、法印重説《ほういんじゅうせつ》のむねを聖人《しょうにん》 源空《げんくう》 の御前《ごぜん》にて一言《いちげん》もおとしましまさず、分明《ふんみょう》に、また一座宣説《いちざせんぜつ》しもうさる。そのときさしそえらるる善綽御房《ぜんしゃくのおんぼう》に対して、もし紕繆《ひびゅう》ありやと、聖人 源空 おおせらるるところに、善綽御房もうされていわく、西意《さいい》、二座《にざ》の説法聴聞《せっぽうちょうもん》つこうまつりおわりぬ、言語《ごんご》のおよぶところにあら

ずと云々

〈現代語訳〉ただちに、善信聖人は帰って、朝廷の〔逆修の法要の〕会座《えざ》における唱導として、聖覚法印が再度重ねて説いた趣旨を源空上人の御前で、一言も落とすことなく、はっきりと改めてその会座で説き述べた。その時、介添えとして同行した善綽の御房に対して「何か謬《あやま》りはあるか」と、源空上人が尋ねられたところ、善綽の御房がこう言った。「この西意、〔先ほどと今と〕二度の説法を聴聞しましたが、言葉では言い表せないほど立派です」と云々。

聖覚の報告を受け、親鸞と西意は法然のもとへ戻りました。そして親鸞は、聖覚が説いた内容を一言ももらさず、間違いなく法然に伝えました。介添え者・西意は、親鸞の説いた内容に謬りがないことを証明し、言葉で言い表せないほどすばらしいと最大級の賛辞を送ります。師法然の教えを聞く姿勢が一致・呼応していたからこそ、親鸞は、聖覚の述べた内容を一言も間違うことなく伝えることが出来たのでしょう。更に、このエピソードにおける覚如の解釈が続きます。

三、覚如の視点

三百八十余人《さんびゃくはちじゅうよにん》の御門侶《ごもんりょ》のなかに、その上足《じょうそく》といい、その器用《きよう》といい、すでに清撰《せいせん》にあたりて、使節《しせつ》をつとめましますところに、西意また証明《しょうみょう》の発言《はつげん》におよぶ。おそらくは、多宝証明《たほうしょうみょう》の往事《おうじ》にあいおなじきものをや。この事《こと》、大師聖人《だいししょうにん》の御《おん》とき、随分《ずいぶん》の面目《めんぼく》たりき。説道《せつどう》も涯分《がいぶん》いにしえにはずべからずといえども、人師《にんし》・戒師《かいし》停止《ちょうじ》すべきよし、聖人の御前《ごぜん》にして誓言発《せいごんほっ》願《がん》おわりき。これによりて、檀越《だんおつ》をへつらわず、その請《しょう》におもむかずと云々

〈現代語訳〉三百八十余人の同門の僧侶の中で、主だった高弟といい、またすぐれた才能といい、既に特に選ばれて使者をつとめられた上に、更に西意房が〔このように〕証明の発言をするまでに至った。恐らく、これは多宝仏が釈尊の説法を証明された往時と同じものがあったのであろうか。このことは、大師・法然上人の在世の時における、〔親鸞聖人〕の徳に相応した有り様であった。〔親鸞聖人も〕唱導にすぐれること、古人に劣らなかったのであるが、人の師・戒師とされることを止めたいという旨を法然上人の御前で誓い、発願していた。このために、檀信徒にへつらうことなく、その請《こ》いにもおもむかなかったと云々。

以上のエピソードを受けて、覚如は、吉水教団における親鸞の地位を確かめます。(1)法然の高弟であったこと、(2)すぐれた才能の持ち主であったこと、(3)法然が数ある門弟の中から使者として選んだこと、(4)聖覚も親鸞を大切な方と敬ったこと、(5)西意善綽房が介添え者として親鸞の証言をしたこと等から親鸞が法然の正統な後継者であることを述べているのです。そして覚如は、西意が証言したというエピソードについて、それは遠い昔、多宝仏が釈迦如来の説法を讃嘆し証明したことのようであると解釈しま

した。
多宝仏とは『法華経』に登場する仏で、釈尊の説法を耳にし、その説法が真実であると讃嘆した方です。覚如の事業によって、仏伝が親鸞の行実《ぎょうじつ》の上に示されたのです。ならば私達は、親鸞の行実だけではなく、その行実を伝えようとしてきた後世の人の意《こころ》にまで、思いを寄せなければならないのではないでしょうか。後世の人による伝承を通して、改めて親鸞という人物の大きさとその仏道事業を窺い知ることが出来ます。

四、親鸞、辞退の理由

そのころ七条《しちじょう》の源三中務丞《げんぞうなかつかさのじょう》が遺孫《いそん》、次郎入道浄信《じろうにゅうどうじょうしん》、土木《どぼく》の大功《たいこう》をおえて、一宇《いちう》の伽藍《がらん》を造立《ぞうりゅう》して、供養のために唱導《しょうどう》におもむきましますべきよしを屈請《くっしょう》しもうすといえども、上人善信ついにもって固辞《こじ》しおおせられて、かみ、くだんのおもむきをかたりおおせらる。そのとき上人善信権者《ごんじゃ》にましますといえども、濁乱《じょくらん》の凡夫《ぼんぶ》に同《どう》じて、不浄説法《ふじょうせっぽう》のとが、おもきことをしめしましますものなり。

〈現代語訳〉その頃、七条の源三中務丞の孫である次郎入道浄信が、土木の功を終えて一棟の寺院を建立して、落慶供養のために唱導におこし頂きたいという旨を、礼を尽くしてお願いしたのではあるが、善信聖人はついに固く辞退されて、上述のような趣意を語られた。その時、善信聖人は、かりそめにこの世に姿を現されたお方であったとは言っても、濁《にご》りきって、乱れたこの世の愚《おろ》かな凡夫と同じものとして、けがれた身のままで人に法を説く罪が重いことを示されたものである。

この条の最後に、今一度親鸞の行実が繙《ひもと》かれます。これによって、冒頭で親鸞が、師・法然の命を再三固辞した理由が述べられます。「その時、上人善信権者にましますといえども」と覚如が述べるのは、親鸞こそ阿弥陀如来の化現《けげん》（仮《かり》に娑婆《しゃば》に出て衆生を導き教化《きょうけ》する姿）であると見定めたことによります。

覚如制作の親鸞の伝記『御伝鈔《ごでんしょう》』には、親鸞こそ阿弥陀如来の化現であることが随所に見られます。例えば上巻には、

釈蓮位夢想《しゃくのれんにむそう》の告《つげ》に云《い》わく、聖徳太子《しょうとくたいし》、親鸞聖人《しんらんしょうにん》を礼《らい》したてまつりましまして〔中略〕しかれば祖師聖人、弥陀如来《みだにょらい》の化現にてましますという事明《ことあき》らかなり。

〈現代語訳〉釈蓮位の夢のお告げにこう云われている。聖徳太子は、親鸞聖人に礼拝《らいはい》なさって〔中略〕であるから祖師聖人が阿弥陀如来の化現であられるということが明らかである。

これは親鸞の門弟・蓮位の夢告の一部ですが、その他にも定禅法橋《じょうぜんほうきょう》という絵師も同様に、親鸞が阿弥陀如来の化現であると夢の告げを受けたというエピソードがあります。更に、親鸞の姿に仏・菩薩の影を見たのは、覚如に限りません。親鸞の妻である恵信尼《えしんに》もまたその消息に、

あれは観音にてわたらせ給うぞかし。あれこそ善信の御房よ

と、親鸞こそ観音菩薩の化身であると述べています。親鸞と直面していない曾孫《ひまご》・覚如だけではなく、親鸞と長年共に暮らした恵信尼も同様に、親鸞を観音菩薩であると確かめました。仏・菩薩を、その伝承

や、生活の中に見出すこと、そこには親鸞に対する敬《うやま》いがあります。

なお、不浄説法とは、邪法を説いたり、名聞利養《みょうもんりよう》のために仏法を説くことを言います。親鸞は、自らを愚かな者と自覚したので、この娑婆世界に生きる身のままで説教をすることは、そのまま不浄説法を意味することとなります。ならば、愚かな者としての自覚が深ければ深いほど説教を辞する思いは固くなることでしょう。それは、親鸞の消息にのこされた「浄土宗の人は愚者になりて往生す」という法然の言葉の実践とも言えます。ですから、この法然の命を再三固辞したという親鸞の行実はそのまま、親鸞の凡夫の自覚の深さを表現しているのです。

五、第一条を通して

第一条で最初に確かめることが出来るのは、聖覚の、師・法然に対する報恩の厚さです。親鸞もまた、法然を敬い、深い信頼を置きました。例えば『歎異抄《たんにしょう》』第二条には、

親鸞におきては、ただ念仏して、弥陀にたすけられまいらすべしと、よきひとのおおせをかぶりて、信ずるほかに別の子細なきなり。

〈現代語訳〉親鸞においては、ただ念仏して阿弥陀如来に助けられるばかりであると、よきひと〔法然〕の仰せを蒙《こうむ》って信じる他に別のいわれはないのである。

と親鸞の言葉が記されます。親鸞は法然を「よきひと」と敬い、その仰せを信じました。これは、前に記した聖覚の法然への信順と同一の姿勢です。

次いで浄土真宗の正統さが述べられますが、それは単に本願寺教団の優位性を訴えるためばかりではありません。親鸞の上に仏の姿を見る、覚如の敬いを私達は知ることが出来ます。するると、今私達に求められているのは、覚如のような、親鸞に真向かいになる姿勢と、親鸞に対する敬いと深い信順なのではないでしょうか。更には、この親鸞の行実を通して、親鸞の凡夫の自覚の深さまでも窺うことが出来ます。

覚如の巧みな表現によって、私達は既に、第一条から多くの浄土真宗のエッセンスを学ぶことが出来るのです。

第５講

第二条・光明名号の因縁

一、両重の因縁

『口伝鈔』第二条は「光明名号《こうみょうみょうごう》の因縁」という法語です。『口伝鈔』本文に先立って、まず親鸞の了《りょう》解《げ》から確かめましょう。『教行信証』「行巻」では、光明と名号について、以下のように記されています。

> 徳号の慈父《じぶ》ましまさずは能生《のうしょう》の因闕《か》けなん。光明の悲母《ひも》ましまさずは所生《しょしょう》の縁乖《そむ》きなん。能所《のうじょ》の因縁、和合すべしといえども、信心の業識《ごっしき》にあらずは光明土に到ることなし。真実信の業識、これすなわち内因とす。光明名の父母《ぶも》、これすなわち外縁《げえん》とす。内外《ないげ》の因縁和合して、報土の真身を得証す。かるがゆえに宗師は、「光明名号をもって十方を摂化《せっけ》したまう。ただ信心をして求念《ぐねん》せしむ」（礼讃）と言《のたま》えり。〔以下略〕

〈現代語訳〉徳号（すぐれた徳をそなえた名号）という慈しみ深い父がおられなかったら、浄土に生まれる因（直接の原因）を欠くことになろう。光明という悲《あわ》れみ深い母がおられなかったら、浄土に生まれさせる縁（間接の原因）をなくすことになろう。浄土に生まれる者となる因と縁がそろったとしても、信心という〔浄土へ生まれようとする〕業識《いのち》でないならば、光明の世界へと到ることはない。真実の信心という業識《いのち》、これが内なる因となる。光明と名号の母と父、これが外なる縁となる。この内と外の因縁が和合して、阿弥陀如来の本願に報《こた》える世界に真《まこと》の身を得て証《あかし》する。だから宗師（善導《ぜんどう》）は、「光明と名号をもって全てのものを救い摂《おさ》めようとし、そのために信心をおこさせて念仏するようにしむけられた」と言われている。〔以下略〕」

「業識《ごっしき》」は、ここでは「父母の和合によって生まれようとする識体（知るもの）」と理解し、「いのちそのもの」と訳しました。

名号という因（直接の原因）、光明という縁（間接の原因）によって、私達は浄土に生まれる者となります。但し名号の因・光明の縁がそろっても、信心という、浄土に生まれようとするいのちでなければ、浄土に至ることは出来ません。親鸞は、浄土に生まれる道理を、阿弥陀如来の名号と光明の関係、更に名号・光明と信心との関係でもって重層的に示しました。そのために、名号の因・光明の縁の二つを「外なる縁」、「信心の業識」を「内なる因」と、二重の因縁として表現したのです。これを後学の人達は「両重《りょうじゅう》の因縁」と名付けました。

では、この道理について、覚如はどのように解釈したのでしょうか。『口伝鈔』本文を読んでいきましょう。

二、宿善の有無

◆第二条

一　光明《こうみょう》名号《みょうごう》の因縁《いんねん》という事《こと》。

十方衆生《じっぽうしゅじょう》のなかに、浄土教《じょうどきょう》を信受《しんじゅ》する機《き》あり、信受せざる機あり。いかんとならば、『大《だい》経《きょう》』のなかに、とくがごとく、過去《かこ》の宿善《しゅくぜん》あつきものは、今生《こんじょう》のこの教《きょう》におうて、まさに信《しん》楽《ぎょう》す。宿福《しゅくふく》なきものは、この教にあうといえども、念持《ねんじ》せざれば、またあわざるがごとし。「欲知過去因《よくちかこいん》」の文《もん》のごとく、今生のありさまにて、宿善の有無《うむ》あきらかにしりぬべし。

〈現代語訳〉一、〔阿弥陀如来の〕光明と名号が直接の原因・間接の原因であるという事。

あらゆる世界の生きとし生けるものの中に、浄土の教えを信じるものと、信じないものとがある。どうしてかというと、『大経（仏説無《む》量寿経《りょうじゅきょう》）』の中に説かれるように、過去世において善を積み重ねてきたものは、今の世でこの教えに遇《あ》って、正しくこれを信じ喜ぶ。過去にそのような福徳を積まなかったものは、この教えに出遇っても、教えを心に思い留めることがないから、出遇わないのと同様である。「欲知過去因」と経文にあるように、今の世の有り様によって、過去世において善を積み重ねたこととの有無を明らかに知ることが出来るだろう。

「宿善」とは「宿世《しゅくせ》の善根《ぜんごん》」、つまり前世において積み重ねた善い行いのことですが、人間の一代に限って言えばこれまでに積み重ねてきた善い行いです。また「宿福」とは、積み重ねた善い行いの果として得られる福徳です。

そもそも「悪人正機説《あくにんしょうきせつ》（悪人の自覚を通してこそ、本願に救われ往生成仏するという説）」で夙《つと》に有名な親鸞の教えですから、「善い行いによって救われる」では、分かりにくいかもしれません。しかし、善い行いは信心を開くきっかけとなり得るのです。

「欲知過去因（過去における因を知ろうと欲するならば）」とは、唐時代の道世《どうせ》が撰した『法苑珠林《ほうおんじゅりん》』の「経にのたまわく、過去の因を知らんと欲すれば、正に現在の果を観るべし。未来の果を知らんと欲すれば、まさに現在の因を観るべし」という文に依りますが、その経典の題名は明らかではありません。しかし、この文は「従果向因《じゅうかこういん》（果より因に向かう）」という仏教の一つの視点を明かしています。過去に善行を積んだかどうかは、今現在の有り様から、知ることが出来るのです。そして、宿善が花開く有り様がこの次に記されます。

三、光明の縁、名号の因

しかるに、宿善開発《しゅくぜんかいほつ》する機《き》のしるしには、善知識《ぜんじしき》におうて開悟《かいご》せらるるとき、一念疑惑《いちねんぎわく》を生《しょう》ぜざるなり。その疑惑を生ぜざることは、光明の縁にあうゆえなり。もし光明の縁、もよおさずは、報土往生《ほうどおうじょう》の真因たる名号の因をうべからず。

〈現代語訳〉しかし、過去の善行が開花する素質があることの証拠に、〔この人が〕正しく仏道へ導いてくれる師に遇《あ》ってさとりを開かれる時は、一点の疑惑をも生じないのである。その疑惑を生じないのは、〔阿弥陀如来の〕光明という間接の原因に遇っているからである。もしこの光明が間接の原因にならないならば、真実の浄土に生まれるための本当の因《たね》である名号という直接の原因を得ることは出来ない。

ここでは、宿善が花開く時の、善知識との出遇いが述べられます。善知識とは、正しく仏道へと導いてくれる師・先生のことです。

「善知識におうて開悟せらるるとき一念疑惑を生ぜざるなり」と覚如が記すその背景には、前回確認した『歎異抄』第二条の「よきひとのおおせをかぶりて信ずる他に別の子細なきなり」という文章の通り、師・法然に深く信順した親鸞がいたものと思われます。この『歎異抄』の言葉には、師・法然に帰順し「一点の疑惑も生じない」親鸞の姿勢がうつされています。しかし、その「一点の疑惑も生じない」のは、決して親鸞自身の苦労によるものではなく、阿弥陀如来の光明という縁に出遇っているからなのです。

阿弥陀如来の光明とは智慧の象徴であり、凡夫はその光明に照らされ、救い摂《おさ》められます。親鸞はその光明を『正信偈《しょうしんげ》』に、

あまねく、無量《むりょう》・無辺光《むへんこう》、無碍《むげ》・無対《むたい》・光炎王《こうえんのう》、清浄《しょうじょう》・歓喜《かんぎ》・智慧光《ちえこう》、不断《ふだん》・難思《なんし》・無称光《むしょうこう》、超《ちょう》日月光《にちがっこう》を放って、塵刹《じんせつ》を照らす。一切の群生《ぐんじょう》、光照を蒙《かぶ》る。

と十二の光として讃嘆《さんだん》します。このように、浄土教においては阿弥陀如来の光明が重要です。阿弥陀如来の光明が間接の原因とならないならば、浄土に生まれる因《たね》となる名号という直接の原因を得ることが出来ません。

次に、その名号とは端的に言えば「南無阿弥陀仏」です。その他にも「帰命《きみょう》尽十方《じんじっぽう》無碍光如来《むげこうにょらい》」「南《な》

無《む》不《ふ》可《か》思《し》議《ぎ》光《こう》如《にょ》来《らい》」等の名号がありますが、いずれも阿弥陀如来に南無・帰命する（身をあげて帰依する）という意です。この「南無」について親鸞は、

「南無」の言は帰命なり。〔中略〕「帰命」は本願招《しょう》喚《かん》の勅《ちょく》命《めい》なり。「発《ほつ》願《がん》回《え》向《こう》」と言うは、如来すでに発願して、衆生の行を回施《えせ》したまうの心なり。（『教行信証』行巻）

〈現代語訳〉「南無」の言葉は帰命である。〔中略〕「帰命」とは、阿弥陀如来の本願が招き喚《よ》ぶ勅命である。「発願回向」と言うのは、阿弥陀如来が既に願をおこして、衆生のための行を振り向け施して下さる心である。

と、阿弥陀如来が私達に、「南無阿弥陀仏」の名号を施して下さっていると述べています。すると、阿弥陀如来が施して下さる名号だからこそ、その名号を称《とな》えることが浄土に生まれる因《たね》となるのでしょう。決して私達が自らの力で称えるからではありません。

覚如による、浄土に生まれるための因《たね》の追究は更に展開します。

いうこころは、十方《じっぽう》世界《せかい》を照曜《しょうよう》する無碍光遍照《むげこうへんじょう》の明朗《みょうろう》なるにてらされて、無明沈没《むみょうちんもつ》の煩惑《ぼんわく》漸漸《ぜんぜん》にとらけて、涅槃《ねはん》の真因《しんいん》たる信心《しんじん》の根芽《こんげ》わずかにきざすとき、報土得生《ほうどとくしょう》の定聚《じょうじゅ》のくらいに住す。すなわちこのくらいを、「光明遍照十方世界念仏衆生摂取不捨《こうみょうへんじょうじっぽうせかいねんぶつしゅじょうせっしゅふしゃ》」（観経）とらとけり。また光明寺（善導）の御釈《おんしゃく》には、「以光明名号摂化十方但使信心求念《いこうみょうみょうごうせっけじっぽうたんししんじんぐねん》」（往生礼讃）とも、のたまえり。

〈現代語訳〉こう言われる意味は、あらゆる世界を遍《あまね》く照らし曜《かがや》かす、何ものも碍《さわ》りとならない光の朗々とした明かりに照らされて、無明の迷いに沈み没した煩悩がだんだんととけて、涅槃を得るための真実の因である信心の根や芽がようやく萌《も》え出す時、真実の浄土に生まれることが定まった位につく。そしてこの正定聚《しょうじょうじゅ》の位を〔『仏説観無量寿経《かんむりょうじゅきょう》』には〕「光明遍照十方世界念仏衆生摂取不捨」と説かれている。また光明寺の善導の註釈〔である『往生礼讃《おうじょうらいさん》』〕には「以光明名号摂化十方但使信心求念」とも述べられている。

ここでは、信心こそ「涅槃の真因」、つまり涅槃を得るための真実の因《たね》であると記されます。第二条本文に入る前に「真実の信という業識《いのち》、これが内なる因となる」という親鸞の了解を確かめましたが、覚如は親鸞の了解を丁寧に辿《たど》って、信心が涅槃へと到る本当の因《たね》であると述べているのです。そして、この信心の萌芽《ほうが》をもって、浄土往生が定まる位、「正定聚《しょうじょうじゅ》」に入るのです。更に、この光明と名号のはたらきを明らかにしたのは、師・法然が「偏《ひとえ》に善導一師に依る」と深く慕った善導でした。ですから、ここでは『仏説観無量寿経』の、

光明遍照十方世界念仏衆生摂取不捨

〈現代語訳〉光明が遍《あまね》く全ての世界を照らして、念仏を称える者を救い取って捨てない。

という文と、他ならぬ善導の『往生礼讃』の、

以光明名号摂化十方但使信心求念

〈現代語訳〉光明と名号をもって全てのものを救い摂めようとし、そのために信心をおこさせて念仏す

るようにしむけられた。

という文が引用されます。二つの引用文を通して、阿弥陀如来の光明が一切の世界を照らし念仏者を救い取ることと、光明と名号によって全てを救い摂めようとして信心をおこさせ念仏するようにされたことが表現されているのです。光明と名号によっておこされる信心について、話題は展開します。

四、他力の信心

しかれば、往生の信心のさだまることは、われらが智分《ちぶん》にあらず。光明の縁にもよおしそだてられて、名号信知《みょうごうしんち》の報土《ほうど》の因《いん》をう、としるべしとなり。これを他力《たりき》というなり。

〈現代語訳〉こうしたわけであるから、浄土に生まれようと願う信心がゆるぎないものになるのは、私達の智慧のはたらきによるものではない。光明という間接の原因に育《はぐく》まれて、それによって真実の浄土に生まれるための直接の原因である、阿弥陀如来の名号を信知する心を得ることが出来る、と知らなければならないとされる。これを他力というのである。

以上のように、信心が定まるとは言っても、それは名号という直接の原因、光明という間接の原因に依るからであって、全て私達の分際を超えたものであり、決して私達の内に因があるわけではありません。「光明という間接の原因に育《はぐく》まれて、名号を信知するという真実の浄土に生まれる直接の因を得ると知りなさい」と覚如は述べます。光明・名号いずれも、自らの内に根拠は全くなく、浄土往生の因縁は全て阿弥陀如来にあるので、そのことを浄土真宗では「他力」と言います。

このように「他力」の「他」とは決して他の人のことではなく、私達衆生の分際《ぶんざい》を超えた阿弥陀如来を指します。ですから、自分の力で物事をやり遂げることを「自力」、他人の力を頼ることを「他力」と理解し、他人に頼って物事を成就する有り様を「他力本願」という熟語を用いる方がいますが、本来は「本願他力」といい、自らの力を誇る「自力」ではない、阿弥陀如来の本願のはたらきのことを言います。

五、第二条を通して

第二条は、「他力」を解釈するために、光明と名号、そして信心の関係が重層的に表現された法語であり、抽象的で分かりにくいかと思います。

しかしながら、阿弥陀如来の光明と名号によって、私達の信心が開きおこされるというのは、「本願他力」の思想を展開するために欠かすことの出来ない視点です。覚如はそのことを詳しく丁寧に追究し、浄土に生まれようとする信心がどこまでも私達の分際を超えたものであることを明らかにしています。私達は、阿弥陀如来の光明と名号によっておこされる信心こそ、往生成仏する本当の因《たね》であることを確かめなければなりません。

第6講

第三条・無碍の光、無明の闇

一、自力と他力

私達は日常、「自力」「他力」という言葉を簡単に用いることが多いのではないでしょうか。しかしながら、その「自力」「他力」の本来の意味を知ることなく、用いるのは少々拙速かもしれません。覚如は、『口伝鈔』第二条にある他力の思想を踏まえた上で、第三条で「自力」と「他力」がどのように異なるかの吟味を展開します。覚如在世当時もやはり「自力」と「他力」は曖昧だったのでしょう。私達も第三条を通して、今一度「自力」「他力」の意味を整理しましょう。

◆第三条

一 無碍《むげ》の光曜《こうよう》によりて、無明《むみょう》の闇夜《あんや》はるる事。

本願寺の上人親鸞《しんらん》あるとき門弟にしめしてのたまわく、つねに人のしるところ、夜あけて日

輪はいずや、日輪やいでて夜あくや、両篇《りょうへん》、なんだち、いかんがしると云々

〈現代語訳〉一、何ものも碍《さわ》りとならない光の輝きによって、無明の闇夜が晴れる事。

本願寺の親鸞聖人が、ある時、門弟に次のように示して言われた。「普通、人々の知っているところであるが、夜が明けたら太陽が出るのか、太陽が出るから夜が明けるのか。この二つをあなた方はどのように考えますか」と云々。

第三条は、題名からも分かる通り、阿弥陀如来の光明の輝きによって、私達の無明という迷いの闇夜が晴れる道理を確かめます。法語ではありますが、門弟に対する親鸞の問いかけから話は始まります。太陽と夜明けという身近な例を用いて、その関係を確かめながら、阿弥陀如来のはたらきが私達にどのように関わるかと、仏法を分かり易く説こうとする親鸞の姿勢を窺《うかが》うことが出来ます。

果たして夜が明けるから太陽が昇るのでしょうか、それとも太陽が昇るから夜が明けるのでしょうか。現代に生きる私達は、学校の授業等で教わっているので簡単に分かるでしょう。言うまでもなく、地球の自転によって昼夜の現象は起こり、太陽の光によって夜は明けます。

うちまかせて、人みなおもえらく、夜《よ》あけてのち日いず、とこたえ申す。上人のたまわく、しからざるなりと。日《ひ》いでてまさに夜あくるものなり。そのゆえは、日輪まさに須弥《しゅみ》の半腹《はんぷく》を行度《ぎょうど》

するとき、他州《たしゅう》のひかりちかずくについて、この南州《なんしゅう》、あきらかになれば、日いでて、夜はあくというなり。これはこれ、たとえなり。

〈現代語訳〉人々は皆、世間で言われるように思って「夜が明けるからその後、太陽が出ます」とお答えした。親鸞聖人はそれに対して「そうではない。太陽が出るから、正に夜が明けるものである。どうしてかと言うと、太陽の光がちょうど須弥山《しゅみせん》の中腹を渡る時、他の世界を照らしていた光が近づくにつれて、この南閻浮州《なんえんぶしゅう》の世界が明るくなるので、太陽が出るから夜が明けるというのである」と言われた。これは一つの譬えである。

当時は、夜が明けるから太陽が昇るという理解があったようです。自然の道理を学ぶ場も機会も限られていた鎌倉時代においては決しておかしい理解であったとは言えないでしょう。現代と鎌倉時代の距離、遠近感を損なうことなく、私達はこういった理解があったことをおさえなければなりません。

そのような理解がある中、親鸞は、太陽が昇るから夜が明けるという、異なる理解を門弟達に示しました。そしてその根拠として、須弥山を中心とした仏教の世界観を提示したのです。

仏教では、世界の中心に高さ八万由旬《ゆじゅん》の須弥山がそびえ、その周囲には四つの大陸があるという世界観があります。ちなみに由旬とは長さの単位であり、諸説ありますが一由旬約七キロメートルと考えて下さい。

私達は四つの大陸の内の一つ、須弥山の南にある南閻浮州（閻浮提《えんぶだい》）に住んでおり、須弥山の中腹を太陽と月が回っているという世界観です。ですから、太陽が南閻浮州に近づいてくると南閻浮州の夜が明け、離れていくと南閻浮州の日が沈むという理解です。

太陽が南閻浮州という世界に近づき、その太陽の光によって明るくなるので、太陽が昇るから夜が明けるというのは、私達の理解とそう遠くありません。太陽と夜明けという理解し易い譬えから転じて、親鸞はこの後、仏教の道理を展開します。

二、無明の夜明け

無碍光《むげこう》の日輪、照触《しょうそく》せざるときは、永永昏闇《ようようこんあん》の無明《むみょう》の夜《よ》あけず。しかるにいま、宿善《しゅくぜん》ときいたりて、不断難思《ふだんなんし》の日輪、貪瞋《とんじん》の半腹に行度するとき、無明ようやく闇《やみ》はれて、信心《しんじん》たちまちにあきらかなり。

〈現代語訳〉何ものも碍《さわ》りとならない光をそなえた〔阿弥陀如来という〕太陽に触れない時は、永遠の暗闇である無明という迷いの夜は明けない。ところが今、以前行った善がようやく現れ、断《た》えることのない、私達の思いを超えた光をそなえた〔阿弥陀如来という〕太陽が、貪《むさぼ》りと瞋《いか》りの山の中腹を渡ろうとする時、無明の迷いの闇がようやく晴れて、信心がたちまち明らかとなるのである。

阿弥陀如来の光明を日輪、つまり太陽の光に、そして私達の迷いを永遠の無明の闇夜に譬えています。

私達の迷いは、阿弥陀如来の光明に触れることで初めて明らかとなります。そして、貪とは貪欲《とんよく》、貪《むさぼ》りの心であり、瞋とは瞋恚《しんに》、瞋《いか》りの心です。また貪欲・瞋恚・愚痴《ぐち》（教えを知らないこと）の三つで三毒《さんどく》とも言います。この貪瞋の山を太陽が渡る時、私達の迷いの闇夜が晴れ、信心が明らかとなるのです。しかも信心が明らかとなるのは、実は宿善（積み重ねてきた善根）が成就し、花開く時でもあります。これは前回の第二条で（本書51頁）、

> しかるに、宿善開発《しゅくぜんかいほつ》する機《き》のしるしには、善知識《ぜんじしき》におうて開悟《かいご》せらるるとき、一念疑惑《いちねんぎわく》を生《しょう》ぜざるなり。その疑惑を生ぜざることは、光明の縁にあうゆえなり。もし光明の縁、もよおさずは、報土《ほうど》往生《おうじょう》の真因たる名号の因《いん》をうべからず。

と確かめた通りです。一点の疑いを生ずることなく、信心がたちまちはっきりとするのです。がしかし、それは自らの力によるのではなく、阿弥陀如来の光明と名号という因縁、本願他力によるからです。改めて第二条を受けて第三条が展開していることが分かります。

しかしながら、問題はここで解決するわけではありません。更にその信心を覆《おお》う雲霧《くもきり》が私達にはあるのです。

三、貪瞋の雲霧

> しかりといえども、貪瞋《とんじん》の雲霧《くもきり》、かりにおおうによりて、炎王清浄《えんのうしょうじょう》等の日光《にっこう》あらわれず。こ

れによりて、「煩悩障眼雖不能見《ぼんのうしょうげんすいふのうけん》」（往生要集）とも釈し、「已能雖破無明闇《いのうすいはむみょうあん》」（正信偈）とらのたまえり。日輪の他力、いたらざるほどは、われと無明を破《は》すということ、あるべからず。無明を破せずは、また出離《しゅつり》その期《ご》あるべからず。他力をもって、無明を破するがゆえに、日《ひ》いでてのち、夜《よ》あくというなり。

〈現代語訳〉しかしそうはいっても、貪りや瞋《いか》りの、雲霧が一時でも覆うために、もえあがるような輝かしい光や清らかな光等をそなえた〔阿弥陀如来という〕太陽の光が現れない。だからこれによって、「煩悩に眼をふさがれて見ることが出来ないけれども」とも註釈され、「既によく無明の闇は破れたけれども」とも仰《おお》せられたのである。太陽という他力が届かない内は、自分で愚《おろ》かな心の迷いの闇を破るということは不可能である。愚かな心の迷いの闇を破らなければ、またその迷いから逃れ出る機会はあり得ない。〔このように〕他力によって愚かな心の迷いの闇を破るので、太陽が昇ってその後、夜が明けるというのである。

無明の夜は明けるのですが、それでも私達の信心を覆う雲霧があります。それが貪瞋の心です。先ほどは山に譬えられた貪りと瞋りですが、太陽がその山を渡って闇を晴らしてなお、貪瞋は雲霧の如くに覆いかかるのです。私達は、この心のために阿弥陀如来の光明に気付くことが出来ません。そのことを、日本・天台宗の僧、源信《げんしん》（九四二～一〇一七）は『往生要集《おうじょうようしゅう》』で「煩悩障眼雖不能見」と記しました。

親鸞は『正信偈《しょうしんげ》』において、源信の仏道事業を、

極重《ごくじゅう》悪人《あくにん》唯《ゆい》称《しょう》仏《ぶ》　我《が》亦《やく》在《ざい》彼《ひ》摂取《せっしゅ》中《ちゅう》
煩悩《ぼんのう》障《しょう》眼《げん》雖《すい》不《ふ》見《けん》　大悲《だいひ》無《む》倦《けん》常《じょう》照《しょう》我《が》

〈現代語訳〉極重の悪人として、唯《ただ》仏の名を称えよう。私もまた阿弥陀仏の摂取《せっしゅ》のはたらきの中にありながら、煩悩が眼をさえぎって、仏を見ることは出来ないけれども、大悲はあきらめず見捨てずつねに我が身を照らしておられる、と言われる。

と讃嘆《さんだん》しました。親鸞も、つねに阿弥陀如来の光明の内にありながら、煩悩に眼をさえぎられて、そのはたらきに気付けないけれども、阿弥陀如来の大悲に深い信頼をおいているのです。

また、親鸞は同じく『正信偈』で、

摂取《せっしゅ》心光《しんこう》常《じょう》照《しょう》護《ご》　已《い》能《のう》雖《すい》破《は》無明《むみょう》闇《あん》
貪《とん》愛《ない》瞋《しん》憎《ぞう》之《し》雲霧《うんむ》　常《じょう》覆《ふ》真実《しんじつ》信心《しんじん》天《てん》
譬《ひ》如《にょ》日光《にっこう》覆《ふ》雲霧《うんむ》　雲霧《うんむ》之《し》下《げ》明《みょう》無《む》闇《あん》

〈現代語訳〉全ての衆生を救わんとする心の光は、つねに照らし護《まも》って下さっている。その光は既に無明の闇を破っているけれども、貪《むさぼ》り愛する心・瞋《いか》り憎む心が雲や霧となって、つねに真実信心の空を覆っている。それは日の光が雲や霧に覆われていても、その下は明るくて闇がないことに譬えられる。

とうたい、重ねて阿弥陀如来の光明を讃《たた》えています。

これら親鸞が制作した偈《げ》のいずれも、私達は光明の中にありながらも、煩悩のためにそのはたらきを知ることが出来ないというものです。しかし、阿弥陀如来の摂取の光明は私達の目には見えなくとも、やすむことなくはたらいています。親鸞は源信の思想を頼りとして、私達の眼をさえぎる無明の闇の道理を導き出したのです。

四、自力・他力の分別

これさきの光明《こうみょう》名号《みょうごう》の義《ぎ》に、こころおなじといえども、自力《じりき》・他力《たりき》を分別《ふんべつ》せられんために、法譬《ほっぴ》を合《がっ》して、おおせごとありきと云々

〈現代語訳〉これは、先に述べた、光明と名号の意義と意趣は同じであるけれども、自力と他力との異なりを区別なさろうとして、仏法の譬えを設けて仰せられたものであると云々。

「さきの光明名号の義」とは前回確かめた第二条「一、光明名号の因縁という事」の内容です。第二条と第三条で、覚如は同じ内容を重ねて述べているのです。第二条の光明名号の教えと同じ意趣の第三条ですが、自力と他力とを一層明確にわきまえるために、あえて分かり易い譬えを用い、親鸞の法語録を続けざまに掲げた点に、覚如の布教の巧みさを窺うことが出来ます。

最後に、自力と他力について考えてみましょう。親鸞は、その著『一念多念文意《いちねんたねんもんい》』で「自力」について次のように記しています。

自力というは、わがみをたのみ、わがこころをたのむ、わがちからをはげみ、わがさまざまの善根《ぜんごん》をたのむひとなり。

自らの身、心を頼《たよ》りとして自らの力を励まし、積み重ねた善根によって仏に成ろうとする姿勢が自力なのです。勿論、自《みずか》らの力のみを頼りとして前へと進むのは決して悪いことではありません。しかしながら、釈尊が入滅《にゅうめつ》して久しい、末法濁世《まっぽうじょくせ》に生きる者の仏道の歩みには、自らの力で修行に励んでも限界があります。九歳で比叡山に出家し、その後二十年間修行に励みながらも自力に破れた親鸞の生き様が全てを物語っています。

「智慧第一の法然房」とまで言われた師・法然ですら、四十三歳で浄土宗を興行《こうぎょう》するまでの長き修行を通して自らを「我らごときは戒定慧《かいじょうえ》の三学《さんがく》の器《うつわ》にあらず（私達のような者は戒学・定学・慧学という三学の器ではない）」と知り、自力に破れたことを吐露しています。ここに私達は、本願他力の念仏往生の仏道を依り処とした法然を知ることが出来ます。

この法然の教えを受け、阿弥陀如来に回心《えしん》してなお、私達の眼は煩悩が雲霧の如くにさわりとなって視野を明るくたもつことは出来ないと、親鸞は思想を展開しました。

その親鸞自身には、念仏の布教活動に勤《いそ》しんでいた壮年期でありながらも、自ら自力に執着《しゅうじゃく》する心に気付き、

人の執心《しゅうしん》、自力の心は、よくよく思慮あるべし

と思い至ったという具体的な言行が、妻恵信尼《えしんに》の消息《しょうそく》にのこされています。こういった史実からも、私達は自らの姿を見つめ直し、「自力」と「他力」の異なりをしっかりとわきまえなければ、阿弥陀如来の

はたらきに気付くことが出来ないことを読み取ることが出来るのではないでしょうか。どこまでも自力をたのみとしてしまう自らの姿勢に、私達は注意を払わねばなりません。

以上、第三条は「他力」が「自力」とは異なることを確かめるべく設けられた条です。第二条から第三条へと「他力」の思想理解が深まるよう巧みに展開されています。そして、太陽の光と夜明けの関係を尋ねるという身近で分かり易い譬えを用いる布教方法には目を見張るものがあります。このような『口伝鈔』の構成にも注目したいものです。

第7講

第四条・善業と悪業（一）

一、善もほしがらず、悪もおそれなし

今回は第四条を通して、私達が為す善業《ぜんごう》（善い行い）と悪業《あくごう》（悪い行い）について考えていきましょう。善業と悪業について考える時、私達はいわゆる「本願誇《ぼこ》り」という異義異端の問題に当面します。「本願誇り」とは文字通り、本願を誇ることです。詳しく言うと「悪人正機《あくにんしょうき》」、つまり悪人の自覚においてこそ本願の救済の対象となるという親鸞の思想を曲解し、「悪人が救われるのだから、すすんで悪事を為《な》そう」と考える者の姿勢です。しかし、親鸞が言う「悪人」とは、悪を為す者を指すのではなく、念仏より他に救われる手立てがない悪人であると自覚する者のことですから、「本願誇り」はやはり異義であり異端なのです。

第四条は少々長いので二回に分けて、特に後半では同様の課題を掲げる『歎異抄』第十三条との比較を試みながら、読み進めていきます。

◆第四条

一　善悪二業の事。

上人親鸞おおせにのたまわく、某《それがし》はまったく善もほしからず、また悪もおそれなし。善のほしからざるゆえは、弥陀《みだ》の本願を信受《しんじゅ》するにまされる善なきがゆえに。悪のおそれなきというは、弥陀の本願をさまたぐる悪なきがゆえに。

〈現代語訳〉一、善と悪との二つの行いの事。

親鸞聖人が仰せられたことには「私は決して、善を修めようとも思わないし、また悪を犯すことも恐れはしない。善を修めようと思わないわけは、阿弥陀如来の本願を頂いて信ずる以上にすぐれている善はないからであり、悪を犯すことを恐れないというのは、阿弥陀如来の本願のはたらきをさまたげる悪はないからである。

善業と悪業は、私達にとって大きな問題であろうと思います。善い行いを修め、悪い行いをひかえることは「廃悪修善《はいあくしゅぜん》」とか「止悪修善《しあく》」と呼ばれ、大切なことです。しかし、親鸞は門弟に「善を修めようと思わず、悪を犯すことも恐れない」と、はっきり述べています。誤解を招きかねない大胆な言葉ですが、その背景には、阿弥陀如来の本願を深く信じる親鸞の姿勢があります。親鸞にとって、阿弥陀如来の本願を信じることを越えるほどの善業はなく、阿弥陀如来の本願のはたらきを越えるほどの悪業もないのです。私達が為す善業・悪業、いずれをも凌駕《りょうが》する、比類なき阿弥陀如来の本願であるからこその言葉であり、本願に深く信順する親鸞の姿勢が如実に表現されています。
では、善業・悪業について、一般的にはどのように言われるでしょうか。そして親鸞はそれに対してどのように考えているのでしょうか。

二、往生の可否

しかるに、世《よ》の人《ひと》みなおもえらく、善根《ぜんごん》を具足《ぐそく》せずんば、たとい念仏すというとも、往生《おうじょう》すべからず、と。また、たとい、念仏すというとも、悪業深重《あくごうじんじゅう》ならば、往生すべからず、と。このおもい、ともに、はなはだ、しかるべからず。もし悪業をこころにまかせてとどめ、善根をおもいのままにそなえて生死《しょうじ》を出離《しゅつり》し、浄土《じょうど》に往生すべくは、あながちに本願《ほんがん》を信知《しんち》せずとも、なにの不足かあらん。そのこといずれも、こころにまかせざるによりて、悪業をばおそれながら、すなわちおこし、善根をばあらませど、うることあたわざる凡夫《ぼんぶ》なり。かかるあさましき三毒具足《さんどくぐそく》の悪機《あくき》として、われと出離にみちたえたる機《き》を摂取《せっしゅ》したまわんための五劫思惟《ごこうしゆい》の本願なるがゆえに、ただあおぎて仏智《ぶっち》を信受《しんじゅ》するにしかず。

〈現代語訳〉ところが世間の人は皆、次のように考える。「善のたねを蓄《たくわ》えなければ、たとえ念仏を称《とな》えるとしても、浄土に生まれることは出来ない」と。また「たとえ念仏を称えるとしても、罪悪が重ければ、浄土に生まれることは出来ない」と。しかし、この考えは二つともはなはだしく間違っている。もし、心のままに悪事をとどめて、思いのままに善のたねをうえて、この生死を繰り返す迷いから離れ出て浄土に生まれることが出来るならば、無理に〔阿弥陀如来の〕本願を信じなくても、何の不足もないであろう。しかしこれがいずれも心のままにならないから、悪業を恐れながらも、恐れる心の端《はし》から犯し、善のたねを蓄えたいと願っても、そうすることが出来ないのが凡夫なのである。こうした貪《むさぼ》りと瞋《いか》りと愚痴《ぐち》とをそなえた悪業を犯す者で、自分の力では迷いから離れ出るみちが途絶《とだ》えた者を救い摂《おさ》めようとなさって、五劫という永い間にわたって熟思を重ね、建立された本願なのであるから、ただただ仰いでこの阿弥陀如来の智慧を頂き信じるより他はないのである。

一般的には、善を積み重ねないとどれほど念仏しても往生浄土はかなわない、念仏したとしても悪業が深く重ければ往生浄土はかなわないと考えた方が納得し易いでしょう。しかし、これらはいずれも大きく誤った考えであると親鸞は述べます。

自分の思うままに、悪い行いをせずにすんだり、善い行いを修めることが出来るならば、その人はあえて阿弥陀如来の本願を信じる必要はないでしょう。ですが、私達は思い通りに行いを制御したり修めたり出来るものではありません。私達自身の生活を振り返ると、そのことは明らかではないでしょうか。何が善であり、何が悪であるかも時代によって移り変わるような世界に生き、心にどれほど思っても善を修め続けることも、悪い行いをとどめることも、ままならない生活を私達は営んでいるのではないでしょうか。

そのように自覚する者を凡夫と言うのであり、凡夫こそ、阿弥陀如来の本願が救済の対象とするのです。

ならば、本願を信じるために私達がしなければならないのは、自分を見つめ続け、善悪を思いのままに出来ない凡夫であることを自覚することではないでしょうか。そのように、自らを凡夫と見定めることを悪人の自覚と言うのです。

そして第四条ではこれ以降、善人と悪人の理解が展開します。

三、善人と悪人

しかるに、善機《ぜんき》の念仏するをば、決定《けつじょう》往生とおもい、悪人の念仏するをば、往生不定《ふじょう》とうたがう。本願の規模《きぼ》、ここに失《しっ》し、自身の悪機《あくき》たることをしらざるになる。

〈現代語訳〉ところが、善を積み重ねる者が念仏を称えるのを見ると、必ず浄土に生まれることが出来ると思い、悪人が念仏するのを見ると、浄土に生まれるとは限らないと疑ってしまう。この点において、本願の本来の目的と偉大さは見失われ、また自分が悪業をとどめることが出来ない素質の者であることを知らないことになる。

私達は時代を問わず、善行を積み重ねると往生出来、逆に悪人であると往生出来ないと考えがちでしょう。ここに本願を、私達の理解の範囲内におさめて考えてしまう陥穽《かんせい》（おとしあな）があります。その陥穽とは、比類なき阿弥陀如来の本願と、私達の行う善悪とを比較することです。しかし本願は、阿弥陀如来が五劫という極めて長い間、御苦労されて建てられたものです。その御苦労が想像をはるかに超えたものであるのに、私達は自らが日常右往左往する善悪の行いと比べているのです。比較することで「本願の規模」、つまり本願の本来の目的と偉大さを私達は既に見失っているのです。一体私達の行う善悪によって左右されるほど阿弥陀如来の本願は頼りないものなのでしょうか。

そうではなく、私達の思いをはるかに凌駕しているのが阿弥陀如来の本願であり、そのことを不可称《ふかしょう》不可説不可思議《ふかせつふかしぎ》というように讃嘆《さんだん》してきたのが、浄土真宗の歴史です。しかし称《はか》ることも説くことも思い議《はか》らうことすらも出来ないほど偉大な本願を、私達は自分の物差しで測ろうとしてしまうのです。それは本願の偉大さを損なう行為に他なりません。更に、本願を自分の物差しで測るのは、自らが悪人であると自覚する機会すら失ってしまうことにもなります。ですが、私達の善悪に左右されない阿弥陀如来の本願の偉大さを確かめる文章が次に展開します。

四、超世不思議の願

おおよそ、凡夫引接《ぼんぶいんじょう》の無縁の慈悲をもって、修因感果《しゅいんかんか》したまえる別願所成《べつがんしょじょう》の報仏報土《ほうぶつほうど》へ、五乗ひとしくいることとは、諸仏いまだおこさざる超世《ちょうせ》不思議の願《がん》なれば、たとい読誦大乗解第《どくじゅだいじょうげだい》一義《いちぎ》の善機たりというとも、おのれが生得《しょうとく》の善ばかりをもって、その土《ど》に往生すること、かなうべからず。また、悪業はもとより、もろもろの仏法にすてらるるところなれば、悪機また悪をつのりとして、その土へのぞむべきにあらず。

〈現代語訳〉おおよそ、救われるべき縁のない凡夫までをもおさめとろうとする慈悲によって、修行の結果、成就なさった本願の報《むく》いとしての仏土へ、どんな者も等しく導き入れようということは、〈他の〉諸仏がいまだかつておこしたことのない、世を超え、思い議《はか》らいを超えた願である。だから、たとえ大乗の経典を読み、すぐれた教えを理解することが出来る善い素質をそなえた者だとしても、生まれながらにそなえている善だけでもって、その浄土に往生することは出来ない。また、悪い行いは本来、仏法においては捨てられるものであるから、悪業を犯す者が更に悪を積み重ねることによって、その浄土に往生することは出来ないのである。

「乗」とは乗り物の意で、人々を運び彼岸の世界へ到達させる教えの譬えであり、「五乗」とは人《にん》・天《てん》・声聞《しょうもん》・縁覚《えんがく》・菩薩《ぼさつ》の五種類の教えのことです。ここでは「五乗ひとしくいる」を「どんな者も等しく導き入れる」と訳しました。そして、阿弥陀如来の本願が、他の仏がいまだおこしたことのないほどすぐれたものであると讃嘆するのです。世に超えすぐれ、私達の思い議らいをもはるかに超えている比類無き本願です。しかも偉大な本願によって建立された浄土ですから、どれほど優秀な人であっても、その能力だけでは浄土に往生することは出来ないのです。

そして、最初に確かめた「悪人が救われるのだから、すすんで悪事を為そう」という「本願誇《ぼこ》り」が成り立たない理由も、本来的に悪業は捨てられるべきであるから、やはり往生出来ないと記されるのです。

五、報土往生の得失

しかれば、機《き》にうまれつきたる善悪のふたつ、報土往生の得《とく》ともならず、失《しつ》ともならざる条《じょう》、勿論なり。さればこの善悪の機のうえにたもつところの、弥陀《みだ》の仏智《ぶっち》をつのりとせずよりほかは、凡夫、いかで往生の得分《とくぶん》あるべきや。さればこそ、悪もおそろしからずとはいえ。

〈現代語訳〉こうしたわけであるから、生まれながらにそなえている善悪の素質のいずれも、本願の報いとしての浄土に往生するために有利にもならないし、不利にもならないというのは勿論のことである。したがってこの善悪を生まれながらにそなえた者は、与えられる阿弥陀如来の智慧を頼りとするより他に、愚かな凡夫としてどうして浄土に往生するために有利になる分があるだろうか。だからこそ「悪を犯すことも恐れはしない」と言ったのである」と。

往生の得失とは、阿弥陀如来の浄土へと往生するのに有利（好条件）にはたらくか、それとも不利（悪条件）にはたらくかということですが、先ほど読みましたように、超世不思議の願ですから、私達が生まれながらにそなえる善悪の素質は、本願とは比較にならないほど小さいものです。ならば、そのような者が行う善悪は、浄土に往生するのに有利にも不利にもはたらくものではありません。それこそが本願の規模なのでしょう。

親鸞が、「私は決して、善を行いたいとも思わないし、また悪を犯すことも恐れはしない」と話したのは、本願の規模に深く信順していたからに他なりません。曲解されかねないほどの表現をするのは、そのような本願への帰依があればこそなのでしょう。

六、第四条前半を読んで

さて、『口伝鈔』第四条と『歎異抄』第十三条が同じ課題を記していることは冒頭で述べた通りです。その『歎異抄』第十三条は、

弥陀の本願不思議におわしませばとて、悪をおそれざるは、また、本願ぼこりとて、往生かなうべからずということ。この条、本願をうたがう、善悪の宿業《しゅくごう》をこころえざるなり。〔以下略〕

〈現代語訳〉阿弥陀如来の本願が私達の思い議らいを超えておられるからとして、悪業をなすことをためらわないのは本願誇りと言って、浄土への往生がかなわないということ。この〔本願誇りの〕主張は、本願を疑い、私達が積み重ねてきた善悪の業を心得ていないことから起こるのである。〔以下略〕

という文章から始まります。阿弥陀如来の本願がまもってくれるのだからと悪業を犯すことをためらわない者は、一見本願を信じているようでいながら実は疑っており、それは宿業を正しく理解していない

からなのです。親鸞が「某はまったく善もほしからず、また悪もおそれなし」と述べたのは、飽くまで「善のほしからざるゆえは、弥陀の本願を信受するにまされる善なきがゆえに。悪のおそれなきというは、弥陀の本願をさまたぐる悪なきがゆえに」というように本願の規模を見失うことなく深く帰依していたからであって、本願に甘えて進んで悪を犯すこととは全く異なります。親鸞の発言の真意を私達はよほど注意しなければなりません。

今回は第四条前半を読み進めました。「本願誇り」という考え方は、親鸞の教えを曲解している典型的な異義異端です。恐らく親鸞の教えを都合良く解釈し、自分の行為を正当化しようとしたのでしょう。しかし私達もまた、時代の移り変わりによる善悪の価値観の変化に動揺し、本願の規模を見失いがちです。とりわけ科学が発達し、様々な技術が革新を重ねる現代においては、その傾向が顕著なのではないでしょうか。その私達の姿勢に警鐘を鳴らすべく、第四条は記されているように思われます。そして第四条後半では、その「本願誇り」を誡《いまし》めるべく、具体的に親鸞の言行が記されます。

第８講

第四条・善業と悪業（二）

一、増上縁

◆第四条（承前）

ここをもって、光明寺《こうみょうじ》の大師、「言弘願者如大経説《ごんぐがんしゃにょだいきょうせつ》　一切善悪凡夫得生者《いっさいぜんまくぼんぶとくしょうじゃ》　莫不皆乗阿弥陀《まくふかいじょうあみだ》仏《ぶつ》大願業力為増上縁也《だいがんごうりきいぞうじょうえんや》」（玄義分）とのたまえり。文《もん》のこころは、弘願《ぐがん》というは、『大経《だいきょう》』の説のごとし。一切善悪凡夫《いっさいぜんまくぼんぶ》のうまるることをうるは、みな阿弥陀仏の大願業力《だいがんごうりき》にのりて、増上縁とせざるはなしとなり。

〈現代語訳〉こうであるから、光明寺の善導《ぜんどう》大師は「弘願と言うは『大経（仏説無量寿経）』の説の如し、一切善悪の凡夫の生を得る者は皆、阿弥陀仏の大願業力に乗じ増上縁とせざること莫《な》し」と言われた。この文の意味は「広大な願いとは『大経』に説かれている通りである。善人も悪人も、凡夫が全て皆、浄土に生まれることが出来るのは、阿弥陀仏の大いなる本願の力を頼りとして、この願いを浄土に生まれるための力強いはたらきとしないものはない」ということである。

「ここをもって」とは第四条前半をうけてのことです。その第四条前半部分のまとめを再度掲げます。

この善悪の機《き》のうえにたもつところの、弥陀《みだ》の仏智《ぶっち》をつのりとせずよりほかは、凡夫、いかで往生の得分《とくぶん》あるべきや。さればこそ、悪もおそろしからずとはいえ。

このように、阿弥陀如来の本願に深く信順する親鸞の法語をうけて後半は展開しています。親鸞は、『仏説観無量寿経』の註釈書である善導の『観経疏玄義分《かんぎょうしょげんぎぶん》』の言葉を引いて、その意を詳しく繙《ひもと》きます。「弘願」とは広大な願い、具体的には『仏説無量寿経』に説かれる阿弥陀如来の四十八願のことです。「増上縁」は、「力強いはたらき」と訳しました。阿弥陀如来の本願の力は、私達が往生するための手立てであり、何よりのはたらきなのです。そのおかげで私達は阿弥陀如来の浄土に往生することが出来るのです。

逆に言うとそれは、阿弥陀如来の本願力がなければ、私達は往生することがかなわないことでもあります。私達の自力は、他力に比べると本当にちっぽけなものでしょう。そして、次に今まで積み重ねてきた善業・悪業と、往生の関係が展開します。

二、宿善と宿悪

されば宿善《しゅくぜん》あつきひとは、今生《こんじょう》に善をこのみ、悪をおそる、宿悪《しゅくあく》おもきものは、今生に悪をこのみ、善にうとし。ただ、善悪《ぜんまく》のふたつをば、過去の因《いん》にまかせ、往生の大益《だいやく》をば如来の他《た》力《りき》にまかせて、かつて、機《き》のよきあしきに、目をかけて、往生の得否《とくふ》をさだむべからず、となり。

〈現代語訳〉したがって、過去に善い行いを積み重ねた人は、この生では善を行うことを好み、悪を犯すことを恐れるし、過去に悪い行いを積み重ねた者は、この生では悪を行うことを好み、善とは疎遠である。「ただ、〔この生で〕行う善悪は過去に行った善悪の結果であると思い任せ、浄土に生まれるという最大の恵みは阿弥陀如来の他力に任せて、決して素質の善悪に目をかけて、浄土に生まれることが出来るとも出来ないとも、決定してはならない」というのである。

「宿善」とは、以前紹介したように「宿世の善根」、これまでに積み重ねてきた善い行いのことであり、「宿悪」とはその逆に、これまでに積み重ねてきた悪い行いです。今、私達が行う善業・悪業は過去の行いに依るものなのだから、ただひたすら浄土に往生するということだけを願って念仏し、往生出来るかどうかを私達が判断してはならないと記されています。

これは、阿弥陀如来の本願に任せる他ないという姿勢であり、やはり悪人の自覚から発起《ほっき》するものです。例えば、本願寺教団中興の祖である第八世・蓮如《れんにょ》（一四一五〜一四九九）はこの姿勢を「弥陀をたのむ」「後生《ごしょう》たすけたまえ」と具体的に表現しました。このように、悪人の自覚のもと、阿弥陀如来の本願力は増上縁として、凡夫に力強くはたらくのです。

これ以降は、『歎異抄』第十三条と同じエピソードが展開しますので、比較しながら読み進めていきましょう。

三、人を千人殺害したらば

これによりて、あるときのおおせにのたまわく、「なんだち念仏するより、なお往生にたやすきみちあり。これをさずくべし」と。「人を千人殺害《せつがい》したらば、やすく往生すべし。おのおの、このおしえにしたがえ。いかん」と。

〈現代語訳〉こうした考えから、ある時〔親鸞聖人が〕次のように仰《おお》せられた。「あなたがたに、念仏を称《とな》えることより、もっと浄土に往生するのに容易な方法があるから、これを教え授けよう」と言い、「人を千人殺害したならば、容易に浄土に往生することが出来るので、それぞれこの教えにしたがってはどうでしょう」と言われた。

突然ショッキングなメッセージが展開します。実は、同内容ながら、更に衝撃的なメッセージが『歎異抄』第十三条にも記述されます。

たとえば、ひとを千人ころしてんや、しからば往生は一定《いちじょう》すべし。

〈現代語訳〉まず、人を千人殺して下さいませんか。そうするなら、往生は間違いないでしょう。

この『歎異抄』の文は、親鸞が唯円《ゆいえん》に話した言葉とされています。『口伝鈔』の言葉よりもエッセンスが凝縮され、余計な言葉が省かれています。その分、読み手の衝撃も大きいように感じられもします。一方『口伝鈔』は、対話の相手を唯円に限定していません。そして、読み手に配慮を施しているようにも思われます。言葉を尽くして誤解する可能性を排除し、衝撃を緩和しようとする覚如の配慮です。直後に、門弟の応答が続きますが、その言葉にも注目すべき点があります。

ときにある一人《いちにん》、もうしていわく、「某《それがし》においては、千人まではおもいよらず、一人《いちにん》たりというとも殺害《せつがい》しつべき心ちせず」と云々

〈現代語訳〉その時、ある一人が言うには、「私としては、千人など思いもよらず、ただの一人も、きっと殺すような気持ちになりません」と云々。

『口伝鈔』では、応答する門弟が唯円とは指定されず「ある一人」となっています。そして、その門弟は千人はおろか一人でも殺害するような気持ちにはならないと、親鸞の言葉を受けて丁寧に回答しています。では、『歎異抄』で唯円はどのように応答しているでしょうか。

おおせにてはそうらえども、一人もこの身の器量にては、ころしつべしとも、おぼえずそうろう。

〈現代語訳〉お言葉ではありますが、この私の器では一人として殺すことが出来るとも思えません。

やはりシンプルで明快な言葉になっています。「千人殺してくれたら往生出来る」という師の言葉では

あるけれども、自分の器量では一人も殺すことは出来ないと思うと『歎異抄』で唯円は応答していますが、『口伝鈔』での門弟は、やはり言葉を補い、千人はおろか一人として殺す気持ちは起きないと述べています。ここにも、覚如の配慮が窺《うかが》えます。

『口伝鈔』と『歎異抄』とを比較することで、覚如の心配りに気付くことが出来ます。この門弟とのやりとりに加えて、親鸞の教えは展開します。

四、宿因のはからい

上人かさねてのたまわく、「なんじ、わがおしえを日比《ひごろ》そむかざるうえは、いまおしうるところにおいて、さだめてうたがいをなさざるか。しかるに一人なりとも殺害しつべきここちせずというは、過去に、そのたねなきによりてなり。もし過去にそのたねあらば、たとい、殺生罪《せっしょうざい》をおかすべからず、おかさば、すなわち往生をとぐべからずと、いましむというとも、たねにもよおされて、かならず殺罪《せつざい》をつくるべきなり。善悪《ぜんまく》のふたつ、宿因のはからいとして、現果《げんか》を感ずるところなり。

〈現代語訳〉〔親鸞〕聖人は重ねて言われた。「あなたは私の教えに日頃背いていないのだから、今、教えたことについても、きっと疑いをいだいてないだろう。ところが、ただの一人も殺害するような気持ちにならないというのは、過去にそれを行うような原因をつくっていないからである。もし過去にその原因をつくっていれば、たとえ殺生の罪を犯してはならない、犯すとたちどころに浄土に生まれることは出来なくなると誡めても、過去の原因に誘われて必ず殺生の罪をつくるに違いない。善悪の二つの行いは、過去の業因がはたらくために、現在にその結果と現れるものである。

門弟の応答を受けて、親鸞の教えは展開します。親鸞は門弟がしっかりと教えを聞いていることを信頼し、その上で、自らの教えをしっかり聞く門弟でありながらも、言うことを聞けないことを逆手にとって、宿業とはどういうものかを丁寧に述べます。

一方、『歎異抄』では親鸞の言葉が次のように記されます。

なにごともこころにまかせたることならば、往生のために千人ころせといわんに、すなわちころすべし。しかれども、一人にてもかないぬべき業縁《ごうえん》なきによりて、害せざるなり。わがこころのよくて、ころさぬにはあらず。また害せじとおもうとも、百人千人をころすこともあるべし。

〈現代語訳〉どんなことも心に思うままにすることであるならば、浄土に往生するために千人殺せと言われたら、すぐに殺すであろう。けれども、ただの一人も殺すべき業縁がないから、殺害しないのである。自分の心が善いから殺さないのではない。そして、殺害するまいと思っても、百人千人を殺すこともあるだろう。

『歎異抄』も『口伝鈔』も、善業・悪業が、自分の心の善し悪しに起因するのではなく、業縁によるということを丁寧に記しています。ただ、『口伝鈔』で覚如は、極力誤解を招かないように、善業と悪業の理解を説くことに主眼を置いて言葉を尽くしているのです。

そして、次のように第四条が閉じられます。

しかれば、まったく往生においては、善《ぜん》もたすけとならず、悪《あく》もさわりとならず、ということ、これをもって准知《じゅんち》すべし。」

〈現代語訳〉こうしたわけだから、「全く浄土に生まれるには善も助けとならないし、悪もさまたげとならない」ということは、これになぞらえて知ることが出来るだろう」。

以上のように、善業と悪業を為す過程について説明を施して、善業も悪業も、往生浄土の助けともさわりともならないという結論が導き出されます。私達が為す善悪は往生の得失になりません。やはり、阿弥陀如来の本願とは比べるまでもなく小さいのが私達の行いなのです。

こういったエピソードを通して、善を行いたいとも思わず、悪を犯すことも恐れないという親鸞の言葉の真意が、阿弥陀如来の本願への帰依にあることを、私達は改めて窺い知ることが出来ます。

五、第四条を通して

第四条は、善業と悪業についての親鸞の法語と行状が併せて記されています。第四条で中心となるのは、冒頭の某《それがし》はまったく善もほしからず、また悪もおそれなし。善のほしからざるゆえは、弥陀《みだ》の本願を信受《しんじゅ》するにまされる善なきがゆえに。悪のおそれなきというは、弥陀の本願をさまたぐる悪なきがゆえに。

という言葉でしょう。この親鸞の先鋭的な表現は、阿弥陀如来の本願への帰依を表すに不可欠なものだったのです。しかも、この条は『歎異抄』第十三条にも同内容が語られていますが、『歎異抄』では唯円であるのに、『口伝鈔』では一人の門弟とされます。現代では、覚如と唯円に交流があったことが確かめられています。ですから、この行実は恐らく唯円から聞いたものであると推察することが出来ます。しかし、覚如は唯円とのやりとりを、あえてある門弟の行実として敷衍《ふえん》し、唯円一人のものではなく、親鸞の教えを聞く門弟全員に通じる応答であるとおしなべて了解しているのです。

『歎異抄』では本願誇《ぼこ》りという異義異端を中心課題として善悪の行為の吟味がなされますが、『口伝鈔』では飽くまで私達が為す善悪二業とは何かを考えるのが問題の中心となっています。しかも覚如は、親鸞の真意をなるべく誤解を招かないように、言葉を尽くして述べています。『歎異抄』のように、親鸞の教えのエッセンスを凝縮した言葉は心に残りますが、どこまでも丁寧に解釈を施す覚如の姿勢もまた大切なのです。

第９講

第五条・自力の修善と他力の仏智

一、自力と他力

覚如は第三条で自力と他力が異なることを述べ、第四条で他力の目当てが悪人と自覚する者を救うことにあることを明らかにしました。ここに『口伝鈔』の構成の巧みさを垣間見ることが出来ます。この第三、四条を踏まえた上で、第五条では親鸞の法語が展開します。

この第五条が開かれる背景となる第四条に、次のような文章がありました（本書74頁）。

機《き》にうまれつきたる善悪のふたつ、報土往生の得《とく》ともならず、失《しつ》ともならざる条、勿論《もちろん》なり。さればこの善悪の機のうえにたもつところの、弥陀の仏智をつのりとせずよりほかは、凡夫、いかで往生の得分《とくぶん》あるべきや。さればこそ、悪もおそろしからずとはいえ。

阿弥陀如来を頼りとすることで、本願は私達に増上縁として力強くはたらきます。逆に、阿弥陀如来の本願なくして私達の自力のみでは、浄土への往生はかないません。その、私達が頼りとすべき阿弥陀如来の智慧とはどのようなものなのでしょうか。私達の自力とどのように異なるのでしょうか。このことを考えるのが第五条の主眼です。

第三、四、五条と一連の展開がありますから、全体を貫くテーマである自力と他力の異なりに注目しながら、第五条を読み進めていきましょう。

二、自力の修善

◆第五条
一　自力《じりき》の修善《しゅぜん》はたくわえがたく、他力《たりき》の仏智《ぶっち》は、護念《ごねん》の益《やく》をもってたくわえらるる事。

〈現代語訳〉一、自らの力で善を修《おさ》め〔功徳を〕蓄《たくわ》えるのは難しく、他力という〔阿弥陀〕仏の智慧は、〔諸仏に〕念じ護られる利益《りやく》によって〔功徳を〕蓄えられる事。


第五条はこのテーマの通り、自力と他力とがどうして異なっているのか、その理由が具体的に述べられています。

そもそも、仏教において私達に修善が勧められるのは、善行を修めることで、善根功徳を私達自身に蓄えることが出来るからです。善根を積み重ね、それを功徳として蓄えて自らの仏道成就に振り向け成仏すること、そして成仏の障碍となる悪事をとどめること、これがオーソドックスな仏道の歩みです。ですから、前々回紹介したように、仏教では「廃悪修善《はいあくしゅぜん》」、自らの力で悪を廃して善を修めることが勧められるのです。成仏することが目標である仏教において、これは当たり前の道理なのですが、私達は我が身を振り返ってみて、果たして成仏出来るほどの功徳を積み重ね、悪事をとどめる生活を営んでいるでしょうか。

親鸞や覚如が生きた鎌倉時代は各地で飢餓や戦乱があり、自らのいのちを繋ぐためにやむなく悪事をはたらくことすら珍しくないことだったでしょう。そこには、一日一日を暮らすのが精一杯な民衆がいました。そして、そのような民衆の救われる教えが念仏であり浄土教であると、親鸞の師・法然は発見しました。親鸞もまた、その法然に信順し、浄土を真の宗（依り処）としました。これが「浄土真宗」と呼ばれる由縁です。

親鸞は、通常の仏教の道筋である「廃悪修善」がかなわない、換言すると「自力がかなわない」ことを事ある毎に書き記していますが、覚如も第五条冒頭にそのことを記します。

たとい万行諸善《まんぎょうしょぜん》の法財《ほうざい》を修《しゅ》したくわうというとも、進道《しんどう》の資糧《しりょう》となるべからず。ゆえは、六《ろく》賊知聞《ぞくちもん》して侵奪《しんだつ》するがゆえに。

〈現代語訳〉たとえあらゆる行でたくさんの善を修め、功徳を蓄えるとしても、それは仏道を歩むための糧《かて》とはならない。何故ならば眼耳鼻舌身意《げんにびぜっしんい》の認識作用によって起こる煩悩が、このことを知って、〔蓄えた糧を〕奪い取ってしまうからである。

「六賊」とは六識のことです。六識とは、眼で見、耳で聞き、鼻で嗅ぎ、舌で味わい、身で触れ、意で思う六つの認識作用であり、ここでは私達の煩悩を指します。たとえたくさんの善を修め、法財つまり功徳を蓄えたとしても、その蓄えたものは私達に具わる煩悩によって奪われてしまいます。

覚如は、そのことを私達の生活に引き寄せて、盗賊が財物を奪い取るという善導の『観経疏《かんぎょうしょ》』「序分義」の譬えを用います。この譬えによって、どれほど財貨を蓄えたとしても、それがどんどん失われていくことを私達は明確に知ることが出来ます。積み重ねても積み重ねても、自らに具わる煩悩によって功徳を収奪されてしまう現実が私達にはあるのです。六賊である私達はやはり、煩悩具足の凡夫に他なりません。ですから自力の姿勢であるならば、往生成仏がかなわないのです。このことは古来、自力無《じりきむ》効《こう》（自力無功）と言われています。

また、「進道」とは仏道を歩み進むこと、「資糧」とは資助糧食《しじょりょうじき》のことで、仏道の歩みの助けとなり糧となることを指しています。

三、称名念仏の功徳

それに比して、他力の念仏の功能《はたらき》は自力とは大きく異なります。

念仏においては、すでに行者《ぎょうじゃ》の善《ぜん》にあらず、行者の行《ぎょう》にあらずとら、釈《しゃく》せらるれば、凡夫自力《じりき》の善にあらず。

〈現代語訳〉〔ところが〕念仏においては既に「称《とな》える人の善ではなく、称えるのもその人が称えているのではない」と解釈されているから、愚かな凡夫が自らの力によって修める善ではない。

念仏は、称える行者のものではありません。そのことは親鸞の消息集である『末灯鈔《まっとうしょう》』の、

自然《じねん》というは、自《じ》はおのずからという。行者《ぎょうじゃ》のはからいにあらず、しからしむということばなり。然《ねん》というは、しからしむということば、行者のはからいにあらず、如来《にょらい》のちかいにてあるがゆえに。

〈現代語訳〉自然〔という言葉〕について、自はおのずからといい、行者のはからいではなく「しからしむ」という言葉である。然は「しからしむ」という言葉であり、やはり行者のはからいではない。それは如来の誓いだからである。

という文等で確かめることが出来ます。「自然」という言葉を通して、名号を称えること（称名《しょうみょう》）が決して称える行者のものではなく、どこまでも阿弥陀如来の功徳であることを親鸞は明らかにします。その理由を親鸞は、

「善本」とは如来の嘉名《かみょう》なり。この嘉名は万善円備《まんぜんえんび》せり、一切善法の本なり。かるがゆえに善本と曰《い》うなり。「徳本」とは如来の徳号なり。この徳号は、一声称念《いっしょうしょうねん》するに、至徳成満《しとくじょうまん》し、衆禍《しゅか》みな転ず、十方三世の徳号の本なり。かるがゆえに徳本と曰うなり。

〈現代語訳〉善の本である名号とは阿弥陀如来の嘉《よ》き名である。この嘉き名にはあらゆる善が円《まど》かにそなわっていて、全ての善法の根本である。だから善の本というのである。徳の本である名号とは阿弥陀如来の功徳の号である。この徳の号は一声称え念ずると、この上ない功徳が成就し満たされ、あ

らゆる禍《わざわ》いが全て転じられる十方三世全ての徳号の根本である。だから徳本というのである。と、『教行信証』「化身土巻《けしんどのまき》」で記しています。善本も徳本も、いずれも「南無阿弥陀仏」の名号を指します。「南無阿弥陀仏」には、阿弥陀如来が長い間にわたって積み重ねた功徳が既にこめられているので、その功徳は称えた者が積み重ねたものではありません。称名の功徳はどこまでも阿弥陀如来のものであることを私達は忘れてはいけません。

四、弥陀の仏智と仏智疑惑

しかし、私達はそれを誤解して自らが名号を称えることで浄土へと往生することが出来るように思いがちです。これは、阿弥陀如来の功徳を自らのものであるとすり替えようとする姿勢であり、自力の最たるものでしょう。その姿勢を如実に表したのが、『仏説無量寿経』の異訳（異なる時代に漢訳された経典）である『無量寿如来会《え》』の第二十願文です。

無量国の中の所有《しょう》の衆生、我が名を説かんを聞きて、もって己が善根として極楽に回向せん。

〈現代語訳〉数限りない国のあらゆる衆生が、私の名が説かれるのを聞いて、それを自らが積み重ねた善根として極楽へと振り向けたとしよう。

これは『仏説無量寿経』と同様に、法処比丘《ほうしょびく》（法蔵菩薩）が阿弥陀仏に成るために建てた願文の一部ですが、法処比丘が積み重ねた功徳である名号を、我がものとして自分の往生浄土のために回向する衆生の様相が具体的に描かれています。

そうではなく、どこまでも阿弥陀仏の功徳で浄土へと往生することを私達は忘れてはなりません。そうでない姿勢はとりもなおさず自力となります。しかも、自力は自らの力を誇ることであり、阿弥陀如来の智慧と自らの力を比較することにつながります。それは思いはかることを超えている仏智を思いはかり疑うこと（仏智疑惑《ぶっちぎわく》）となります。親鸞にとって、仏智疑惑は何よりも重い罪でした。ですから、親鸞は晩年に著した『正像末和讃《しょうぞうまつわさん》』の結びに「疑惑和讃」を添えて、私達が仏智を疑う罪を訴えています。例えば、

仏智の不思議をうたがいて
　自力の称念このむゆえ
　辺地懈慢《へんじけまん》にとどまりて
　仏恩《ぶっとん》報ずるこころなし

という和讃では、仏智を疑って自らが名号を称えるのを頼りとする姿勢には、悪人の自覚がないので仏恩を喜び報謝する心がないと端的に記されます。辺地とは中央でない地、自力の者が往生する世界のことであり、懈慢とはおこたりあなどることです。これは他力の念仏とはほど遠い姿勢でしょう。更に疑惑和讃は、

仏智うたがうつみふかし
　この心《しん》おもいしるならば
　くゆるこころをむねとして
　仏智の不思議をたのむべし

已上二十三首《しゅ》仏（智）不思議の弥陀の御《おん》ちかいをうたがうつみとがをしらせんとあらわせるなりと結ばれます。仏智のはたらきを知り、喜ぶことがなければ他力をたのむことにはならず、私達はそのような仏智を疑う自らの心を知らなければなりません。仏智を疑うことは、親鸞にとって罪であり、咎《とが》（あやまち）なのです。私達は、どこまでも救われる者であるという自らの分際《ぶんざい》をよく心得なければなりません。

このように、自力ではない他力の仏智をおさえた上で、第五条結びの文を読んでいきましょう。

またう弥陀《みだ》の仏智《ぶっち》なるがゆえに、諸仏護念《しょぶつごねん》の益《やく》によりて、六賊これをおかすにあたわざるがゆえに、出離《しゅつり》の資糧《しりょう》となり、報土《ほうど》の正因《しょういん》となるなり。しるべし。

〈現代語訳〉そしてそれは全て阿弥陀仏の智慧であるから、諸仏が念じ護って下さるという利益《りやく》によって、前の六つの煩悩もそれを侵《おか》すことが出来ない。だから、〔他力の仏智は〕この迷いを離れ出るための糧となり、本願の報いとしての浄土に往生するための正しい因となるのである。このように知らなくてはならない。

念仏は凡夫自力の善ではなく、全て弥陀の仏智、つまり阿弥陀仏の智慧なのです。また諸仏護念とは、信心獲得による、この生における十種類の利益《めぐみ》（現生《げんしょう》十種の益《やく》）の内の一つ、具体的には諸仏によって念仏の人が念じ護られるという利益のことです。先ほど記された六賊という私達の煩悩ですら、この利益を侵犯することは出来ません。ですから、六賊が功徳を収奪することもなく、阿弥陀如来の功徳そのままに、私達は浄土へと往生することが出来ます。こういった道理で称名念仏は浄土へ往生する正しいたねとなるのです。私達はこのように他力の仏智を正しく理解し、自力で蓄えた善根は自らの煩悩によって奪われてしまうことを忘れてはなりません。

五、第五条を読んで

私達は名号を自らのものとして称えがちです。しかし、名号にこめられた功徳は私達のものではなくどこまでも阿弥陀如来のものです。阿弥陀如来は御自身が積み重ねた功徳を名号として私達に施し与えて下さいました。そのことをおさえなければ、私達は自らの力で称名念仏し、自らを悪人であると自覚する契機を損ないます。そうではなく、どこまでも阿弥陀如来の功徳がそなわった名号を称える身であることを知らなければなりません。

自力と他力という浄土教における大きな課題を、覚如は第三条、第四条、第五条と巧みに展開して、理解するよう書き進めました。特に第五条では、私達の煩悩が六賊として表現され、その六賊に自力で蓄えようとした財を収奪されるから自力修善は難いという、極めて分かり易い譬えを用いて、他力仏智についての解釈を施しています。そのような覚如が用いる譬えについても、今後注目していきましょう。

第10講

第六条・本尊や聖教は誰のものか

一、蓮位の提言

今回読み進める第六条は、衆生に浄土へ往生し成仏するという利益（恵み）を与える阿弥陀如来と釈迦如来の方便について、親鸞の行実を中心として展開します。今から七百年以上遡《さかのぼ》る、親鸞在世当時の状況を踏まえながら読んでいきましょう。まずはタイトルです。

◆第六条

一　弟子同行《どうぎょう》をあらそい、本尊聖教《ほんぞんしょうぎょう》をうばいとること、しかるべからざるよしの事。

〈現代語訳〉一、弟子や同行を争ったり、本尊や聖教を奪い取る事は、よろしくないという事。

第六条の舞台は、親鸞の青壮年期、常陸《ひたち》の国（現在の茨城県）に在住していた頃の門弟とのやりとりです。

親鸞は三十五歳の時、念仏をひろめたことによって越後（現在の新潟県）に流罪《るざい》となりますが、その五年後赦免《しゃめん》され、後《のち》に家族を引き連れて越後を離れて関東へと赴《おもむ》きます。そして念仏の布教活動をおよそ二十年にわたって営んだとされています。

当時は京都が日本の中心でした。鎌倉に幕府が開かれてはいたものの、親鸞が活動した北関東はまだまだ辺鄙《へんぴ》ないなかでした。そのような土地で布教活動をし、親鸞は共に念仏の教えを聞く仲間を増やしていきました。そういった頃の出来事です。

常陸《ひたち》の国新堤《にいづつみ》の信楽坊《しんぎょうぼう》、聖人親鸞の御前《ごぜん》にて、法文《ほうもん》の義理ゆえに、おおせをもちいもうさざるによりて、突鼻《とつび》にあずかりて、本国に下向《げこう》のきざみ、御弟子蓮位房《おんでしれんにぼう》もうされていわく、「信楽房の御門弟《ごもんてい》の儀《ぎ》をはなれて、下国《げこく》のうえは、あずけわたさるるところの本尊をめしかえさるべくやそうろうらん」と。「なかんずくに、釈親鸞《しゃくのしんらん》と外題《げだい》のしたにあそばされたる聖教おおし。御門下をはなれたてまつるうえは、さだめて仰崇《ぎょうそう》の儀なからんか」と云々

〈現代語訳〉常陸の国新堤の信楽房が、親鸞聖人の前で経文の意味について聖人の仰《おお》せられることを故意に用いなかったために、おとがめを受けて本国に帰っていく時、弟子の蓮位房が次のように申し上げた。「信楽房が弟子のあつかいを離れて帰国する上は、お渡しになった本尊と聖教はお取り返しになられたらいかがでしょう」。〔更に〕「とりわけ、釈親鸞と外題の下に自らお書きになった聖教が多いのですから。門下を離れます以上は、きっと崇敬《すうけい》の念もないのではないでしょうか」と言った。

浄土真宗の信徒を「門徒《もんと》」と言いますが、そもそもは親鸞と共に念仏の教えを聞く仲間のことです。親鸞が布教を進める内に、在所ごとに念仏の教えを聞く集まりが出来、土地の名を冠してその集まりを称するようになりました。例えば「高田《たかだ》門徒」「横曽根《よこそね》門徒」「鹿島《かしま》門徒」等です。門徒達は親鸞から教えを聞いたので親鸞を師と仰ぐでしょうが、親鸞にとって門徒とは共に教えを聞く「御同行《おんどうぎょう》」「御同朋《おんどうぼう》」です。親鸞は共に教えを聞く仲間として、敬《うやま》いをもって接したのです。詳しい理由については、この次の節で明らかとなります。

ここで「突鼻《とつび》」とは勘当《かんどう》・縁を切ること、「きざみ」とはその時・その折のこと、「仰崇《ぎょうそう》」とは文字通り仰ぎあがめることです。

さて、事の発端《ほったん》は、門弟であった信楽が親鸞に勘当され、離れるという出来事です。親鸞は本尊や聖教を門弟であった信楽に書き与えていました。ですから信楽が親鸞から離れる時、与えた本尊、聖教の取り扱いをどうするか、同じく門弟である蓮位が親鸞に次のように提案したのです。「信楽は既に門弟ではないのだから、与えた本尊や聖教を取り戻すべきではないか」と。

なるほど、念仏の輩《ともがら》ではない者にとって、本尊も聖教も必要ではなくなります。ならば蓮位が言うように、その者が所有していたものは取り返すのが妥当なことでありましょう。しかも、せっかくの聖教には「釈親鸞」と名前が書き込まれています。やはり取り返して他の者の手に渡らないようにすべきではないでしょうか。この蓮位の提言に対して、親鸞は次のように応答します。

二、釈迦・弥陀の方便

聖人のおおせにいわく、「本尊・聖教《しょうぎょう》をとりかえすこと、はなはだ、しかるべからざることなり。そのゆえは、親鸞は弟子《でし》一人《いちにん》ももたず、なにごとをおしえて弟子というべきぞや。みな如《にょ》来《らい》の御弟子《おんでし》なれば、みなともに同行《どうぎょう》なり。念仏往生《ねんぶつおうじょう》の信心《しんじん》をうることは、釈迦《しゃか》・弥陀《みだ》二尊《にそん》の御方便《ごほうべん》として発起《ほっき》すと、みえたれば、まったく親鸞が、さずけたるにあらず。当世《とうせい》たがいに違《い》逆《ぎゃく》のとき、本尊・聖教をとりかえし、つくるところの房号《ぼうごう》をとりかえし、信心をとりかえすなんどいうこと、国中《こくちゅう》に繁昌《はんじょう》と云々 返《かえ》す返《がえ》すしかるべからず。

〈現代語訳〉聖人が次のように仰った。「本尊や聖教を取り返すことは、全く適切なことではない。そのわけは、親鸞は弟子は一人も持たないからである。何を教えたことで弟子と言うことが出来るのであろうか。誰もが如来の弟子であるから、皆共に念仏の仲間である。念仏によって浄土に生まれると信ずる心が得られるのは、釈迦如来と阿弥陀如来のお二方《ふたかた》が手立てとしておこして下さったものである、と説かれていることだから、これは全く親鸞が授けたのではない。今日《こんにち》、お互いに意見が異なる時、本尊や聖教を取り返し、付け与えた房号を取り返し、信心さえも取り返すなどということが、国じゅういたるところで盛んに行われているといわれているが、これはかえすがえす適当ではない。

ここでまず注意しておかねばならないのは、親鸞の「親鸞は弟子《でし》一人《いちにん》ももたず」という言葉です。同じ言葉が『歎異抄』第六条に、

一、専修念仏《せんじゅねんぶつ》のともがらの、わが弟子ひとの弟子、という相論のそうろうらんこと、もってのほかの子細《しさい》なり。親鸞は弟子一人ももたずそうろう。

〈現代語訳〉一、阿弥陀如来の本願を信じ専《もっぱ》ら念仏を修める人達の中で、自分の弟子、他人の弟子という言い争いがあることについて、それは大きな心得違いである。親鸞には、自分の弟子であると思う者は一人もいないのである。

と記されています。こちらの方が私達には馴染《なじ》みがあるかもしれません。実際のところ、親鸞と門弟達には明らかな師弟関係があったように見受けられますし、門弟達は親鸞を師と仰いでいました。

確かに親鸞は念仏の布教に努めた生涯でしたが、それは飽くまで法然から聞き開いた念仏の教えを有縁の人々に伝える営《いとな》みであって、決して親鸞自らの教えを弟子に伝授するというものではありませんでした。だからこそ、門弟を我が弟子と思うことなく「御同朋《おんどうぼう》」「御同行《おんどうぎょう》」と敬ったのです。このように一見矛盾した関係ではありますが、親鸞は一人も弟子をもたなかったけれども門弟達は親鸞を師として大切に敬ったという関係が成り立つのです。

さて、房号《ぼうごう》とは名前のことであり、およそ師が弟子に授けるものです。ですから弟子が離れる時に、師がその名前を取り返すようなことがよくあったのでしょう。ところが親鸞においては、門弟との間に師弟関係が成立していない以上、親鸞が弟子の名を取り返すことはありません。ましてや、弟子の信心など師が授けるものではありません。私達の信心はどこまでも阿弥陀如来が施し与えるものですし、信心

が発起するのは、釈迦如来と阿弥陀如来、つまり釈迦弥陀二尊の方便に依るからなのです。「方便」は元々仏教語で、梵語 upāya（ウパーヤ）の漢訳、手立てや手段の意です。

念仏の教えのもとでは、親鸞も門弟も、私達一人ひとりが阿弥陀如来の弟子です。ならば誰が師であり誰が弟子であるというのではなく、皆念仏の仲間です。親鸞が「御同朋」「御同行」と門弟達を敬った事実を、覚如は丁寧に解釈したのです。ですから、親鸞が授けたはずの本尊や聖教は、親鸞が授けたものではないのです。

そもそも「取り返す」ということが脳裏をよぎるのは、それが自らのものであると考えているからでしょう。がしかし、親鸞は本尊や聖教を取り返すことがよくないと言います。その道理が次に明快に記されます。

三、衆生利益の方便

本尊・聖教《しょうぎょう》は、衆生利益《しゅじょうりやく》の方便《ほうべん》なれば、親鸞《しんらん》がむつびをすてて、他の門室《もんしつ》にいるというとも、わたくしに自専《じせん》すべからず。如来の教法《きょうぼう》は、総じて流通物《るづうもつ》なればなり。しかるに、親鸞が名《みょう》字《じ》のりたるを、法師《ほっし》にくければ袈裟《けさ》さえの風情《ふぜい》に、いといおもうによりて、たとい、かの聖教を山野《さんや》にすつ、というとも、そのところの有情群類《うじょうぐんるい》、かの聖教にすくわれて、ことごとくその益《やく》をうべし。しからば衆生利益の本懐《ほんがい》、そのとき満足《まんぞく》すべし。凡夫《ぼんぶ》の執《しゅう》するところの財宝のごとくに、とりかえすという義《ぎ》、あるべからざるなり。よくよくこころうべし」とおおせありき。

〈現代語訳〉本尊や聖教は、生きとし生けるものを救うための手立てであるから、親鸞との交わりを捨てて他の門下に入るといっても、私のものとして独占してはならない。如来の教えは総じて世間に広がっていくものだからである。ところが、親鸞の名前が載っているものを、「法師憎ければ袈裟まで憎い」といった心持ちで厭《いと》わしく思って、たとえその聖教を野山に捨てるとしても、そこに住む様々なもの達がその聖教によって救われ、全てがその恩恵を得ることがあろう。そうならば、生きとし生けるものに利益《りやく》を与えようという仏の本意は、正にその時、満たされることになろう。愚《おろ》かな人が執着《しゅうじゃく》する財宝のように、取り返すということはあってはならないことである。よくよくこのことを心得なければならない」と仰せられた。

「むつび」とは睦び、つまり交流のことで、ここでは親鸞との師弟関係を意味します。そして「法師にくければ袈裟さえの風情」とは、いわゆる「坊主にくけりゃ袈裟まで憎い」という慣用句のことです。果たして本尊や聖教は何のためのもの、誰のものなのでしょうか。そのことが明らかにならなければ、「取り返す」ということが分かりません。親鸞ははっきりと応《こた》えます。「生ある全ての人が救われるための手立てである」と。これこそが阿弥陀如来の願いです。そうならばたとえ「釈親鸞《しゃくのしんらん》」の記名があったとしても、阿弥陀如来の願いの表現である限り、本尊や聖教は親鸞のものではありません。どこまでも本尊や聖教は書いた者のものではなく、阿弥陀如来のものであり凡夫全てのものなのです。

ですから、どのような縁で聖教が読まれるとも限りません。親鸞はこのことを、聖教を野山に捨てたとしてもそこに住むものがその聖教によって救われることもあるだろうし、それによって阿弥陀如来の目当てとする衆生利益が成就することもあると考えているのです。もしそうであるならば、親鸞が本尊や聖教を奪い返すと、衆生利益が成就《じょうじゅ》する機会を損《そこ》なうことにもなりかねません。それこそ、阿弥陀如来の願いに背《そむ》く行為につながります。こういった道理から、本尊は凡夫が求めて止まない、執着してしまう財宝とは異なるから、親鸞はそれを取り返そうとはしないのです。

四、第六条を通して

第六条は親鸞の行実《ぎょうじつ》を通して、本尊や聖教が果たして何のためのもの、誰のものであるのかを明かしています。それと共に、全てを我がものであると執着してしまう私達の姿勢を確かめているように考えられます。

親鸞にとっての門徒とは、共に念仏の教えを聞く仲間を意味します。それは、念仏の輩《ともがら》は全て阿弥陀如来の弟子であるからです。ですから、門徒が親鸞の弟子であることはなく、与えた名前や信心は勿論のこと、本尊や聖教までも取り返すものではありませんでした。何故ならば、本尊や聖教はどこまでも衆生に利益を与える、阿弥陀如来の手立てだからです。

この「親鸞は弟子一人ももたず」という姿勢は、唯円や覚如に留まらず、本願寺第八世・蓮如においい

ても相続されました。蓮如は、

「如来の教法《きょうぼう》を、十方衆生《じっぽうしゅじょう》にときさかしむるときは、ただ如来の御代官《おんだいかん》をもうしつるばかりなり。さらに親鸞めずらしき法をもひろめず、如来の教法をわれも信じ、ひとにもおしえきかしむるばかりなり。そのほかは、なにをおしえて弟子といわんぞ」とおおせられつるなり。されば、とも同行なるべきものなり。これによりて、聖人は御同朋・御同行とこそかしずきておおせられけり。

〈現代語訳〉〔親鸞聖人は〕「如来の教えを、生きとし生けるものに説いて聞かせる時は、ただ如来の代行者をうけたまわるだけである。それ以上に親鸞は珍しい仏法を広めるのではなく、如来の教えを私も信じ、人に教え聞かせるだけである。その他に何を教えて弟子と言うのであろうか」と仰《おっしゃ》ったことである。だからこそ、朋同行なのである。これによって親鸞聖人は御同朋・御同行として大切になさって仰ったのである。

と『御文《おふみ》』第一帖第一通で記しています。浄土真宗においては、念仏の輩を「御同朋」として敬う伝統があり、現在も「同朋社会の顕現」（真宗大谷派）、「御同朋の社会をめざして」（浄土真宗本願寺派）という目標に向けて基幹運動を展開しています。

第六条から、本尊や聖教の本来の意味が明らかとなり、また私達の執着する姿勢を問い直していく機会を得ることが出来ます。本尊や聖教は書いた者のものでも所有する者のものでもなく、如来のもの、私達、凡夫全てのものです。こう述べた親鸞の姿勢は、端的に言えば「来るもの拒《こば》まず、去るもの追《お》わず」というものでしょうが、その根源を訪ねると、最も仏教に適《かな》っていたことだと覚如は私達に伝えたかったのではないでしょうか。

第11講

第七条・何故、愚かな者が往生出来るのか

一、凡夫が往生するということ

前回は第六条によって、私達の身近にある本尊や聖教《しょうぎょう》が衆生に利益《りやく》を与えるための阿弥陀如来の手立てであることを確かめました。では、その衆生に与えられる利益とは何なのでしょうか。

私達は「利益（りえき）」という言葉を「利得」や「ためになること」として普段使いますが、本来は「利益（りやく）」という仏教語で、仏や菩薩の慈悲や修行の果として得られる福利や恩恵、すなわち「恵み」のことです。第七条ではこの利益の具体的な内容を吟味します。早速タイトルを確認しましょう。

◆第七条
一　凡夫《ぼんぶ》往生《おうじょう》の事。

〈現代語訳〉一、愚かな者が浄土に往生する事。

阿弥陀如来によって私達に与えられる恵みとは、西方浄土に往生し、成仏することです。浄土真宗の念仏者にとって、浄土往生が唯一にして最大の恵みです。何故ならば「浄土を真（本当）の宗（依り処）」として生きるからです。

おおよそ、凡夫の報土《ほうど》にいることをば、諸宗《しょしゅう》ゆるさざるところなり。

〈現代語訳〉総じて、愚かな者が真実の浄土に入るということは、諸宗では許さないところである。

仏教では様々な仏がおり、一つの世界ごとにただ一仏のみ出現し、そこに生きるものを教化します。諸宗、つまり浄土真宗以外の、阿弥陀如来ではない他の仏にもそれぞれの世界があります。ですから、他の仏を本尊とする宗もその仏の世界へと往生しますが、その世界へは愚かな者では往生がかないません。しかし阿弥陀如来の浄土は、諸宗の目指す浄土に生まれることの出来ない煩悩具足の凡夫こそが往生する世界です。そのことが続いて記されます。

しかるに、浄土真宗において、善導家《ぜんどうけ》の御《おん》こころ、安養浄土《あんにょうじょうど》をば報仏報土《ほうぶつほうど》とさだめ、いるところの機《き》をばさかりに凡夫と談《だん》ず。

〈現代語訳〉ところが、浄土真宗では、善導の教えを大切にする人々の意として、安養浄土を、〔本願の〕報いとして表れた真実の仏の浄土であると定めて、〔そこに〕入ることの出来るのが正に愚かな者であると説いている。

善導《ぜんどう》（六一三〜六八一）は、中国浄土教の祖師で、その教えを受け継ぐ人が「善導家」です。阿弥陀如来の本願によって建てられた浄土は、安養浄土、安楽国土、極楽、西方浄土等とも言います。その浄土に往生するのは、自らを愚かな者とわきまえる人です。そして、善導の往生理解の極みとも言えるのが「機の深信《じんしん》」と「法の深信」です。

決定《けつじょう》して深く、「自身は現にこれ罪悪生死《しょうじ》の凡夫、曠劫《こうごう》より已来《このかた》、常に没し常に流転して、出離の縁あることなし」と信ず。

〈現代語訳〉「我が身は今、正に罪悪生死を生きる凡夫であって、はるか昔より今にいたるまで、つねに沈みつねに流転して、迷いから離れ出る縁が全くない」と疑いなく深く信ずる。

このように、自力では往生することが出来ない者であると自覚することを「機の深信」と言います。

決定して深く、「かの阿弥陀仏の四十八願は衆生を摂受《しょうじゅ》して、疑いなく慮《おもんぱか》りなくかの願力に乗じて、定んで往生を得」と信ず。

〈現代語訳〉「かの阿弥陀仏の四十八願は衆生を摂め受け止めており、疑わず、思いめぐらすことなく、かの願力に乗じることで、必ず往生する」と疑いなく深く信ずる。

このように、阿弥陀仏の本願力に任せ、往生出来ると覚知することを「法の深信」と言います。凡夫が往生するためには、この二種の深信が欠かせません。また、凡夫が浄土へ往生することは「凡夫入報《にっぽう》」と言われ、仏教史上画期的な理解でした。しかし、画期的であるが故の大きな問題が次に展開します。

二、諸宗のおどろき

このこと性相《しょうそう》のみみをおどろかすことなり。さればかの性相に封《ふう》ぜられて、ひとのこころ、おおくまよいて、この義勢《ぎせい》におきて、うたがいをいだく。そのうたがいのきざすところは、かならずしも弥陀《みだ》超世《ちょうせ》の悲願を、さることあらじと、うたがいたてまつるまではなけれども、わが身の分《ぶん》を卑下《ひげ》してそのことわりをわきまえしりて、聖道門《しょうどうもん》よりは凡夫報土にいるべからざる道理をうかべて、その比量《ひりょう》をもって、いまの真宗をうたがうまでの人《ひと》はまれなれども、聖道の性相、世に流布《るふ》するを、なにとなく耳にふれ、ならいたるゆえか、おおくこれにふせがれて、真宗別途《べつず》の他力《たりき》をうたがうこと、かつは無明《むみょう》に痴惑《ちわく》せられたるゆえなり、かつは明師《めいし》にあわざるがいたすところなり。

〈現代語訳〉このこと〔凡夫入報〕は聖道門の教えを大切にする人の耳を驚かせることである。だから、聖道門の考えに閉じ込められて、多くの人は心に迷いを生じ、その勢いのために疑いを抱くようになる。その疑いがおこることについて、世を超えた阿弥陀仏の悲願を、そんなことはないだろうと疑うほどではないし、また我が身のほどを卑下し、聖道門の理論をわきまえ知り、聖道門によって愚かな者は真実の浄土に入ることは出来ないという道理を思い浮かべ、推しはかって、今の真宗の教えを疑うほどの人も希である。しかし、聖道門の教えが世に広まっているのを、何気なく耳に触れて聞きなれたせいか、多くの人は、この道理にさまたげられて、真宗特別の他力の教えを疑っている。これは無明の闇によって愚かになり惑わされたためであり、また智慧明らかな師に遇《あ》わないことがもたらした結果である。

「性相《しょうそう》」の内、「性《しょう》」は存在するものの本質の意、「相」は存在するものの姿の意です。「性相」を教学として大切にする天台宗や法相宗《ほっそうしゅう》、倶舎《くしゃ》宗等の諸宗がまとめて「性相」と記されており、ここでは浄土門以外の「聖道門の諸宗」として訳しました。

また、「聖道門」と「浄土門」について親鸞は、

おおよそ一代の教について、この界の中にして入聖得果《にっしょうとくか》するを「聖道門」と名づく、「難行道《なんぎょうどう》」と云えり。〔中略〕安養浄刹《あんにょうじょうせつ》にして入聖証果《しょうか》するを「浄土門」と名づく、「易行道《いぎょうどう》」と云えり。

〈現代語訳〉総じて、釈迦一代の教えで、この世界において聖者となりさとりを得る教えを「聖道門」と名付ける。「難行道（行じ難い道）」という。〔中略〕安養の浄土において聖者となってさとりを証する教えを「浄土門」と名付ける。「易行道（行じ易い道）」という。

と『教行信証《きょうぎょうしんしょう》』（化身土巻）に記します。この文章の元を尋ねると、中国浄土教の祖師である道綽《どうしゃく》（五六二～六四五）が、釈迦一代の教えを聖道門と浄土門に分け、浄土門に帰依せよと『安楽集』に述べて

います。凡夫にとって、この生においてさとりを得ることが難しい聖道の教えは難行の仏道です。一方、専ら念仏を称える浄土の教えは、易行の仏道です。聖道門のようにこの生において自らの力で様々な行を修め、煩悩を滅してさとりを得るという道理は分かり易く、馴染みあるものです。逆に浄土門の教えはにわかに信じ難いでしょう。ですから、耳馴れた聖道門の道理によったり、本当に智慧明らかな先生に遇わなければ、他力の道理は頷《うなず》き難く、疑いを抱くのです。

しかし聖道門の教えでは、凡夫の往生など到底出来ません。阿弥陀如来の本願はそのような自力では何事も到達し得ない者を救済の対象としています。ところが他力の教えが信じ難いので、私達に迷いや疑いが生じるのです。では、凡夫は往生出来るのでしょうか。

三、凡夫の自覚

そのゆえは、浄土宗のこころ、もと凡夫のためにして聖人《しょうにん》のためにあらずと云々　しかれば貪《とん》欲《よく》もふかく、瞋恚《しんに》もたけく、愚痴《ぐち》もさかりならんにつけても、今度《こんど》の順次《じゅんし》の往生は、仏語《ぶつご》に虚《こ》妄《もう》なければ、いよいよ必定《ひつじょう》とおもうべし。あやまってわがこころの三毒もいたく興盛《こうじょう》ならず、善心《ぜんじん》しきりにおこらば、往生不定《ふじょう》のおもいもあるべし。そのゆえは、凡夫のための願《がん》、と仏説《ぶっせつ》分明《ふんみょう》なり。

〈現代語訳〉というのは、浄土宗の教えの意は、本来愚かな者を目当てとし、聖者のためにあるのではな

いと云々　こうしたわけであるから貪《むさぼ》りの心深く、怒《いか》りの心はげしく、心の愚かさが盛んになるにつれても、この生を超えて浄土に往生するということは、仏の言葉にうそいつわりはないからいよいよ間違いないと思わなければならない。誤って、自分の心に貪りや怒りや愚かさがさほど盛んでなく、善心がしきりにおこるならば、浄土に往生するとは決まらないと思うこともあるだろう。というのは、愚かな者のための願であるということが、仏の教えではっきりしているからである。

貪欲《とんよく》・瞋恚《しんに》・愚痴《ぐち》は「三毒」と言い、衆生の善心を汚《けが》す根本的な煩悩です。仏の言葉によって、三毒が盛んであればあるほど往生は間違いないのに、私達はなかなかそう思えません。しかし覚如は、その私達の思いは誤りであるとし、そういう人間の姿勢を厳しく見つめました。その厳しい省察《しょうさつ》は、覚如自身の内面にも抉《えぐ》りこんでいきます。

しかるに、わがこころ凡夫げもなくは、さては、われ凡夫にあらねば、この願にもれやせん、とおもうべきによりてなり。しかるに、われらが心、すでに貪《とん》・瞋《じん》・痴《ち》の三毒、みなおなじく具《ぐ》足《そく》す。これがためとて、おこさるる願なれば、往生その機として必定なるべしとなり。かくこころえつれば、こころのわろきにつけても、機の卑劣《ひれつ》なるにつけても、往生せずは、あるべからざる道理、文証勿論《もんしょうもちろん》なり。いずかたよりか凡夫の往生もれてむなしからんや。

〈現代語訳〉ところが、自分の心が愚かな者らしくなかったら、自分は愚かな者ではないから、もしかしたらこの願から漏れるかもしれないと思ってしまうからである。しかし、私達の心は既に貪りや怒りや愚かさの三つを皆等しく具えており、この人達のために建てられた願なので、浄土に往生することは、その素質の上から決定的でなければならないのである。こう了解した時は、心が悪くても、素質が劣っていても、浄土に生まれないということはない。〔そのことは〕道理の上からも、経文の上からも、証拠を立てることが出来る。どういった点から、愚かな者が浄土に往生することからもれて、無益なことになるだろうか。

私達は凡夫の自覚が徹底し難いのです。三毒をそなえた凡夫のための本願であり浄土ですから、凡夫と自覚するならば往生するのに、私達に具足した煩悩が凡夫と自覚することをさまたげるのです。しかし凡夫だからこそ阿弥陀如来の浄土へ生まれることが出来る、これが往生の本意であり、阿弥陀如来の本懐です。その本懐を親鸞はどのように受け止めたのでしょうか。

四、親鸞一人がためなり

しかればすなわち、五劫《ごこう》の思惟《しゆい》も兆載《ちょうさい》の修行《しゅぎょう》も、ただ親鸞一人《しんらんいちにん》がためなり、とおおせごとありき。

〈現代語訳〉だからこそ、〔親鸞聖人〕は「阿弥陀如来の五劫という永い間の熟思も、幾兆もの永い間の修行も、この親鸞ただ一人のためである」と仰せられたのである。

「親鸞一人がためなり」と同様の言葉が、『歎異抄』の後序にも記されています。

聖人のつねのおおせには、「弥陀の五劫思惟の願をよくよく案ずれば、ひとえに親鸞一人がためなりけり。されば、そくばくの業《ごう》をもちける身にてありけるを、たすけんとおぼしめしたちける本願のかたじけなさよ」と御述懐そうらいし〔以下略〕

〈現代語訳〉〔親鸞〕聖人がいつもこう仰っていた。「阿弥陀の五劫にわたっての思惟の行によって建てられた本願についてよくよく尋ねてみると、それは偏《ひとえ》にこの親鸞一人のためであったことよ。だからこそ、多くの業を携えるこの身であるのを助けようと思われた本願が、ありがたいことであるよ」と御述懐なさっていた〔以下略〕

この「親鸞一人がためなり」というのは、阿弥陀如来の救いを客観的に理解したのではなく、今正に自身が救われているという自覚の表現でしょう。「他の誰でもなく、この親鸞の身が救われている」という実感のこもった大切な言葉です。この言葉を覚如は次のように理解します。

わたくしにいわく、これをもってかれを案《あん》ずるに、この条《じょう》、祖師聖人の御《おん》ことにかぎるべからず。末世《まっせ》のわれら、みな凡夫たらんうえは、またもって往生おなじかるべしとしるべし。

〈現代語訳〉私の思うところでは、この〔「親鸞一人がためなり」という〕ことによって前述の〔凡夫往生の〕

ことを考えると、このことは祖師・親鸞聖人だけのことと限ることは出来ない。末の世の私達全てが愚かな者である以上、また同じように浄土に生まれることであろうと知らなければならない。

「親鸞一人がため」だからこそ、親鸞に限られたことではなく、凡夫一人ひとりに成就するのが阿弥陀如来の救いであると覚如は理解しているのです。親鸞のように、自らを凡夫であると感じ取る者が、浄土へと往生します。

五、第七条を読んで

第七条は、自力で浄土へ生まれることなど出来ようもない凡夫が、阿弥陀如来の本願によって往生するという利益を吟味しています。他力は行じ易く信じ難い教えですから私達は疑いを抱きがちです。しかし、他力の教えを疑うことなく、自らの身を凡夫であるとわきまえなければならないということを覚如は伝えたかったのでしょう。

私達は、「立ち往生」であるとか「往生する」であるとか、「往生」という言葉を簡単に用いがちですが、浄土へ生まれるという「往生」の本来的な意味を忘れてはいけません。

第12講

第八条・親鸞と開寿（一）

一、登場人物の紹介

前回は第七条を読み、何故凡夫（愚かな者）が浄土に往生出来るのかを尋ねていきました。諸宗においては愚かな者の往生はかなわないのですが、浄土真宗はそうではなく、むしろ愚かな者こそが阿弥陀如来の浄土に往生するという仏道です。ならば、その愚かな者とは具体的にはどういった人なのでしょうか。

親鸞が自力では何事もやり遂げることの出来ない愚かな者としてわきまえ、振る舞うエピソードを紹介しているのが、この第八条です。今回はその第八条前半を通して、そのエピソードの背景を確認しながら、親鸞の考えを推察していき、第八条後半へと繋いでいきます。

一　一切経《いっさいきょう》御校合《ごきょうごう》の事《こと》。
西明寺《さいみょうじ》の禅門《ぜんもん》の父、修理亮時氏《しゅりのすけときうじ》、政徳《せいとく》をもっぱらにせしころ、一切経《いっさいきょう》を書写《しょしゃ》せられき。これを校合《きょうごう》のために、智者学生《ちしゃがくしょう》たらん僧《そう》を屈請《くっしょう》あるべしとて、武藤左衛門入道《むとうさえもんにゅうどう》 実名《じつみょう》を知らず、ならびに、屋戸《やど》やの入道《にゅうどう》 実名《じつみょう》を知らず 両大名《りょうだいみょう》におおせつけて、たずねあなぐられけるとき、ことの縁《えん》ありて聖人《しょうにん》をたずねいだしたてまつりき。

〈現代語訳〉一、〔親鸞聖人が〕一切経を校合なさった事。
西明寺入道時頼《ときより》の父、修理亮時氏が政治をとっていた頃、一切経を書き写されたことがあった。これを校合するために、智者や学者のような僧侶を招請したらよいということで、武藤左衛門入道〈実名は分からない〉並びに屋戸やの入道〈実名は分からない〉の二人の武将に命じて捜し求められた時、二人は何かの縁で〔親鸞〕聖人を尋ね出された。

まず第八章の登場人物を確認しましょう。
「西明寺の禅門」とは、鎌倉時代中期の鎌倉幕府第五代執権《しっけん》・北条時頼のことです。時頼は、幼い頃から聡明で、祖父泰時《やすとき》にもその才能を高く評価されていました。その時頼は一二五六（康元《こうげん》元）年、執権職を北条長時《ながとき》に譲って出家し、西明寺入道となります。「開寿《かいじゅ》」とはその西明寺入道時頼の幼名です。第八条は、幼い頃の北条時頼、つまり開寿と親鸞とのやりとりによって展開します。

また、開寿の父が「修理亮《しゅりのすけ》〔北条〕時氏」です。修理亮とは、主に内裏《だいり》の修理造営を掌《つかさど》る官位です。北条時氏は一二二七（嘉禄三）年に修理亮に任官されましたが、一二三〇（寛喜二）年には早世し、執権職には就いていません。この時氏が政治に専念していた頃の話ですから第八条のエピソードは、一二二七～一二三〇年頃の出来事であろうと推し量ることが出来ます。

そして「副将軍」とは鎌倉幕府第三代執権・北条泰時のことであり、開寿の祖父に当たる人物です。更に、「武藤左衛門入道」と「屋戸やの入道」の実名は不明であると覚如は記していますが、武藤左衛門入道とは武藤景頼《かげより》（一二〇四～一二六七）のこと、屋戸やの入道とは宿屋左衛門尉光則《やどやさえもんのじょうみつのり》（生没年不詳）のことであると推察されます。いずれも学僧としての親鸞を見出した人達です。

では引き続き、内容を読み進めていきます。

二、一切経の校合

「一切経」とは、文字通り「一切の経典」のことで「大蔵経《だいぞうきょう》」とも言われます。しかし、ここでいう「経」は、いわゆる経・律・論の三蔵《さんぞう》だけでなく、その他の仏教文献をも含めた広い意味の経のことで、仏典の総称です。「校合《きょうごう》」とは校正のことで、ここでは異なる時代や場所で訳された経典同士の異同を照らし合せることです。正確な経典を作るための極めて重要な作業ですから、どうしても学識豊かな高僧の参画が必要となります。何かの縁で、武藤左衛門入道と屋戸やの入道は親鸞のことを知り、この事業に推薦し、招いたのです。

もし常陸《ひたち》の国 笠間郡《かさまのこおり》 稲田郷《いなだのごう》に御経回《ごけいかい》の比《ころ》か 聖人その請《しょう》に応《おう》じましまして、一切経《いっさいきょう》御校合《ごきょうごう》ありき。その最《さい》中《ちゅう》、副将軍《ふくしょうぐん》、連連昵近《れんれんじっきん》したてまつるに、あるとき盃酌《はいしゃく》のみぎりにして、種々の珍物《ちんぶつ》をととのえて、諸大名面々《しょだいみょうめんめん》、数献《すこん》の沙汰《さた》におよぶ。

〈現代語訳〉もしかすると〔この話は、親鸞〕聖人が常陸の国笠間の郡、稲田の里で布教しお過ごしであった頃のことであろうか。聖人はその招請に応じられて一切経を校合なさった。その事業の最中に、副将軍〔であった執権泰時〕とも、いつも親しく交わっておられたが、ある時、酒宴が設けられた折に、様々な珍しい食べ物がととのえられて、武将達が、それぞれに聖人と数盃の酒を酌《く》み交わしていた。

一二二七〜三〇年と言えば、親鸞が五十歳代の壮年期に当たり、関東に在住していた時代と思われます。親鸞は常陸（現在の茨城県）の稲田に在住しており、近隣各所で布教活動を積極的に行っていた時期だったのでしょう。関東北部で地道に布教活動を行っていた親鸞は、幕府に見出され、一切経校合という重大な仕事を請け負うこととなりました。

その校合の事業を通して親鸞は、開寿の祖父に当たる鎌倉幕府第三代執権・北条泰時（副将軍）のような実力者とも親しい間柄となったようです。そして、この事業の慰労で様々な珍味がそろった酒宴が催され、親鸞は他の荘園領主達と酒食を共に楽しむことがありました。その時の出来事が第八条の舞台です。

三、酒席での振る舞い

聖人、別《べっ》して勇猛《ゆうみょう》精進《しょうじん》の僧の威儀《いぎ》をただしくしましますことなければ、ただ世俗《せぞく》の入道《にゅうどう》、俗《ぞく》人等《じんとう》におなじき御振舞《おんふるまい》なり。よって、魚鳥《ぎょちょう》の肉味等《にくみとう》をもきこしめさるること、御《おん》ははかりなし。ときに鱠《なます》を御前《ごぜん》に進《しん》ず。これをきこしめさるること、つねのごとし。

〈現代語訳〉〔親鸞〕聖人はこれといって、強い意志をもって努力し仏道に精進する僧のように、威儀をただしておられることもなかったので、ただ世間一般の入道や俗人達と同じように振る舞っておられた。したがって、魚や鳥の肉等を召し上がることについても遠慮なさることはない。その時、鱠《なます》が聖人の前に進められた。そしてこれを召し上がる様子もまた、いつもと変わることがない。

親鸞はとりわけ強い意志をもって精進する僧侶のように厳格に振る舞ったのではなく、飽《あ》くまで世俗に生きる人と同様であったと覚如は記しています。

当時であれば、僧侶の肉食《にくじき》ははばかられたでしょう。それは不殺生戒《ふせっしょうかい》という戒律に則《のっと》った行為であるからです。僧侶としての決まりですから、僧侶の身分であればその戒律を破ることは許されざる行為です。ところが親鸞は、遠慮することなく魚や鳥の肉を食べるのです。単なる開き直りではなく、そこには一つの覚悟があるように見受けられます。それは、他のいのちを頂かなければ自らのいのちを繋《つな》ぐことの出来ない身であるという自覚です。例えば、この自覚の具体的な言葉が『歎異抄』（第十三条）に記されています。

「うみかわに、あみをひき、つりをして、世をわたるものも、野やまに、ししをかり、とりをとりて、いのちをつぐともがらも、あきないをもし、田畠《でんぱく》をつくりてすぐるひとも、ただおなじことなり」と。「さるべき業縁《ごうえん》のもよおせば、いかなるふるまいもすべし」とこそ、聖人はおおせそうらいしと。

〔以下略〕

〈現代語訳〉「海や川で網をひいたり釣りをして世間を生きていく者も、野山で猪を狩ったり鳥を捕って自らのいのちを繋ぐ者達も、商売をしたり、田畑を耕して日々を過ごす人も全く同じことである」と。「そうなるであろう業縁がひきおこすと、どのような振る舞いもするだろう」と、聖人は仰せになった〔以下略〕

他のいのちを奪って自らのいのちを繋ぐのは「業縁のもよおし」であって、いのちを奪いたくなくても奪わざるを得ない身であるという自覚、これが悪人の自覚です。そこには、僧侶と俗人の異なりや、職業の異なり等ありません。いわゆる「悪人正機《あくにんしょうき》」の姿勢が親鸞の中で貫かれているのです。

しかし、そのような親鸞を見て、他の僧侶の所作との異なりを感じ取り、疑問を抱く人がいました。それが開寿、後の執権・北条時頼です。以降は、親鸞と幼い開寿のやりとりが展開します。

四、開寿の疑問

袈裟《けさ》を御着用《ごちゃくよう》ありながらまいるとき、西明寺《さいみょうじ》の禅門《ぜんもん》、ときに開寿殿《かいじゅどの》とて、九歳《くさい》、さしよりて聖人の御耳《おんみみ》に密談《びつだん》せられていわく、「あの入道ども面々魚食《めんめんぎょしょく》のときは袈裟《けさ》をぬぎてこれを食《じき》す。善信御房《ぜんしんのおんぼう》、いかなれば袈裟を御着用ありながら食《しょく》しましますぞや。これ不審《ふしん》」と云々《うんぬん》

〈現代語訳〉袈裟を身にまとわれたまま召し上がった時、西明寺入道時頼、まだその時は開寿殿といって九歳であったが、そばに近寄って〔親鸞〕聖人の耳に密《ひそ》かに耳打ちして次のように言われた。「あの入道達がそれぞれ魚を食べる時は、その袈裟を脱いでこれを食べている。善信の御房〔親鸞聖人〕、あなたはどういったわけで、袈裟を身につけられたままでお召し上がりになるのだろうか。このことがよく分からない」と。云々

「入道」とは本来、仏門に帰してさとりの境地に入ることを意味しますが、ここでは仏道に入った人、つまり僧侶のことを指します。この酒宴では、他の僧侶も親鸞と共に酒食を嗜《たしな》んでいました。ただ親鸞と異なり、他の僧侶達は魚や鳥を食べる時にわざわざ袈裟を脱いでいたようです。

「袈裟」とは、端的に言えば僧侶が身にまとう衣服のことです。僧侶の象徴とも言える衣服ですから、恐らく不殺生戒を破るような魚や鳥の肉を食べる行為の際には、他の僧侶達は袈裟を脱ぐことで、自ら

を、そして周囲の人を、納得させていたように思われます。ところが親鸞はただ一人袈裟を脱ぐことをしませんでした。この状況に違和感を覚えたのが、幼き開寿だったのです。

開寿はその当時九歳ですから、現代の小学三～四年生に当たる年齢です。他の僧侶と異なる振る舞いをする親鸞に、開寿は興味をもちました。そこで開寿は、親鸞が魚を食べる時の所作に疑問を感じ、直接尋ねるのです。子どもならではの鋭い感性と物怖《ものお》じしない度胸が見受けられます。そして、開寿の疑問に親鸞は次のように応答しました。

五、親鸞の応答

聖人《しょうにん》おおせられていわく、「あの入道達はつねにこれをもちいるについて、これを食《しょく》するときは袈裟をぬぐべきことと、覚悟《かくご》のあいだ、ぬぎてこれを食《しょく》するか。善信《ぜんしん》はかくのごときの食物《しょくぶつ》邂逅《かいこう》なれば、おおけていそぎたべんとするにつきて、忘却《ぼうきゃく》してこれをぬがず」と云々

〈現代語訳〉〔親鸞〕聖人は次のように答えて仰《おっしゃ》った。「あの入道達はいつもこのような食事を摂《と》っているので、これを食べる時にはその袈裟を脱ぐものと知っていて、脱いでこれを食べるのでしょう。この善信は、このような食べ物にはたまにしかめぐり合うことがないので、度を失って急いで食べようとしてしまって、すっかり忘れてしまい、袈裟を脱がなかったのです」と。云々

親鸞は幼い開寿の素朴ながらも鋭い質問に、分かり易く応答しました。「自分は魚肉等、普段食べ慣れないので、急いで食べようとしてついうっかり袈裟を脱ぐのを忘れてしまったのだ」と。あわてて袈裟を脱ぐのを忘れてしまったと親鸞は言いますが、逆に言えば、忘れてしまうほど親鸞にとっては自然な行為だったのかも知れません。

そして、魚を食べ馴《な》れている他の僧侶に対して少し皮肉めいたように言ったようにもとれます。それは、僧侶の身分を隠しながら酒食を楽しむ他の者に対するアンチテーゼなのでしょう。

しかし親鸞の応答を受けて、感性の鋭い開寿は次のように考えたのでした。

開寿殿《かいじゅどの》、またもうされていわく、「この御答《ごとう》、御偽言《ごぎごん》なり。さだめてふかき御所存《ごしょぞん》あるか。開寿、幼稚《いうち》なればとて、御蔑如《ごべつじょ》にこそ」とて、のきぬ。

〈現代語訳〉開寿殿がまた次のように言われた。「このお答えは嘘である。定めし深いお考えがあるのではないか。開寿が子どもだからと思って、あなどられたに違いない」と。そしてそばを去られた。

「自分が幼いものだから、袈裟を脱がない理由を簡単に述べたのであろうが、きっとそれは嘘に違いない」と、開寿は簡単には納得しないのです。この場では開寿は本当の答えを聞き出すのを諦《あきら》めますが、また別の機会が訪れます。その際に、開寿は重ねて問い尋ねて、親鸞の真意を聞き出します。そのことが第八条後半で記されます。

六、第八条前半を読んで

第八条前半では、親鸞と開寿のやりとりと、その背景を確かめました。齢《よわい》九歳にして親鸞のただならぬ振る舞いを見抜く開寿の器量を私達は垣間見ることが出来ますが、それに加えて親鸞の振る舞いそのものにも注目すべきでしょう。そして、親鸞と幼き開寿の駆引《かけひ》きもまた見応えがあります。

次回は引き続き第八条後半を読んでいきますが、この後、別の機会でまた開寿が鋭い疑問を親鸞に投げかけます。そして、親鸞も他の僧侶と異なる振る舞いをする自らの真意を開寿へと伝えます。それによって、第八条で覚如が述べたかった意趣もはっきりしてくるのです。

ここに凡夫（愚かな者）としての親鸞の自覚と、覚如がこのエピソードを記した意図がはっきりとしますので、気をつけて読んでいきましょう。

第13講

第八条・親鸞と開寿（二）

一、開寿の疑問

◆第八条（承前）

またあるとき、さきのごとくに袈裟《けさ》を御着服《ごちゃくぶく》ありながら御魚食《ごぎょしょく》あり。また、開寿殿《かいじゅどの》、さきのごとくにたずねもうさる。聖人《しょうにん》また御忘却《ごぼうきゃく》とこたえまします。そのとき開寿殿、「さのみ御廃《ごはい》忘《もう》あるべからず。これしかしながら幼少の愚意深義《ぐいじんぎ》をわきまえしるべからざるによりて、御所《ごしょ》存《ぞん》をのべられざるものなり。まげてただ実義《じつぎ》を述成《じゅつじょう》あるべし」と再三こざかしくのぞみもうされけり。

〈現代語訳〉またある時、以前のように袈裟を着られたまま魚肉を食べられた。すると開寿殿は、以前のようにお尋ねになった。〔親鸞〕聖人はやはり、すっかり忘れてしまっていたとお答えになった。その時、開寿殿は、「そんなに忘れ切ってしまうわけがありません。これは結局、幼い者の愚かな心では、物事の深い意味をわきまえ知ることが出来ないと思って、お考えを述べられないのでしょう。そこをまげて、どうしても本当の意味を述べてもらいたいのです」と再三、賢《かしこ》そうに所望された。

第八条前半とは異なる酒宴が後に催されました。親鸞はその場でも、他の僧侶とは異なり袈裟を脱ぐことなく魚肉を食したのです。それを見た開寿は、重ねて親鸞に問い尋ねるのです。「どうして袈裟を脱がずに魚肉を食べるのか」と。

親鸞はやはり前回と同様に、「袈裟を脱ぐのを忘れてしまった」と答えます。しかし、今回は開寿も引き下がりません。続けて親鸞に懇願するのです。「私が幼いから分からないと思って本当のことを述べないようであるが、そこをなんとか、事の真意を教えてほしい」と。開寿は相当の器量の持ち主だったのでしょう。大切な事柄を見逃さない感性が鋭いように見受けられます。こうなると親鸞も本当のことを伝えなければなりません。親鸞は次のように応答したのです。

二、親鸞の応答

そのとき聖人《しょうにん》のがれがたくして、幼童《ようどう》に対《たい》して、しめしましましていわく、「まれに人身《にんじん》をうけて生命《しょうみょう》をほろぼし、肉味《にくみ》を貪《とん》ずる事、はなはだ、しかるべからざることなり。されば如来《にょらい》の制誡《せいかい》にも、このこと、ことにさかんなり。しかれども、末法濁世《まっぽうじょくせ》の今時《いまのとき》の衆生《しゅじょう》無戒《むかい》のときなれば、たもつものなく、破《は》するものもなし。これによりて、剃髪染衣《たいほつぜんえ》のそのすがた、ただ世俗《せぞく》の群類《ぐんるい》にこころおなじきがゆえに、これらを食《しょく》す。とても食《しょく》する程《ほど》ならば、かの生類《しょうるい》をして解《げ》脱《だつ》せしむるようにこそ、ありたくそうらえ。しかるに、われ名字《みょうじ》を釈氏《しゃくし》にかるといえども、こころ俗塵《ぞくじん》にそみて、智《ち》もなく、徳《とく》もなし。なにによりてか、かの有情《うじょう》をすくうべきや。これによりて袈裟《けさ》はこれ、三世《さんぜ》の諸仏《しょぶつ》解脱幢相《げだつどうそう》の霊服《れいふく》なり。これを着用《ちゃくよう》しながら、かれを食《しょく》せば、袈《け》裟《さ》の徳用《とくゆう》をもって、済生利物《さいしょうりもつ》の願念《がんねん》をやはたすと、存《ぞん》じて、これを着《ちゃく》しながら、かれを食《しょく》する物《もの》なり。冥衆《みょうしゅ》の照覧《しょうらん》をあおぎて、人倫《じんりん》の所見《しょけん》をはばからざること、かつは無慚無愧《むざんむき》のはなはだしきににたり。しかれども、所存《しょぞん》、かくのごとし」と云々

〈現代語訳〉その時〔親鸞〕聖人は言い逃れることも出来なくなって、幼い子どもに対して、次のように示された。「まれに人間と生まれて、生きもののいのちを奪い、その肉の味を貪ることとは、大変よろしくないことです。だから如来の制誡においても、殊にこのことを厳しく戒められているのです。しかし、濁《にご》りきった末法の世の、今を生きる人々にとって、既に仏の戒めはない時であるから、この制誡を守る者もなく、破る者もいません。そうであるから、髪を剃り、法衣をまとうその姿も、ただ世俗の人々と心が同じであるために、これらの魚肉を食べるのです。しかし所詮食べるくらいならば、その生きものに迷いを離れさせるようにしたいと思うのです。ところが私は、名字を釈氏と名のってはいるものの、その心は世俗の塵に染まって、智慧もなく徳もありません。ならば、何によ

ってその生きものを救うことが出来ましょうか。そこで、袈裟は過去現在未来の諸仏の、解脱したことを示す尊い衣服なので、これを着用しながら生きものの肉を食べると、袈裟のもつ功徳によって、生きものを救い、助けようという願いを果たせると考えて、これを着ながら食べるのです。眼に見えぬ神仏が御覧になることだけをうやまって、世の人々の意見をあえて恐れない態度は、一方で全く恥を知らない者の姿に似ているでしょう。しかしそうではあっても、私の考えるところは以上述べた通りなのです」と。云々

希有《けう》なことに人としてこの身を受けながら、他の生きもののいのちを奪い肉食をすること等、許し難いことでしょう。だから仏教では、不殺生戒《ふせっしょうかい》がつよく訴えられるのです。この不殺生戒をもって、僧侶はむやみに肉食をしないことがもとめられます。

ところが親鸞は、末法の濁りきった世にあっては無戒であると述べます。この「無戒」については、伝教大師最澄《でんぎょうだいしさいちょう》作（偽撰の説もあります）と伝えられる『末法灯明記《まっぽうとうみょうき》』において記されます。

「末法」とは仏教における時代区分の一つのことです。仏教では、「正法《しょうぼう》」と「像法」と「末法」、大きく三つの時代区分があります。これは、釈尊入滅後の仏法の受け止め方を通して時代を区分したものです。「正法」は、釈尊の滅後五百年あるいは一千年間、教えとそれを実践する修行とその結果としての証果の三つが正しく具わっている時代を言います。「像法」はその次の一千年間で教えと修行はあっても証果を得ることが出来ない時代を言います。そして「末法」は教えだけが残り、修行が行として成り立たず証果を得ようとしても到底出来ない時代を言います。

その『末法灯明記』では、末法に近いので、仏法は本来のようには相続されず、持戒の実践は恰《あたか》も街中に虎がいるように希有なこととなり、そういう時代にあっては破戒・無戒の僧も世の宝であると記されます。

また、『末法灯明記』に依れば、平安時代の一〇五二（永承七）年に末法の時代に突入したとされます。ですから、親鸞や覚如が生きた鎌倉時代は既に末法に突入していました。仏の教えのみが残り、修行も証果も成就し難い末法においては、破るべき戒すらありません。そのような時代にあっては、名ばかりの僧侶が宝です。これを「無戒名字の比丘」と言います。末法の世では自らが「無戒名字の比丘」であることをわきまえ、かりそめの精進ではなく、どこまでも自力を尽くせない身であることを自覚するのが浄土真宗の教えです。

更に、親鸞は袈裟を脱がない理由を続けます。他のいのちを奪うならば、せめて袈裟の功徳によって、食べる生きものにさとりを開かせたいと言うのです。なるほど、自分の力では到底、他のいのちを迷いから離れさせ、さとりへと至らせることは出来ないでしょう。だから、その身にまとった袈裟の功徳によってさとりへと至らせたいと親鸞は述べるのです。

果たして袈裟の功徳で食べたものが救われるかどうかは分かりませんが、親鸞はどこまでも自らの身を振り返って、煩悩具足の凡夫であることをわきまえています。

肉食をするなど、本来的に僧侶としては許されざる行為でしょう。ですから、他の僧侶達は袈裟を脱ぎ、僧侶として振る舞わないように、自身や他の人に納得させて魚や鳥の肉を食していました。すると、親鸞と他の僧侶と、どちらが仏弟子として相応《ふさわ》しい振る舞いでしょうか。

そして親鸞は、自分のこの振る舞いは周りから見ると恥知らずな行為のように見えるかもしれないと続けます。しかしながら、このような信念のもとで袈裟を脱ぐことなく、魚や鳥の肉を味わうのだと、その覚悟を吐露するのです。一見、開き直りのようにもとられかねない姿勢でしょうが、そこには自らの力では他の生きものを救うことなどまっとう出来ない、自力無効の凡夫の自覚があります。これこそ「悪人正機」です。第11講で確かめた『口伝鈔』第七条にはこうありました（本書109頁）。

貪欲《とんよく》もふかく、瞋恚《しんに》もたけく、愚痴《ぐち》もさかりならんにつけても、今度《こんど》の順次《じゅんし》の往生《おうじょう》は、仏語《ぶつご》に虚妄《こもう》なければ、いよいよ必定《ひつじょう》とおもうべし。あやまってわがこころの三毒《さんどく》もいたく興盛《こうじょう》ならず、善心《ぜんじん》しきりにおこらば、往生不定《おうじょうふじょう》のおもいもあるべし。

貪欲・瞋恚・愚痴の三毒がいよいよ盛んな私達の身では、他のいのちを奪わずに自らのいのちを繋《つな》ぐことなど出来ません。その人間の無力さという現実を直視することこそ悪人の自覚であり、「無戒名字の比丘」としての振る舞いなのです。

もう少し言えば、世間の眼を気にするのではなく、袈裟の功徳という諸仏のはたらきに深く信順する親鸞の姿勢は、仏弟子として相応しい振る舞いのように思われますし、世俗にまみれながらも最も世俗から離れた鋭い眼差しのようにも思われます。

三、開寿の器

このとき開寿《かいじゅ》どの、幼少《ようしょう》の身《み》として、感気《かんき》おもてにあらわれ、随喜《ずいき》、もっとふかし。一天四海《いってんしかい》をおさむべき棟梁《とうりょう》、その器用《きよう》はおさなくより、ようあるものと、おおせごとありき。
康永三歳《こうえいさんさい》 甲申《きのえさる》 孟夏《もうか》上旬七日
此巻書写之訖　桑門《そうもん》宗昭《しゅうしょう》 七十五

〈現代語訳〉この時、開寿殿は幼いなりに感動が素直に顔に表れ、その喜びは特に深かったのである。「将来天下を治めることになっている棟梁の、その器量は幼い時からどこか違ったところがあるものである」と〔親鸞聖人は〕仰せられたことであった。
康永《こうえい》三（一三四四）年 甲申《きのえさる》 四月七日
この巻これを書写し訖《おわ》る　桑門宗昭七十五

開寿は幼い子どもではありましたが、幼いながらに親鸞の真意を聞き出して感動し、素直に喜びを表したのです。後に執権として幕府を統率し、天下を治める人としての資質は既にその頃からあったのです。

親鸞と開寿のやりとりの中に、私達が学ぶべき事柄は多くあるでしょう。

四、第八条を読んで

前回と今回で第八条を読み進めました。この条はタイトルにある通り、親鸞が「一切経《いっさいきょう》校合《きょうごう》」という重要な事業を任されるほど学識豊かな高僧であったことと、幼き開寿の器量を賞賛する文脈でした。しかしそれだけではなく、覚如は、親鸞の行状を通して「悪人正機」とは何かを具体的に私達に伝えようとしているように思われます。

そもそも愚かな者が往生するのが浄土真宗の救いです。この「愚か」という言葉は、理解力が乏しかったり、程度が劣ることの意味ですが、その原意を訪ねると「不十分、不完全」です。ですから、親鸞における「愚かな者」とは、単に「程度の劣る者」だけではなく、「不完全」つまり「自力では何事もまっとうすることの出来ない者」というように、この講義では考えていきます。事実、どれほど殺生すまいと思っても、他の生きもののいのちを奪わなければ生きていけないのが私達です。これは正に自力を尽くすことの出来ない、「愚か」な者の姿に他なりません。こういった視点から、愚かな者と自覚することと悪人であると自覚することとは同じ意味になります。

だからこそ親鸞は、自らを愚かな者、悪人であるとわきまえて振る舞い、開寿もまた親鸞のその姿を鋭敏に感じ取ったのです。第八章では「悪人の自覚」の営為を、開寿の眼差しを通して吟味しているのです。

第14講

第九条・修行者・聖光房弁長（一）

一、聖光房弁長という人物

今回は第九条前半を読み進めますが、第八条に引き続き親鸞の行状を通して教えが展開します。今回のエピソードは第八条から時間を遡《さかのぼ》って流罪《るざい》以前、若き親鸞が法然のもとで聞法《もんぽう》をしていた頃の出来事です。但し、第九条のエピソードには、史実として疑わしい部分もありますから、注意を要することを予《あらかじ》め記しておきます。

このエピソードの主たる登場人物は親鸞の他、法然と聖光房弁長《しょうこうぼうべんちょう》です。弁長（一一六二〜一二三八）は筑前《ちくぜん》国（現在の福岡県）出身であり、比叡山で学び帰郷します。その後上京した折に都で話題となっていた法然のもとを訪ねようと試みる、その時の出来事です。

なお、弁長は法然の弟子となり都で数年間学びますがまた都を離れて故郷へ戻り、筑後《ちくご》国や肥後《ひご》国で念仏を弘め、多くの念仏者を育てました。更に九州における念仏の根本道場として筑後国に善導寺《ぜんどうじ》を建立しました。弁長の流派を鎮西《ちんぜい》派と言いますが、これが現在の浄土宗の流れです。

第九条では当初一人の修行者が登場し、後にその修行者が弁長であると明かされます。その展開にも注意しながら読んでいきましょう。まずは修行者と親鸞のやりとりです。

◆第九条

一　あるとき鸞上人《らんしょうにん》、黒谷《くろだに》の聖人《しょうにん》の禅房《ぜんぼう》へ御参《ごさん》ありけるに、修行者一人御《しゅぎょうじゃいちにんおん》ともの下部《しもべ》に案内《あんない》していわく、「京中《きょうちゅう》に八宗兼学《はっしゅうけんがく》の名誉《めいよ》まします智恵第一《ちえだいいち》の聖人《しょうにん》の貴坊《きぼう》やしらせたまえる」という。この様《よう》を御《おん》ともの下部《しもべ》、御車《おんくるま》のうちへもうす。鸞上人《らんしょうにん》のたまわく、「智恵第一《ちえだいいち》の聖人《しょうにん》の御房《おんぼう》とたずぬるは、もし源空聖人《げんくうしょうにん》の御事《おんこと》か、しからば、われこそただいま、かの御坊《おんぼう》へ参《さん》ずる身《み》にて、はんべれ。いかん。」修行者申《しゅぎょうじゃもう》していわく、「そのことにそうろう。源空聖人《げんくうしょうにん》の御《おん》ことをたずね申《もう》すなり」と。鸞上人《らんしょうにん》のたまわく、「さらば先達《せんだつ》すべし、この車《くるま》にのらるべし」と。修行者《しゅぎょうじゃ》おおきに辞《じ》し申《もう》して、「そのおそれあり。かなうべからず」と云々《うんぬん》　鸞上人《らんしょうにん》のたまわく、「求法《ぐほう》のためならば、あながちに隔心《きゃくしん》あるべからず、釈門《しゃくもん》のむつび、なにかくるしかるべき。ただのらるべし」と。再三辞退《さいさんじたい》もうすといえども、御《おん》とものものに、「修行者《しゅぎょうじゃ》かくるところのかご負《おい》をかくべし」と御下知《ごげじ》ありて御車《おんくるま》にひきのせらる。

〈現代語訳〉一、ある時、親鸞聖人が黒谷の法然上人のお住まいをお訪ねした折、一人の修行者が〔親鸞聖人の〕お供の者に道案内をたのみ、「都に八宗兼学の誉《ほま》れ高い智慧第一の上人のお住まいを御存じでしょうか」と尋ねた。この様子をお供の者が車の中の親鸞聖人に報告した。親鸞聖人は「智慧第一の上人のお住まいと尋ねたのは、もしや源空〔法然〕上人のことでしょうか。それならば、私もこれからそのお住まいへ参ろうとしている者ですが、どうなさいますか」と仰《おお》せられた。修行者は「その通りです。法然上人のことをお尋ね申したのです」と答えた。親鸞聖人が「それでは案内しましょう。この車に乗って下さい」と仰せられた。修行者はかたく辞退してこう言った。「それは遠慮しなくてはなりません。お受けすることは出来ません」と云々　親鸞聖人は「仏の教えを求めるためならば、強《し》いて遠慮する必要はありません。同じ教えを奉ずる者同士が親しくすることになんの不都合がありましょう。すぐにお乗り下さい」と仰せられた。再三の辞退にもかかわらず、お供の者にも「修行者が背負っている負《お》い籠《かご》をかつぎなさい」と命ぜられて、修行者をお車の中に引き乗せられた。

親鸞が京都の東山吉水《よしみず》の法然の膝下《しっか》で学んでいた頃ですから、青年期の出来事です。親鸞が法然のもとへと向かう途中、お供の者へ尋ねる人がいました。

「八宗兼学《はっしゅうけんがく》」の八宗とは、平安時代までに日本で公認された南都《なんと》六宗（倶舎《くしゃ》宗・成実《じょうじつ》宗・律《りつ》宗・法相《ほっそう》宗・三論《さんろん》宗・華厳《けごん》宗）と天台《てんだい》宗、真言《しんごん》宗のことですが、日本仏教全体を指すこともあります。ですから、日本仏教全体に精通していることを「八宗兼学」と言います。

「智慧第一」とは、深遠な道理をさとる叡智《えいち》が極めてすぐれていることを言います。法然は長きにわたり修行と勉学に励み、その才を世の人は「智慧第一の法然房」と称しました。そして法然は当時、都中

で念仏の教えを民衆へと弘めていました。覚如はそのことを『本願寺《ほんがんじ》聖人《しょうにん》親鸞《しんらん》伝絵《でんね》』（『御伝鈔《ごでんしょう》』）で、

貴賤《きせん》、轅《ながえ》をめぐらし、門前《もんぜん》、市《いち》をなす。常随昵近《じょうずいじっきん》の緇徒《しと》そのかずあり、都《すべ》て三百八十余人と云々《うんぬん》

〈現代語訳〉身分の高い者も低い者も、車の柄《え》を〔法然のもとへと〕まわして、その門前では市が出来るほどである。〔法然に〕いつもつき随う僧徒は、三百八十人を越える数ほどもいると云々

と表現しています。このように身分の高い人も低い人も、法然のもとへと集まりました。「常随昵近《じょうずいじっきん》」とはいつもそばにつき随って離れないこと、「緇《し》」とは黒い衣、墨染《すみぞ》めの衣から転じて僧侶を指します。民衆への念仏布教によって法然の名は都中に広まっていたのです。

さて、修行者が会いたいと考えている人が他ならぬ法然であることを、親鸞も素早く察知しました。そこで、自分も今法然のもとへと行くところだから一緒に行こうと提案します。親鸞が思った通り、修行者は法然のもとを訪ねようと考えていると述べるに留まりますが、親鸞は重ねて自分が案内するから一緒にと誘います。しかし修行者はそれを固辞します。それでも親鸞は、仏法を求めるならば遠慮等せず仏門に入った者同士、縁があるのだから乗りなさいと誘います。このやりとりは数度にわたり、結局親鸞の半ば強引な誘いによって、修行者は法然のもとへと向かいます。

二、修行者、法然を訪ねる

しこうして、かの御坊《おんぼう》に御参《ごさん》ありて空聖人《くうしょうにん》の御前《ごぜん》にて、鸞上人《らんしょうにん》「鎮西《ちんぜい》のものと申《もう》して、修行《しゅぎょう》者一人《じゃいちにん》、求法《ぐほう》のためとて御房《おんぼう》をたずね申《もう》して侍《はべ》りつるを、路次《ろし》よりあいともないてまいりてそ

うろう。めさるべきをや」と云々《うんぬん》 空聖人《くうしょうにん》「こなたへ招請《ちょうしょう》あるべし」とおおせあり。よりて鸞《らん》上人《しょうにん》、かの修行者《しゅぎょうじゃ》を御引導《ごいんどう》ありて、御前《ごぜん》へめさる。

〈現代語訳〉そうして、そのお住まいをお訪ねになって、源空上人の前で親鸞聖人はこう言われた。「鎮西の方と言って修行者が一人、教えを求めるためと言って上人をお尋ね申していたのを、道の途中で伴って参りました。お呼びになりますか」と云々 源空上人は「ここに招いて下さい」と仰せられた。そこで親鸞聖人はその修行者をお導きになって、上人の前に呼びよせた。

修行者が親鸞と共に法然のもとへと着いてからです。親鸞は、九州から上京した修行者を法然に紹介し、面会したい旨《むね》を伝え、法然もまた面会すべく部屋へと招きます。このように親鸞の導きによって、鎮西からの修行者は法然と面会することとなります。しかしこの時点では法然と相対する修行者の思惑ははっきりしません。

三、法然と弁長

そのとき空聖人《くうしょうにん》、かの修行者《しゅぎょうじゃ》をにらみましますに、修行者《しゅぎょうじゃ》また聖人《しょうにん》をにらみかえしたてまつる。かくてややひさしくたがいに言説《ごんせつ》なし。しばらくありて空聖人《くうしょうにん》おおせられてのたまわく、

「御坊《ごぼう》はいずこのひとぞ、またなにの用《よう》ありてきたれるぞや」と。修行者申《しゅぎょうじゃもう》していわく、「われはこれ鎮西《ちんぜい》のものなり。求法《ぐほう》のために花洛《からく》にのぼる。よって推参《すいさん》つかまつるものなり」と。そのとき聖人《しょうにん》「求法《ぐほう》とはいずれの法《ほう》をもとむるぞや」と。修行者申《しゅぎょうじゃもう》していわく、「念仏《ねんぶつ》の法《ほう》をもとむ」と。聖人《しょうにん》のたまわく「念仏《ねんぶつ》は唐土《とうど》の念仏《ねんぶつ》か、日本《にっぽん》の念仏《ねんぶつ》か」と。修行者《しゅぎょうじゃ》しばらく停滞《ていてい》す。しかれども、きと案《あん》じて、「唐土《とうど》の念仏《ねんぶつ》をもとむるなり」と云々《うんぬん》。聖人《しょうにん》のたまわく、「さては善導和尚《ぜんどうかしょう》の御弟子《おんでし》にこそあるなれ」と。そのとき修行者《しゅぎょうじゃ》ふところよりつま硯《すずり》をとりいだして、二字《にじ》をかきてささぐ。鎮西《ちんぜい》の聖光坊《しょうこうぼう》これなり。

〈現代語訳〉その時、源空上人はじっとその修行者をにらんでおいでになると、修行者もまた上人をにらみかえしていた。こうしてやや久しい間、お互いに何も語ることがなかった。暫《しば》らくたって源空上人がこう仰せられた。「あなたは何処《いずこ》の人ですか、またなんの用があって来たのですか」と。修行者は「私は鎮西の者です。教えを求めるために花の都にのぼって来たので、そのためにこうして不躾《ぶしつけ》ではありますが、おしかけてお訪ねしたものです」と答えて言った。その時、上人は「教えを求めるとは、どのような教えを求めるのですか」と問われ、修行者は「念仏の教えを求めるのです」と言った。上人が「念仏というのは唐の国の念仏ですか、それとも日本の念仏ですか」と問うと、修行者は暫らく答えあぐねていたが、しかししっかりと思索した上で「唐の国の念仏を求めるのです」と答えた。上人は「それでは善導和尚《ぜんどうかしょう》のお弟子である」と言われた。その時、修行者は懐中《かいちゅう》より携帯用の硯を取り出して、〔自分の実名の〕二字を紙に書いて捧げた。鎮西の聖光房弁長こそこの人である。

面会して暫《しばら》く、法然と修行者の二人の間には、睨《にら》み合うほどの緊張が張り詰めていました。徐《おもむろ》に法然の方から、どちらからどのような用件で来たのか尋ねると、修行者は自らの名を名のる前に鎮西から仏法を求めて上京したと述べます。これをきっかけに二人の問答が始まります。法然は、修行者の求めるものが唐の国の念仏の教えであることをしっかりと確認しました。この問答を通して法然は、その名を聞くまでもなく、当時日本で流通していた自力の念仏でなく唐、つまり善導の本願念仏の教えを聞くために訪ねて来た修行者を「それならばあなたは善導の弟子である」と認めました。「偏依善導一師《へんねぜんどういちし》（偏《ひとえ》に善導一師に依る）」という法然自らの姿勢と修行者の姿勢が重なっていたことを喜ぶ言葉だったのでしょう。それに響き合うように、修行者もここで初めて自らの名を名のります。修行者は、問答を通して法然には到底かなわないと分かり、弟子となるべく実名を差し出したのです。その修行者こそ他ならぬ聖光房弁長でした。

では、何故覚如は、第九条冒頭で「聖光房弁長」ではなく「修行者」と記したのでしょうか。覚如があえてこの条の冒頭で弁長の名を出さないのは、修行者が自らの名を名のるタイミングが重要だからです。法然は、共に善導の本願念仏の教えを聞く仲間として修行者を確かめました。一方、それに呼応するように修行者も法然の弟子となるべく実名を差し出しました。これによって、法然に挑んだのは一人の修行者でしたが、法然を師と仰ぐまでに至った時、初めて修行者が「弁長」という名の高僧と成ったと考えられるでしょう。すると『口伝鈔』を読む私達にとって修行者・弁長はいよいよ重要な人物であるように思われます。続けて弁長の振る舞いの理由が確かめられます。

四、弁長の思惑

この聖光《しょうこう》ひじり、鎮西《ちんぜい》にしておもえらく、「みやこに世《よ》もて智恵第一《ちえだいいち》と称《しょう》する聖人《しょうにん》おわすなり。なにごとかは侍《はべ》るべき。われすみやかに上洛《じょうらく》して、かの聖人《しょうにん》と問答《もんどう》すべし。そのとき、もし智《ち》恵《え》すぐれてわれにかさまば、われまさに弟子《でし》となるべし。また問答《もんどう》にかたば、かれを弟子《でし》とすべし」と。しかるに、この慢心《まんしん》を空聖人《くうしょうにん》、権者《ごんじゃ》として御覧《ごらん》ぜられければ、いまのごとくに御問《ごもん》答《どう》ありけるにや。かのひじりわが弟子《でし》とすべき事《こと》、橋《はし》たてても、およびがたかりけり、と。慢《まん》幢《どう》たちまちにくだけければ、師資《しし》の礼《れい》をなして、たちどころに二字《にじ》をささげけり。

〈現代語訳〉この聖光上人が鎮西に居《い》た時に、「都には世をあげて智慧第一と称する上人がおいでになる。しかしどれほどのことがあろうか。自分は早速《さっそく》上京して、かの上人と問答しよう。その時、もし智慧がすぐれて、自分に打ち勝つならば、自分が弟子になろう。また自分が問答に勝つならば、かれを弟子にしよう」と考えた。ところがこの慢心を勢至菩薩《せいしぼさつ》の生まれかわりである源空〔法然〕上人はお見通しになられたから、このような問答をたてられたのであろうか。「この上人を自分の弟子とすることなど、梯子《はしご》を立てても及ぶことは出来ない」と〔修行者は〕考え、高慢《こうまん》の旗《はた》がたちまち砕けたので、師としての礼をとって、ただちに二字を書いて捧げたのである。

当初、法然に挑むかのように振る舞った弁長の心には、法然と問答をしてその勝ち負けによって師弟の関係を結ぼうとした目論見《もくろみ》がありました。しかし、智慧すぐれた勢至菩薩《せいしぼさつ》の化身《けしん》とも呼ばれる法然は、このような弁長の野心を見通したのです。ここに、挑むが如く念仏の教えを求めようとする弁長をも包み込む法然の懐の深さを知ることが出来ます。弁長に限らず、私達もまた他の人との勝ち負けを勝手にはかろうとしがちでしょう。これは自らの中にある価値判断のみで優劣をはかる行為であり、思い上がりです。その心が打ち砕かれ、弁長はすぐさま法然を師として仰ぎました。

五、第九条前半を読んで

浄土宗を発展させた聖光房弁長は大変な高僧です。しかし、覚如はあえて修行者として登場させます。このエピソードによって、私達はともすれば親鸞はすぐれ、弁長は劣るかのような印象を受けがちですが、そのような私達の優劣の見方は、当初の修行者の視点と同じです。そのような見方を越え、修行者は「聖光房弁長」となります。慢心であった修行者は、私達の姿を投影しています。改めて修行者の野心と高慢が知らされ、私達の姿が見透《みす》かされると共に、いよいよ覚如の巧みな表現に気付かされるでしょう。第九条後半は、数年後の弁長と法然のやりとりが展開します。弁長を通して、もう一度私達の姿勢が問われます。仏道を求める者にとって極めて大切なことですから、是非とも注目して下さい。

第15講

第九条・修行者・聖光房弁長（二）

一、弁長の帰郷

今回読む第九条後半では、法然と弁長が出会ってから数年経ち、弁長が法然のもとでの学びを終えて、故郷・九州へと帰る時のエピソードです。

覚如在世当時の浄土宗は親鸞以外にも、この弁長による鎮西義《ちんぜいぎ》、証空《しょうくう》による西山義《せいざんぎ》等、弟子それぞれの了解《りょうげ》による教団が多くありました。その中で覚如は、親鸞の教えこそが法然の言葉を最も正しく伝承していると信じ、弁長の了解を批判しています。しかしながら、それは単なる弁長への批判に留まることなく、弁長の姿を通して私達自身の考えが照らし出されるように思われます。ですから、弁長その人に対する批判としてよりもむしろ、その姿勢への批判であることに気をつけて読み進めましょう。

但し、第九条のエピソードには、史実として疑わしい部分もありますから、注意を要します。

◆第九条（承前）

両三年《りょうさんねん》ののち、あるとき、かご負《おい》かきおいて、聖光坊《しょうこうぼう》、聖人《しょうにん》の御前《おんまえ》へまいりて、「本国恋慕《ほんごくれんぼ》のこころざしあるによりて、鎮西下向《ちんぜいげこう》つかまつるべし。いとまたまわるべし」と申《もう》す。すなわち御前《ごぜん》をまかりたちて出門《しゅつもん》す。聖人のたまわく、「あたら修学者《しゅがくしゃ》が、もとどりをきらでゆくはとよ」と。その御《おん》こえはるかにみみにいりけるにや、たちかえりて申していわく、「聖光《しょうこう》は出家《しゅっけ》得度《とくど》して、としひさし、しかるに本鳥《もとどり》をきらぬよし、おおせをこうぶる、もっとも不審《ふしん》。このおおせ耳《みみ》にとまるによりてみちをゆくにあたわず。ことの次第《しだい》うけたまわりわきまえんがために、かえりまいれり」と云々《うんぬん》

〈現代語訳〉二、三年たった後、ある時、籠《かご》を背負《せお》って聖光房弁長が法然上人の前に行き、「郷里《ふるさと》が恋しく思われるので鎮西に下《くだ》ろうと思います。お暇《いとま》をたまわりたいと存じます」と申し上げ、ただちに上人の前から下がって旅立ち、門を出て行った。すると上人がこう言われた。「修行者が、髻《もとどり》を切らないで出て行くとは、なんと残念なことだ」と。その声がはるか遠くから耳に聞こえてきたのか、聖光房は引きかえして来てこう申し上げた。「この聖光房は出家得度してから既に年久しくなりましたが、それなのに髻を切らないという仰《おお》せを頂きました。これは極めていぶかしいことです。この仰せが耳に留まってしまい、先の道を進むことが出来ません。事の次第を承《うけたまわ》り、納得するために帰って来ました」と云々

弁長が法然の弟子となってから二、三年ほど経った頃のことです。弁長は長らく故郷を離れて法然の

もとで修行していましたが、故郷が恋しくなり、九州へと帰ることを決意します。そして荷物をまとめて、法然に暇乞《いとまご》いを告げて門を出ると、法然が一言、「修行者が髻《もとどり》を切らないのはまことに残念である」と告げるのです。「髻」とは、髪を頭の頂で束《たば》ねた所のことであり、転じて「髻を切る」とは出家するという意味があります。

それを聞いた弁長は、法然のもとを出立《しゅったつ》したものの、法然が述べる真意が分からず、気になって戻って来ます。というのも、弁長はずっと前に出家得度して髻を切っているのに、どうして法然は髻を切ってないと言うのかが分からないからです。既に出家した人に対して出家していないと言うのですから、確かに弁長が戸惑うのも頷《うなず》けます。

このように、一度出立したのに、納得しなければわざわざ法然のもとへと帰って真意を尋ねる姿勢、この行動力こそ修行者弁長ならではです。本当に大切なものを確かめたいという弁長の思いが突き動かしたのでしょう。

すると、戻って来た弁長に対して、その理由を法然はこう続けるのです。

二、三つのもとどり

そのとき聖人《しょうにん》のたまわく、「法師《ほうし》には、みつのもとどりあり。いわゆる勝他《しょうた》・利養《りよう》・名聞《みょうもん》、これなり。この三箇年《さんかねん》のあいだ源空《げんくう》がのぶるところの法文《ほうもん》をしるしあつめて随身《ずいしん》す。本国《ほんごく》にくだりて人《ひと》をしえたげんとす。これ勝他《しょうた》にあらずや。それにつきて、よき学生《がくしょう》といわれんとおもう。これ名聞《みょうもん》をねがうところなり。これによりて檀越《だんおつ》をのぞむこと、所詮《せんずるところ》、利養《りよう》のためなり。このみつのもとどりをそりすてずは、法師といいがたし。よって、さ申《もう》しつるなり」と云々《うんぬん》

〈現代語訳〉その時、法然上人がこう言われた。「法師には〔剃《そ》るべき〕三つの髻《もとどり》があります。いわゆる勝他《しょうた》と利養《りよう》と名聞《みょうもん》です。この三年の間、私が述べたところの教義を記し集めてそれを携《たずさ》え、郷里にくだって人々をこまらせてやろうとすること、これは勝他ではないでしょうか。またそれに併《あわ》せて、すぐれた学者だとほめられようと思うこと、これは名聞を願っているものでしょう。更に信者を得ようと望むことは、つまるところ利養のためでしょう。この三つの髻を剃り捨てなければ、法師と言うことは出来ません。だからそのように言ったのです」と云々

髻と言えば、頭の上にある髪を束ねたものであると私達は考えますが、法然はそうではなく、本当の髻は心の内に三つあると言うのです。それが勝他、名聞、利養です。

「勝他」とは、他の人よりすぐれ勝りたいという心のこと、競争心とも言えるでしょう。

次の「名聞」とは、世俗における名声のことです。煩悩を増大させるものなので、仏道修行のさわりであるとして厳に戒められます。

そして「利養」とは、世俗における現実的な利益のことです。やはり、煩悩を増大させるので、仏道修行のさわりとなります。なお、名聞と利養を合わせて「名利《みょうり》」と言い、これは凡夫の抜き難い欲望です。

法然は、この世俗における三つの欲望を「髻」と名付けました。そして、仏道修行を歩む者は、この三つの髻を剃り捨てなければならないと言ったのです。つまり、弁長が故郷・鎮西へと帰ろうとしたのは世俗における欲望を満たそうとするためであろうと、弁長の心の内を法然は見透《みす》かしたのです。法然にとって、仏道を歩む人が本当に剃らなければならない髻とは、外見上の髪ではなく、世俗における欲望の心なのです。私達は自らの心の内を振り返っていかがでしょうか。

そして、その法然の真意を聞いた弁長はどのように振る舞ったのでしょうか。続けましょう。

三、その後の弁長

そのとき聖光房《しょうこうぼう》、改悔《がいけ》の色《いろ》をあらわして、負《おい》のそこよりおさむるところの抄物《しょうもつ》どもをとりいでて、みなやきすてて、またいとまを申《もう》していでぬ。しかれども、その余残《よざん》ありけるにや。ついにおおせをさしおきて、口伝《くでん》をそむきたる諸行往生《しょぎょうおうじょう》の自義《じぎ》を骨張《こっちょう》して、自障障他《じしょうしょうた》する事《こと》、祖師《そし》の遺訓《ゆいくん》をわすれ、諸天《しょてん》の冥慮《みょうりょ》をはばからざるにや、とおぼゆ。かなしむべし、おそるべし。しかれば、かの聖光坊《しょうこうぼう》は、最初《さいしょ》に鸞上人《らんしょうにん》の御引導《ごいんどう》によりて、黒谷《くろだに》の門下《もんか》にのぞめる人《ひと》なり。末学《まつがく》、これをしるべし。

〈現代語訳〉その時、聖光房は改悛《かいしゅん》の色を顔に表して、籠の底におさめていた抄録《しょうろく》等を取り出して皆焼き捨て、また暇乞《いとまご》いを告げて出て行った。しかしながら、それでもなお捨てあました残りがあったのか、ついに仰せをさしおいて、法然上人の口から親しく伝えられた教えに背《そむ》く、念仏以外の修行によって浄土に生まれることが出来るという弁長自身の考えを強く主張して、自他のさとりの邪魔をした。〔これこそは〕祖師法然上人の遺訓《ゆいくん》を忘れ、天の神々の御心を恐れ慎まないものと思われる。誠に悲しみ、畏《おそ》れなければならない。こうしたわけであるから、かの聖光房は初めは親鸞聖人のお導きによって黒谷の法然上人の門下に入った人であるということを、末学の徒は知らなければならない。

法然の言葉を聞き、すぐさま弁長は自らの行為を悔《く》います。「改悔《がいけ》」とは「罪を悔い改めること」ですが、特に浄土真宗では、報恩講《ほうおんこう》で信仰上の心得違いを悔い改めることを言います。弁長は法然に、三つの髻を切らずに故郷へと帰ろうとした自らの心を見透かされたのです。ばつが悪くなった弁長はすぐさま、自らの荷物を焼き捨てて出て行きました。しかしながら、捨てきれなかったものがあったのでしょう。その後の弁長は、それを元として法然の言葉をさしおいて、「諸行往生」という異なる仏道を主張したと覚如は言います。

「諸行往生」とは、念仏以外の行を修めることで浄土へと往生することです。法然は「念仏往生」を主唱しましたから、「諸行往生」ならば、確かに法然の教えとは異なるものです。

そもそも弁長は、聖道門《しょうどうもん》(本書、第11講参照)におけるエリートでしたが、法然に出会い、その教えに帰して『選択本願念仏集《せんじゃくほんがんねんぶつしゅう》』の書写を許されるほどの高弟となりました。その弁長は、聖道門と浄土門いずれにも精通した「聖道浄土兼学《しょうどうじょうどけんがく》」の人で、徹底的に多念念仏を重視しました。しかしながら、聖道門の教えに精通するが故に、浄土門の教え一つに定まらない「諸行往生」の人であるように覚如は受け止めたのでしょう。ですが、弁長にあっては、「聖浄兼学《しょうじょうけんがく》」はどこまでも善導と法然、二師を理想とした姿勢であることを、私達は忘れてはいけません。

そして「自障障他」とは、「自らをさまたげ、それと共に他人をもさまたげること」です。これは善導の言葉ですが、親鸞が『教行信証《きょうぎょうしんしょう》』「化身土巻《けしんど》」に、

真《まこと》に知《し》りぬ。専修《せんじゅ》にして雑心《ざつしん》なるものは大慶喜心《だいきょうきしん》を獲《え》ず。かるがゆえに宗師《しゅうし》（善導）は、「かの仏《ぶっ》恩《とん》を念報《ねんぽう》することなし、業行《ごうぎょう》を作《な》すといえども心《こころ》に軽慢《きょうまん》を生ず。常に名利《みょうり》と相応《そうおう》するがゆえに、人《にん》我《が》おのずから覆《おお》いて同行《どうぎょう》・善知識《ぜんじしき》に親近《しんごん》せざるがゆえに、楽《この》みて雑縁《ぞうえん》に近づきて、往生《おうじょう》の正行《しょうぎょう》を自障障他《じしょうしょうた》するがゆえに」（往生礼讃《おうじょうらいさん》）と云えり。

〈現代語訳〉本当に知られた。専ら念仏を修めながらも雑心である人は大いなる慶喜《よろこび》の心を獲ることはない。だから宗師・善導は、「かの仏の恩に報《むく》いる念《おも》いがなく、行業をおさめても軽慢の心をおこす。それは、いつも世俗の名聞《みょうもん》や利養《りよう》にかなおうとするからであり、とらわれの心に覆われて共に仏道を歩む人や先生に親しみ近づこうとしないからであり、自ら好んで雑縁に近づいて自分や他の人の浄土往生の正しい修行のさまたげとなるからである」と言われる。

と記しています。仏恩報謝《ぶっとんほうしゃ》の心なく慢心であるという極めて厳しい批判です。この文章から、法然の教えとは異なる仏道理解によって布教した弁長の姿勢を、覚如は厳しく批判しました。ここで、覚如がこのように述べた背景に今一度立ち返ってみましょう。

前述の通り、覚如在世当時の浄土宗は、法然門下の弟子それぞれ、そして親鸞の弟子それぞれの了解

によって教団が形成されており、覚如にとって他の教団は大きな存在でした。ですから、他の教団を牽《けん》制《せい》する意味合いも第九条にはあるでしょう。しかし覚如は、数ある浄土宗教団の中でも親鸞の教えこそが法然の言葉を正しく伝承し、親鸞の教えについて如信を通して自身が正しく継承しているという信念から、弁長の姿勢を批判したのです。

四、第九条を読んで

第九条は、修行者・弁長と法然、そして親鸞の人間関係を背景として、聖道門のエリートたる修行者・弁長の人となりを紹介しながらも、その弁長をも受け止める法然の懐《ふところ》の深さが確かめられます。更に弁長という人物を通して表現される姿勢に、私達の考えが照らし出されます。そして形としては仏法僧の三宝を大切にしながらも、心では勝他・名聞・利養という三つの髻を切ることなく生きている弁長の姿勢が私達への誡《いまし》めとして説かれています。私達は『口伝鈔』の文章について、表層的な理解を越えて、修行者・弁長の姿勢を通して、念仏の教えに対する自らの振る舞いを吟味し続けなくてはなりません。

他者への批判をするにはまず、他者の了解を確かめなければなりません。そして他者の了解を確かめるには、何よりもまず自らの信心を吟味しなければなりません。つまり、この第九条には他者だけではなく自らの信仰批判の意が込められています。決して他人事ではない、自らへの問いかけであるものとして、第九条を読むべきでしょう。

第16講

第十条・本願加減の文

法然―親鸞の血脈

一、はじめに

前回は第九条を読み、聖光房弁長《しょうこうぼうべんちょう》のエピソードを確認しました。そして弁長の姿勢を通して、勝他《しょうた》、名聞《みょうもん》、利養《りよう》という世俗の三つの髻《もとどり》を切ることなく仏道を歩もうとする私達の姿勢が問われました。その弁長は、法然の念仏往生の教えと異なる諸行往生の人のように覚如の目には映りました。ならば、その法然の教えである念仏往生とは果たしてどういうものでしょうか。

そもそも念仏往生とは、『仏説無量寿経《むりょうじゅきょう》』に説かれる四十八願《しじゅうはちがん》の中の第十八願を依り処として、称名念仏《しょうみょうねんぶつ》によって阿弥陀如来の浄土へと往生する仏道です。ですから、第十八願は浄土教にとって根本本願であり、法然はこの願を「王本願」と呼びました。

二、第十八願文

◆第十条

一　十八の願《がん》につきたる御釈《おんしゃく》の事《こと》。

〈現代語訳〉一、〔『仏説無量寿経』の〕第十八願についての御解釈の事。

「十八の願」とは念仏往生の依り処となる『無量寿経』の第十八願文のこと、「御釈」とはその第十八願についての善導《ぜんどう》の解釈のことです。まず『無量寿経』の第十八願文を確かめてみましょう。

たとい我《われ》、仏を得んに、十方衆生《じっぽうしゅじょう》、心を至《いた》し信楽《しんぎょう》して我が国に生まれんと欲《おも》うて、乃至《ないし》十念せん。もし生まれずは、正覚《しょうがく》を取らじ。唯五逆《ただごぎゃく》と正法《しょうぼう》を誹謗《ひほう》せんをば除《のぞ》く。

〈現代語訳〉もし私が仏となった時、あらゆる世界の生きとし生けるものが、真実の心をもって（至心《ししん》）疑いなく喜び楽《ねが》って（信楽《しんぎょう》）私の国に生まれたいと欲《おも》い（欲生《よくしょう》）、十遍でも念ずるとしよう。もしそれで生まれなければ、私は正覚《さとり》の身とはならない。ただ、五逆の者と正法を誹謗する者を除く。

この「乃至十念《ないしじゅうねん》」に依って、衆生の念仏往生が願われます。『口伝鈔』第十条で覚如は、『無量寿経』の第十八願文そのものではなく、善導の解釈すなわち善導の眼《まなこ》を通した第十八願文について検討を加えます。この善導の解釈は次の通りです。

もし我成仏《われじょうぶつ》せんに、十方の衆生我が名号《みょうごう》を称せん、下十声《しもじっしょう》に至るまで、もし生まれずは正覚《しょうがく》を取らじと。かの仏《ぶつ》、いま現にましまして成仏したまえり。当《まさ》に知るべし、本誓重願虚《ほんぜいじゅうがんむな》しからず、衆《しゅ》生《じょう》　称念《しょうねん》すれば必ず往生《おうじょう》を得《う》。

〈現代語訳〉もし私が仏に成る時、あらゆる世界の生きとし生けるものが私の名号を称《とな》えるとしよう。わずか十声《とこえ》であっても、それで往生しないならば、正覚《さとり》を生きる身とはならないと。彼《か》の仏は今現においでになって仏に成っておられる。これで知られるだろう、根本のところで誓われた深重《じんじゅう》な願いは、言葉だけの虚《むな》しいものではない。衆生が名を称え念じるならば、必ず往生することが出来る。

これは『往生礼讃《おうじょうらいさん》』という念仏の行者が日常修めるべき行儀を明かした書の一文です。この『往生礼讃』の願文と『無量寿経』の第十八願文と比較すると、善導は『無量寿経』の至心・信楽・欲生という三つの心（三心）を引用せずに、「称我名号《しょうがみょうごう》」という語を付加しており、念仏が具体的に「称名《しょうみょう》」と表現されています。更に「乃至十念」を「下至十声」と言い換え、阿弥陀如来が今現においでになって仏に成っておられること、この誓願は虚《むな》しいものではないこと、称名念仏する者は間違いなく往生することが記されます。このように善導は『無量寿経』の願文に表現を付加したり省略しているため、古来「本願加減《ほんがんかげん》の文《もん》」とも呼ばれます。

親鸞は一二〇五（元久二）年に、師・法然から、その主著である『選択本願念仏集《せんじゃくほんがんねんぶつしゅう》』の書写とその真影（肖像画）を描くことを許されますが、法然は自らその真影に銘文として、この「若我成仏十方衆生称我名号下至十声　若不生者不取正覚　彼仏今現在成仏　当知本誓重願不虚　衆生称念必得往生」の文を書き記しました。それほどに「本願加減の文」は法然、親鸞にとって重要な文なのです。第十条は「十八の願につきたる御釈」、すなわち「本願加減の文」をベースとして、法然と親鸞がどのように第十八願を了解《りょうげ》したかが課題となります。覚如は、「本願加減の文」を通し、法然の教えを正当に継承した親鸞を確かめるのです。

三、「世」の字の省略

「彼仏今現在成仏《ひぶつこんげんざいじょうぶつ》」（礼讃《らいさん》）等《とう》。この御釈《おんしゃく》に世流布《せるふ》の本《ほん》には「在世《ざいせ》」とあり。しかるに黒谷《くろだに》・本願寺《ほんがんじ》両師《りょうし》ともに、この「世《せ》」の字《じ》を略《りゃく》して、ひかれたり。わたくしにそのゆえを案《あん》ずるに、略《りゃく》せらるる条《じょう》、もっともそのゆえあるか。

〈現代語訳〉「彼仏今現在成仏」など〔と『往生礼讃』に記される〕。この御解釈について、世の流布本では「在世」とある。ところが黒谷の法然上人と本願寺の親鸞聖人の両師共に、この「世」の字を省略して引用された。私個人としてこの理由を考えると、省略されたことは、確かにその理由があるのではないか。

「流布本」とは、世に広く行き渡っている書物のことです。一般に読まれる『往生礼讃』の「本願加減の文」の後半には「彼仏今現在世成仏（彼の仏は今現に世においでになって仏に成っておられる）」とあります。更に親鸞以外の法然の弟子の著作等における「本願加減の文」もやはり「彼仏今現在世成仏」とあります。その一方で、親鸞の著作等の「本願加減の文」は「彼仏今現在成仏〔彼《か》の仏は今現においでになって仏に成っておられる〕」です。つまり、法然から親鸞へと伝承された浄土真宗系の「本願加減の文」だけ、「世」の字が省略されているのです。

本来、仏典は伝わっている文章そのままに記しますから、ともすれば脱字の可能性も考えられますが、法然―親鸞の伝統の文章には「世」の字をあえて省略した意義があると覚如はおさえます。

四、覚如の解釈

まず『大乗同性経《だいじょうどうしょうきょう》』にいわく、「浄土中成仏悉是報身《じょうどちゅうじょうぶつしつぜほうじん》　穢土中成仏悉是化身《えどちゅうじょうぶつしつぜけしん》」文《もん》。この文《もん》を依憑《えひょう》として、大師《だいし》、報身報土《ほうじんほうど》の義《ぎ》を成《じょう》ぜらるるに、この「世《せ》」の字《じ》をおきては、すこぶる義理浅近《ぎりせんごん》なるべしと、おぼしめさるるか。そのゆえは、浄土中成仏の弥陀如来《みだにょらい》につきて、いま世《よ》にましましてと、この文《もん》を訓《くん》ぜば、いますこし義理いわれざるか。極楽世界《ごくらくせかい》とも釈《しゃく》せらるるうえは、「世《せ》」の字、いかでか報身報土の義にのくべきと、おぼゆる篇《へん》もあれども、さればそれも、自宗《じしゅう》におきて浅近《せんごん》のかたを釈せらるるときの一往《いちおう》の義《ぎ》なり。

〈現代語訳〉まず『大乗同性経』にこう言われる。「浄土で仏と成っておられる方は全て報身で、穢土で仏と成っておられる方は全て化身である」の文。この文を依り処として、善導大師が阿弥陀仏の報身報土の義を成り立たせるのには、この「世」の字を〔そのまま文中に〕置いたのでは、甚だしく文章の意味や筋道が浅薄《せんぱく》になるだろうとお考えになったのだろうか。その理由は、浄土の中で仏と成っておられる阿弥陀如来について、「今世においでになって」とこの文を訓《よ》むならば、今少し意味や筋道が成り立たないからではないか。「極楽世界」とも解釈しておられる以上は、「世《せ》」の字がどうして報身報土の義に背くようなことになろうかと考えられるふしもあるが、しかしこうした考えも我が宗では分かり易く常識的解釈をされる時に立てる一往の説である。

「報身」とは仏身（仏の身体）の一つであり、因位の願行に報《むく》いて成就した仏身のことです。同様に、「化身《けしん》」も仏身の一つで、衆生の素質能力に応じて、仮《かり》に穢土《えど》に出現した仏身のことです。

覚如は、この『大乗同性経』によって、この娑婆世界における仏の姿は化身（かりそめの仏身）であるとします。『往生礼讃』の第十八願文が「彼仏今現在世成仏」であるならば、阿弥陀如来はこの娑婆世界で成仏するので「報身」ではなく「化身」になり、意味が通りにくくなります。その「世」が極楽世界であるならば、間違いなく阿弥陀如来の世界ですから問題ありませんが、浄土真宗ではあえて「世」の字を省くことによって意味が明解になるという解釈が成り立つと覚如は述べます。そしてこの後、話題は「世」の字の理解へと展開します。他宗では「世」の字をどう扱うでしょうか。

五、諸宗の「世」の理解

おおよそ、諸宗におきて、おおくはこの字を浅近《せんごん》のときもちいつけたり。まず『倶舎論《くしゃろん》』の性《しょう》相世間品《ぞうせけんぼん》に「安立器世間《あんりゅうきせけん》　風輪最居下《ふうりんさいこげ》」と判《はん》ぜり。器世間《きせけん》を建立《こんりゅう》するとき、この字《じ》をもちいる条《じょう》、分明《ふんみょう》なり。世親菩薩《せしんぼさつ》の所造《しょぞう》、もっともゆえあるべきをや、勿論《もちろん》なり。

〈現代語訳〉おおよそ諸宗においては、多くはこの「世」の字を表面的な意味の時に用いる習慣になっている。まず『倶舎論』の世間品で「器世間をささえて、風輪は最も下に居る」と判じているように、器世間を建てる時にこの字を用いていることが明白である。世親菩薩の著書であるから、確かな理由があることはいうまでもなく、勿論のことである。

浄土真宗以外の各宗では、「世」の字を表面的な意味で用いると覚如は指摘します。『倶舎論』とは、世親《せしん》が著した『阿毘達磨倶舎論《あびだつまくしゃろん》』のこと、「浅近《せんごん》」とは奥行きがなく表面的なことです。また、「器世間」とは衆生の存在する環境世界のことで、その世界は須弥山《しゅみせん》を中心とする宇宙構造をなしています（仏教の宇宙観（世界観）については本書、第6講参照）。この世界を支える三層の円盤状の土台があり、これを三輪《さんりん》と言います。その三つの輪は、風輪《ふうりん》・水輪《すいりん》・金輪《こんりん》であり、風輪は一番下の基盤であると『倶舎論』に記されています。

「器世間」の「世」の字はこのように、世界観の表層的な言葉として記されていることを覚如は紹介しているのです。ならば、浄土真宗では「世」の字をどのように用いるでしょうか。

六、浄土真宗の了解

しかるに、わが真宗《しんしゅう》にいたりては、善導和尚《ぜんどうかしょう》の御《おん》こころによるに、すでに報身報土《ほうじんほうど》の廃立《はいりゅう》をもって規模《きぼ》とす。しかれば「観彼世界相《かんぴせかいそう》　勝過三界道《しょうがさんがいどう》」（浄土論）の論文《ろんもん》をもっておもうに、三《さん》界《がい》の道《どう》に勝過せる報土にして正覚《しょうがく》を成《じょう》ずる弥陀如来《みだにょらい》のことをいうとき、世間浅近《せけんせんごん》の事《じ》にもちいならいたる「世《せ》」の字をもって、いかでか義《ぎ》を成《じょう》ぜらるべきや。この道理《どうり》によりて、いまの一《いち》字《じ》を略《りゃく》せらるるかとみえたり。されば彼仏今現在成仏《ひぶつこんげんざいじょうぶつ》とつづけて、これを訓《くん》ずるに、かの仏《ぶつ》、いま現在《げんざい》して成仏《じょうぶつ》したまえり、と訓ずれば、はるかにききよきなり。義理《ぎり》といい、文点《もんてん》といい、この一字、もっともあまれるか。

〈現代語訳〉ところが我が真宗においては、善導和尚のお考えによって、既に阿弥陀仏の報身報土を自説と立てて他説を廃することを手本とする。したがって「かの世界の相を観ると、欲界・色界・無色界の三界の道に超えすぐれている」という『浄土論』の文をもって考えると、三界の道に超えすぐれている真実の浄土でさとりを完成した阿弥陀如来のことを言う時に、世間の表面的なことに用いてきた「世」の字をもって、どうして報身報土の義を成り立たせることが出来ようか。この道理によって、この一字を省略されたものかと考えられる。だから「彼仏今現在成仏」と続けて、この文を訓む時に「彼《か》の仏は今現においでになって仏に成っておられる」と訓めば、はるかに聞き易いのである。意味からも、文章構成からも、この一字は最も不要ではないか。

そもそも「世」とは、事象がその中で生じたり滅したりする空間的広がりを指します。ですから、「世」とはいわば「世間」、私達凡夫が生滅を繰り返す場を意味することになります。そのような迷いの場としての「世」の字で、報身や報土を表すことは出来ないと覚如は述べます。そのため、「世」を省いて「彼仏今現在成仏」とし、「彼《か》の仏は今現においでになって仏に成っておられる」と読む方が、阿弥陀如来が浄土で成仏しており、かりそめの仏身ではないということが一層明らかになるから、浄土真宗の教えこそが法然―親鸞の血脈《けちみゃく》（師から弟子に受け継がれる仏法の伝統）として正しく伝承されていると覚如は記すのです。

七、おわりに

この道理《どうり》をもって、両祖《りょうそ》の御相伝《ごそうでん》を推験《すいけん》して、八宗兼学《はっしゅうけんがく》の了然上人《りょうねんしょうにん》ことに三論宗《さんろんしゅう》に、いまの料《りょう》簡《けん》を談話《たんかい》せしに、浄土真宗《じょうどしんしゅう》におきてこの一義相伝《いちぎそうでん》なしといえども、この料簡《りょうけん》もっとも同《どう》ずべしと云々《うんぬん》

〈現代語訳〉この道理によってお二人の祖師（法然と親鸞）が伝えられたお考えを推しはかって、八宗兼学の了然上人にこのような理解をお話ししたところ「これについての教えを受けてはいないが、浄土

真宗で理解されたことが、私には一番同意出来る」と言われたと云々。

「了然上人」とは、覚如が三論宗を学んだ自性房《じしょうぼう》了然のことです。浄土宗・浄土真宗にとって、善導の「本願加減の文」は、称名念仏の仏道を確かめる上で極めて大切な釈文です。もう少し言えば、「本願加減の文」は「彼《か》の仏は今現においでになって仏に成っておられる」という点で、『無量寿経』の本願が成就していることを明かしています。法蔵菩薩が阿弥陀仏として成仏しているから、私達の念仏往生もまた成就するのです。

以上のように覚如は、法然―親鸞における「世」の字の省略は脱字等ではなく、意義あるものとして受け止めました。私達の念仏往生が間違いないことをより厳密に確かめるためには、本願加減の文で「世」の字を省くことが大切であると覚如は了解《りょうげ》しているのです。しかもそれは、流布本や浄土宗の他の弟子の系統では見られない法然―親鸞の血脈独特のものであることから、法然の教えは親鸞が正当に受け継ぎ、しかもその教えは如信を介して他ならぬ覚如自身が伝承していくという責任のもとに記すのです。

第17講

第十一条・助業をかたわらにした親鸞

一、はじめに

『仏説無量寿経』の第十八願すなわち念仏往生の願によって、私達、浄土真宗の門徒はただ念仏で浄土に往生します。ですから浄土真宗では、念仏こそが「正定業《しょうじょうごう》（正しく浄土往生が定まる行い）」なのです。ならばこの「正定業」とはそもそもどのように定められているのでしょうか。

七高僧の一人である善導はその著『観経疏《かんぎょうしょ》』「散善義《さんぜんぎ》」において、数ある仏道修行を正行《しょうぎょう》と雑行《ぞうぎょう》に分けます。そしてその正行の中に読誦《どくじゅ》・観察《かんざつ》・礼拝《らいはい》・称名《しょうみょう》・讃嘆供養《さんだんくよう》の五種あるとし、その五正行を更に二つの業《おこない》に分けます。善導は五正行の内、称名の行を「かの仏の願に順ずるが故に」正定の業であると見極め、他の読誦・観察・礼拝・讃嘆供養の四つの正行を助業《じょごう》（正定業の助けとなる行い）と規定しました。

法然はこの善導の思想を受け継ぎ、主著『選択集《せんじゃくしゅう》』の結びに、

それ速やかに生死《しょうじ》を離れんと欲《おも》わば、二種の勝法《しょうぼう》の中に、しばらく聖道門《しょうどうもん》を閣《さしお》きて、選びて浄土《じょうど》

門《もん》に入《い》れ。浄土門に入らんと欲《おも》わば、正雑《しょうぞう》二行の中に、しばらくもろもろの雑行《ぞうぎょう》を抛《なげう》ちて、選びて正行《しょうぎょう》に帰すべし。正行を修《しゅ》せんと欲わば、正助《しょうじょ》二業《にごう》の中に、なお助業《じょごう》を傍《かたわら》にして、選びて正定《しょうじょう》を専《もっぱ》らすべし。正定の業《ごう》とは、すなわちこれ仏の名《みな》を称するなり。称名《しょうみょう》は必ず生まるることを得《う》、仏の本願に依《よ》るが故に。

〈現代語訳〉さて、速やかに生死《まよい》を離れようと欲《おも》うならば、二種のすぐれた教えの内、ひとまず聖道門はおいておき、選んで浄土門に入りなさい。浄土門に入ろうと欲《おも》うならば、正行と雑行の二つの内、ひとまず諸々の雑行はほうっておき、選んで正行に依りなさい。正行を修めようと欲《おも》うならば、正定業と助業の二つの内、やはりまた助業はわきにおいて、選んで正定を専《もっぱ》らつとめなさい。正定の業というのは、すなわち仏の名《みな》を称えることである。称名は必ず往生を実現する。仏の本願に依るからである。

と展開します。法然にとって称名念仏は、阿弥陀如来の本願に依るので間違いなく浄土へと往生することが出来る、だからこそ正定業（正しく往生の因と定められる修行）なのです。そして親鸞もやはり、法然と同様に了解《りょうげ》しました。

今回はこの「助業を傍《かたわら》にして、選びて正定を専らすべし」というように、親鸞が念仏を正定業であると見定めたエピソードです。このエピソードを通して覚如が訴えたかったこととは何なのでしょうか。

二、親鸞の病気

◆第十一条

一　助業《じょごう》をなおかたわらにしまします事《こと》。

鸞聖人東国《らんしょうにんとうごく》に御経回《ごけいかい》のとき、御風気《ごふうけ(ママ)》とて三日三夜《さんにちさんや》ひきかずきて、水漿不通《しいしょうふつう》しましますことありき。つねのときのごとく、御腰膝《おんこしひざ》をうたせらるることもなし。御煎物《おせんじもの》などいうこともなし。御看病《ごかんびょう》の人《ひと》をちかくよせらるる事もなし。三箇日《さんがにち》と申《もう》すとき、ああ、いまはさてあらんとおおせごとありて、御起居御平復《ごききょごへいふく》もとのごとし。そのとき恵信御房《えしんのおんぼう》　男女六人《なんにょろくにん》の君達《きんだち》の御母儀《ごぼぎ》　たずねもうされていわく、御風気《ごふうき》とて両三日御寝《りょうさんにちぎょしん》のところに、いまはさてあらんと、おおせごとあること、なにごとぞやと。

〈現代語訳〉一、〔往生の〕助けとなる業《ごう》をやはり傍《かたわ》らになさった事。

親鸞聖人が関東で〔布教のために〕巡回なさっていた頃、お風邪のため三日三晩床《とこ》に臥《ふ》せって、飲み物ものどを通らないことがあった。いつものように腰や膝をおたたきになることもなく、煎《せん》じ薬《ぐすり》等を求めるということもなかった。更に看病の人を近くに寄せつけられることもない。こうして三日目という時に、「ああ、やはりそうだった」と仰《おお》せられて、起居動作《ききょどうさ》がいつものように回復された。その時、〔妻の〕恵信尼《えしんに》〈男女六人のお子達の御母〉がお尋ねになって次のように言われた。「お風邪ということで二、三日おやすみのところで、やはりそうだったと仰せられたことはどういう事でしょうか」と。

青年時代の親鸞は関東に在住していました。そして各地を巡回して念仏の布教活動に勤《いそ》しんでいた、その頃のエピソードです。親鸞は恵信尼を妻とし、家族に囲まれ在俗の生活を営んでいました。「風気《ふうき》」とは風邪気味のこと、「水漿《しいしょう》」とは飲料のことです。とある日、親鸞は風邪をひき、三日三晩寝込みました。体調は芳《かんば》しくなく、飲み物すら喉を通らないような症状だったようです。看病の人を近づけることもなく三日が過ぎると、親鸞はおもむろに「やはりそうだった」と述べました。それを聞いた妻・恵信尼がその発言の真意を問い尋ねるところから話題は展開します。

三、三部経千部読誦

聖人《しょうにん》しめしましましてのたまわく、われこの三箇年《さんかねん》のあいだ、浄土《じょうど》の三部経《さんぶきょう》をよむ事、おこたらず、おなじくは、千部《せんぶ》よまばやとおもいて、これをはじむるところに、またおもうよう、「自《じ》信教人信《しんきょうにんしん》　難中転更難《なんちゅうてんきょうなん》」（往生礼讃《おうじょうらいさん》）とみえたれば、みずからも信じ、ひとをおしえても信ぜしむるほかは、なにのつとめかあらんに、この三部経の部数《ぶしゅ》をつむこと、われながらこころえられずと、おもいなりて、このことをよくよく案《あん》じさだめん料《りょう》に、そのあいだはひきかずきてふしぬ。つねのやまいにあらざるほどに、いまはさてあらん、といいつるなり、とおおせごとありき。

〈現代語訳〉〔親鸞〕聖人がお示しになってこう言われた。「私はこの三年間、浄土三部経を読誦《どくじゅ》することを怠《おこた》らなかった。同じことなら千回読もうと思って始めたところ、また思うには〔『往生礼讃』には〕「自ら信じ人を教えて信ぜしむ　難きが中に転《うた》たまた難し」と見えているから、自分も信じ人に教えもして信じさせる他に、どのような勤めがあろうかと思われるのに、この三部経読誦の回数を積み上げていくことは我ながら納得出来ないことだと思うようになり、このことを深く思索し結論を出すために、その間、床《とこ》に臥《ふ》して横になっていた。いつもの病気とは違うので、やはりそうだったと言ったのである」と仰せられたのである。

「自信教人信《じしんきょうにんしん》　難中転更難《なんちゅうてんきょうなん》」とは「自ら信じ、人に教えて信じさせることは、難しい中でもとりわけ難しい」という意であり、善導の『往生礼讃《おうじょうらいさん》』にある言葉です。

親鸞は、浄土三部経の読誦の行を重ねましたが、その修行について納得がいかず、思いを巡らせるべく寝込み、結局は読誦ではなく、やはり称名念仏こそが正定業であることに行き着いたのです。

四、覚如の理解

わたくしにいわく、つらつらこの事を案《あん》ずるに、ひとの夢想《むそう》のつげのごとく、観音《かんのん》の垂迹《すいしゃく》として、一向専念《いっこうせんねん》の一義《いちぎ》を御弘通《ごぐずう》あること掲焉《けちえん》なり。

〈現代語訳〉私見を言えば、よくよくこのことを考えてみると、世間でいう夢の告げのように、（親鸞聖人として）観音が仮《かり》に姿を現して、唯だ念仏で浄土に往生する教えをおひろめになったということが極めて明らかである。

「垂迹《すいしゃく》」とは仏・菩薩が衆生済度《さいど》のために仮の姿をとって現れること、「弘通」とは仏法がひろく広まること、「掲焉《けちえん》」とは著しいさま、目立つさまのことです。

エピソードの最後に、このように覚如の見解が記されます。親鸞が専修念仏《せんじゅねんぶつ》の教え一つを弘通したのは、観音の化身《けしん》であることの何よりの証拠であると覚如は確かめたのです。

五、寛喜の内省

実はこのエピソードは『口伝鈔』だけではなく、親鸞の妻・恵信尼の手紙である『恵信尼消息《しょうそく》』に詳細に記されています。これは「寛喜《かんき》の内省《ないせい》」と呼ばれる出来事です。恐らく覚如は、『恵信尼消息』によってこのエピソードを知り『口伝鈔』に記したものと思われます。『恵信尼消息』における、このエピソードの概要をここに紹介しましょう。

一二三一（寛喜三）年四月十四日、風邪をひいた親鸞は床に伏しながら『無量寿経』を読誦していましたが、目を閉じると経典の文字が一字残らず浮かびました。これは不思議なことであると振り返ってみると、この時より十七～八年ほど前の一二一四（建保《けんぽう》二）年頃、佐貫《さぬき》（現在の群馬県）という所で衆生利《り》益《やく》のために三部経の千部読誦を発願しながらも、名号の他に何が不足で経典を読誦するかと反省し、途中で中止した経験を思い出したのです。その時の自力の執心がこの十七～八年後になるまで残滓《ざんし》となっていることを親鸞は改めて反省するのです。これが、『恵信尼消息』に残されているいわゆる「寛喜の内省」という出来事です。

ここにある「衆生利益」の背景には、大飢饉《ききん》という当時の社会状況があるとする説があります。親鸞は建保二年の大旱魃《かんばつ》等に起因する大飢饉によって、当地の人々の依頼を受けて、雨乞《あまご》いのために浄土三部経の千部読誦を試みた、これが「衆生利益」です。親鸞は、飢饉に苦しむ農民を目の当たりにし、その人々を救いたいという思いをもったのでしょう。そのために親鸞は三部経の千部読誦を試みたのです。これは選択本願念仏を標榜する浄土真宗においては紛《まご》うことなき自力の姿勢です。その自力心が長年残っていたと、寛喜三年の親鸞は重ねて反省するのです。

ですから『恵信尼消息』の記述そのものによれば、風邪を通して十七、八年前にあった出来事を振り返り、自らの執心や自力心がどこまでも離れ難いことを知らされた親鸞の姿が浮かび上がってきます。

ここで『恵信尼消息』と『口伝鈔』との異同を確認してみましょう。

まず、覚如の『口伝鈔』にはこの出来事の日付が記されません。そして、親鸞が関東で念仏の布教活動をしていた時の出来事、三部経千部読誦の試みを止め、本願念仏の信心以上の衆生利益の営みはないと思い定めて読誦という助業をわきにおいて専修念仏に勤しんだこと等、『恵信尼消息』と『口伝鈔』は大筋で一致しています。

しかし、『口伝鈔』では寛喜三年の風邪で寝込むまで三年間三部経を読誦し、更に千部読誦を志したところ、病にかかったことになっています。しかもその病は風邪気味とは言いながらも、千部読誦についての迷いを考えるために布団にこもっているように描かれます。しかし、『恵信尼消息』によれば、衆生利益のための三部経千部読誦は一二一四（建保二）年の時、床に伏したのはそれから十七～八年の後です。ですから、覚如は親鸞の風邪と寛喜の内省の出来事とを混ぜて表現しているように見え、ともすれば覚如が記憶を混同して記述しているようにも思われます。しかし、『口伝鈔』ではこのエピソードから更に展開しています。そこに注目してみましょう。

覚如は、三部経読誦という行が飽くまで助業であって、称名念仏こそが浄土に往生するための正定業であることを、このエピソードから読み取りました。どこまでもただ念仏の教えをひろめた親鸞こそ、観音の化身であるという覚如の確信になったというのです。恐らく恵信尼の記録を通して、この寛喜の出来事を覚如は知ったのでしょうが、恵信尼の記録と覚如の受け止めは少し異なっています。いわば、覚如においてはこのエピソードの力点が異なっているのです。

同じエピソードではありますが、覚如は、自力心の離れがたさを語るというよりも、親鸞が念仏布教したことの尊さを聞き取ったのです。

そもそも親鸞はその著『教行信証』の結びに、「しかるに愚禿釈《ぐとくしゃく》の鸞《らん》、建仁辛《けんにんかのと》の酉《とり》の暦《れき》、雑行《ぞうぎょう》を棄《す》てて本願《ほんがん》に帰《き》す」と記しており、親鸞は法然に出遇った建仁元年に回心《えしん》したと考えられます。既に本願に帰順し、その後もただ念仏の教えを布教する生活を長年過ごしてきたにもかかわらず、親鸞は浄土三部経を千部読誦せざるを得なくなったのです。雨乞い等の祈祷は浄土真宗の教えとしてはあり得ないことですが、そうせずにはいられないところまで親鸞は追い詰められたのです。そこには、本願念仏の教えと苦しみ多き現実の狭間《はざま》で大変な悩みを抱えた親鸞の姿があります。そのような悩みを越えて、やはりそうではなかったと親鸞は思い直すのです。結局のところただ念仏であったということへ帰着するのです。

私達はこのエピソードから、飢饉等の社会状況に翻弄《ほんろう》され、逡巡《しゅんじゅん》する親鸞の姿を窺《うかが》うことが出来ます。しかしそれは、単に迷い悩む親鸞の姿を表現しているだけではありません。本願に帰し、ただ念仏の教えに信順したにもかかわらず迷い悩む親鸞の姿は、むしろ本願に帰したからこそ、自らの自力心が浮き彫りとなったことを表しているのではないでしょうか。様々な行を修める仏道ならば、三部経読誦に迷いを生ずる必要など起こり得ません。念仏に真摯《しんし》であればあるほど念仏の教えと苦しみ多き現実のギャップに迷うのです。しかし、親鸞は迷いながら念仏へと帰っていきました。それは言葉としては矛盾するようですが、安心して迷うことが出来るのが浄土真宗の教えであるように思われますし、それを親鸞は自らの姿勢で示しているのでしょう。

六、おわりに

今回は、法然に出遇って回心したはずの親鸞が、念仏以外の行に迷う姿を確かめるエピソードでした。親鸞は「ただ念仏」という師法然の教えに信順して生きましたが、それでもなお心に迷いが生じるのです。それほどまでに、自力の心は根深いのです。しかし、これは念仏の教えに出遇っていたからこそ発見出来た迷いでもあります。親鸞は、法然から「ただ念仏」の教えを受けましたが、念仏以外の行に迷い、そしてまた念仏へと帰っていったのです。どんなに迷っても、結局は念仏へと帰っていく仏道、それが浄土真宗なのです。

覚如は恵信尼の記録からこのエピソードを知ったのでしょうが、あえて視点を変えて、迷いを超えてどこまでも念仏の教えを布教した親鸞こそ観音の化身であると私達に訴えようとしました。これが、覚如が見たもう一つの親鸞の姿と言えるでしょう。

第18講

第十二条・観音の化身・親鸞（一）
―浄土真宗の血脈―

一、恵信尼の夢

第十二条は、引き続き恵信尼の記録に依っています。そして、法然こそ勢至《せいし》菩薩の化身、親鸞こそ観音菩薩の化身であるという覚如の確信が記される条です。第十一条と同様に、法然と親鸞の本地《ほんじ》を明らかにすることで覚如が訴えようとする真意は何なのでしょうか。

◆第十二条

一　聖人本地観音《しょうにんほんじかんのん》の事《こと》。

下野国《しもつけのくに》、さぬきというところにて恵信御房《えしんのおんぼう》の御夢想《ごむそう》にいわく、堂供養《どうくよう》するとおぼしきところあり。試楽《しがく》ゆゆしく厳重《げんちょう》にとりおこなえるみぎりなり。ここに虚空《こくう》に神社の鳥居《とりい》のようなるすがたにて、木をよこたえたり。それに絵像《えぞう》の本尊二鋪《ほんぞんにふく》かかりたり。一鋪《いっぷく》は形体《ぎょうたい》ましまさず。

ただ金色《こんじき》の光明《こうみょう》のみなり。いま一鋪《いっぷく》は、ただしくその尊形《そんぎょう》をあらわれまします。その形体《ぎょうたい》ましまさざる本尊を、人ありて、また人に、「あれはなに仏《ぶつ》にてましますぞや」と問う。ひとこたえていわく、「あれこそ大勢至菩薩《だいせいしぼさつ》にてましませ。すなわち源空聖人《げんくうしょうにん》の御《おん》ことなり」と云々《うんぬん》　また問うていわく、「いま一鋪《いっぷく》は尊形《そんぎょう》あらわれたまうを、あれはまたなに仏《ぶつ》ぞや」と。人こたえていわく、「あれは大悲観世音菩薩《だいひかんぜおんぼさつ》にてましますなり。あれこそ善信御房《ぜんしんのおんぼう》にてわたらせたまえ」と、申すとおぼえて、夢さめおわりぬと云々

〈現代語訳〉一、親鸞聖人の本地《ほんじ》が観音菩薩である事。

〈親鸞聖人の妻〉恵信尼《えしんに》公が下野《しもつけ》の国の佐貫《さぬき》という所で見られた夢で次のように言われている。御堂の落慶法要をしていると思われる所があった。雅楽の音《ね》も格別荘重に執《と》り行われている最中である。その空中に神社の鳥居のような様子で木が横たえられており、絵像《えぞう》の本尊が二幅《にふく》、かかっている。その一幅は本尊の御姿がなく、ただ金色の光だけである。もう一幅は正確にその尊い御姿が表れている。その御姿がない本尊について、ある人が他の人に「あれはなんという御仏《みほとけ》でしょう」と尋ねると、その人が答えてこう言う。「あれこそ大勢至《だいせいし》菩薩です、すなわち〈法然坊〉源空《げんくう》上人《しょうにん》のことです」と云々　更に尋ねて、もう一幅の尊い御姿が表れている絵像について「あれはまたなんという御仏でしょう」と尋ねると、その人は「あれは大悲観世音《だいひかんぜおん》菩薩です。あれこそ善信房《ぜんしんぼう》〈親鸞聖人〉です」と答えたと思ったところで、夢が覚めてしまったと云々。

「下野国」は現在の栃木県ですから、第十一条と同じく親鸞が関東で念仏布教に勤《いそ》しんでいた時代の話です。「夢想」とは夢で神仏の示現《じげん》があること、「試楽《しがく》」とは舞楽の予行演習のことです。

また、「大勢至菩薩」とは智慧の象徴である勢至菩薩、「観世音菩薩」とは慈悲の象徴である観音菩薩のことです。阿弥陀如来を「中尊」とし、中尊に向かって左側「右脇侍《わきじ》」が勢至菩薩、右側「左脇侍」が観音菩薩という三尊形式がありますが、これは浄土三部経の『仏説観無量寿経《かんむりょうじゅきょう》』に依っています。

さて、ある日親鸞の妻・恵信尼は夢を見ます。その夢の中では、とある御堂の落慶法要が厳修されています。荘重な雅楽の演奏と舞があり、その御堂の空中に木が横たわっており、その木に絵像二幅が掛けられています。その絵像の内の一幅は光明ばかりで姿が描かれておらず、もう一幅には仏の御姿が描かれています。

ある人がその絵像二幅を見て隣の人に、

「あれは何の御仏でしょうか」

と尋ねます。

すると隣の人は光だけの絵像について、

「あれは勢至菩薩で、あれこそ法然房源空上人です」

と答え、仏の御姿が描かれた絵像について

「あれは大悲観世音菩薩で、あれこそ親鸞聖人です」

と答えます。

その言葉を耳にして恵信尼は目覚めました。果たしてこの夢は一体恵信尼に何を伝えようとしたのでしょうか。そこで恵信尼は夢の内容を親鸞に尋ねます。

二、勢至菩薩の化身・法然

この事を聖人《しょうにん》にかたり申さるるところに、「そのことなり。大勢至菩薩《だいせいしぼさつ》は智恵《ちえ》をつかさどりまします菩薩なり。すなわち智恵《ちえ》は光明《こうみょう》とあらわるるによりて、ひかりばかりにて、その形体《ぎょうたい》はましまさざるなり。先師源空聖人《せんしげんくうしょうにん》、勢至菩薩《せいしぼさつ》の化身《けしん》にましますということ、世《よ》もって人のくちにあり」とおおせごとありき。鸞聖人《らんしょうにん》の御本地《ごほんじ》の様《よう》は、御《おん》ぬしに申さん事、わが身《み》としては、はばかりあれば申しいだすにおよばず。

〈現代語訳〉このことを〔恵信尼が親鸞〕聖人にお話ししたところ、聖人は「〔世間で言われているのは〕そのことである。大勢至菩薩は智慧の象徴である菩薩である。つまり智慧は光となって現れるから、光だけで、その姿形はおありにならないのである。先師・源空上人が勢至菩薩の化身でおいでになるということは、世間の人の口にうわさされている」と仰せられた。親鸞聖人の御本地の様子は、主人〔である親鸞聖人〕にお話しすることが、恵信尼自身としては遠慮されることであったので、そこまでには至らなかった。

「本地《ほんじ》」とは、仏・菩薩が衆生を救うために仮の姿をとった垂迹身《すいじゃくしん》に対し、その本源である仏・菩薩を言います。前項でも確認したように、「大勢至菩薩」とは、阿弥陀如来の脇侍、智慧をもって衆生済度《さいど》する菩薩です。恵信尼は親鸞に夢の中の出来事を告げ、絵像二本の内の光明だけが描かれた一本の意義のみを尋ねました。

すると親鸞は恵信尼の話を聞いて「その夢は、法然上人こそ勢至菩薩の化身であると世間一般で言われることの何よりの証《あかし》であって、智慧は光としてはたらくから、絵像には光だけ描かれて御姿がない」と、夢の内容を分析するのです。

恵信尼は勢至菩薩の絵像のことだけを親鸞に伝えましたが、親鸞の本地が観音菩薩であることをあえて本人には伝えませんでした。しかし、恵信尼は夢の告げを通して、親鸞が観音菩薩の化身であると心に秘めて過ごしたのです。その恵信尼の心情が次に吐露されます。

三、恵信尼の確信

かの夢想《むそう》ののちは、心中《しんじゅう》に渇仰《かつごう》のおもいふかくして、年月《としつき》をおくるばかりなり。すでに御帰《ごき》京《きょう》ありて、御入滅《ごにゅうめつ》のよし、うけ給わるについて、わがちちは、かかる権者《ごんじゃ》にてましましけると、しりたてまつられんがために、しるし申すなりとて、越後《えちご》の国府《こう》よりとどめおき申さるる恵信《えしんの》御房《おんぼう》の御文《おんふみ》、弘長《こうちょう》三年春の比《ころ》、御《おん》むすめ覚信《かくしんのおんぼう》御房へ進《しん》ぜらる。

〈現代語訳〉その夢を見てからは、ますます心中に渇仰《かつごう》の思いが深いまま、ただ年月を送るばかりであった。既に〔親鸞聖人が〕京都にお帰りになって入滅《にゅうめつ》なさったことをうけたまわって、「私の父はこのような菩薩の化身でおいでになったのだと知って下さるようにと考えて、このことを記したのです」と記し、越後の国府《こう》より書き留め置かれた恵信尼房の御手紙を、弘長三年の春の頃、娘の覚信尼房へ御送りになったのである。

恵信尼は、夢で親鸞が観音の化身であると確信してからは、いよいよ親鸞の徳を仰ぎ慕う気持ちが強くなっていきました。そして、親鸞が京都で入滅した時、恵信尼は越後の地で別居していましたが、親鸞の最期を看取《みと》った末娘・覚信尼からの知らせを受けて、改めて親鸞こそ観音菩薩の化身であったと伝えようとこの手紙を認《したた》めたのです。『口伝鈔』第十二条のエピソードも、第十一条と同様『恵信尼消息』に詳細に記されています。その『恵信尼消息』の内容は次の通りです。

恵信尼は常陸の国に滞在していた時に夢を見ます。御堂の落慶法要で、その御堂の前に横木が渡されて絵像二幅が掛けられています。一幅は光ばかりが描かれ仏の姿形が見えず、もう一幅は仏の御姿がはっきりと描かれています。ある人に尋ねると一幅は勢至菩薩の化身の法然であると言い、もう一幅は観音菩薩の化身の親鸞であると言います。それを聞いて恵信尼は夢から覚めますが、その内容を親鸞に伝えると、親鸞はこれこそ実夢で、法然こそ勢至菩薩の化身だと言います。恵信尼はやはり観音菩薩のことを親鸞に伝えはしませんでしたが、ずっとそのことを心に秘めて敬って親鸞に仕えました。

以上が『恵信尼消息』の概要です。

ですから、『口伝鈔』と『恵信尼消息』は恵信尼が夢の告げを受けた場所が異なっています。そして内容についてはほぼ合致していることが窺えます。

さて、夢の告げによって、恵信尼は親鸞を観音菩薩の化身と見定めました。ならば、逆に親鸞にとって、恵信尼とはどういった存在だったのでしょう。

親鸞は、法然に出遇う前に京都の六角堂で百日間に渡って参籠《さんろう》の行を修めようと試みました。「参籠」とは、寺社に籠って祈願を重ねることです。その九十五日を迎える夜明け前、親鸞の夢に観音菩薩が出現しました。そして観音菩薩は親鸞に対して次のような偈文《げもん》をあげたとされています。

行《ぎょう》者《じゃ》宿《しゅく》報《ほう》設《せつ》女《にょ》犯《ぼん》　我《が》成《じょう》玉《ぎょく》女《にょ》身《しん》被《ぴ》犯《ぼん》
一《いっ》生《しょう》之《し》間《けん》能《のう》荘《しょう》厳《ごん》　臨《りん》終《じゅう》引《いん》導《どう》生《しょう》極《ごく》楽《らく》

〈現代語訳〉修行者よ、もし遠い昔からの因縁で妻帯することがあるならば、私が玉女《ぎょくにょ》となってあなたに娶《めと》られよう。そしてあなたの生涯を飾り上げて、臨終には極楽浄土へと導こう。

これは古来「女犯偈《にょぼんげ》」と呼ばれ、親鸞が在俗のままで救われる選択本願念仏の仏道へと入るきっかけとなった偈文《げもん》とされます。

これによって親鸞は自力聖道門の比叡山を下り、吉水の法然門下へと入門しました。その後親鸞は結婚をしますが、恵信尼との結婚と、この偈文を併せて考えるならば、親鸞にとっての恵信尼とは、やはり観音菩薩の化身であったことでしょう。すなわち、恵信尼にとっての親鸞は観音菩薩の化身、また親鸞にとっての恵信尼もやはり観音菩薩の化身なのです。一見すると観音菩薩が二重に化現《けげん》することになり、不思議な事象のように思われますが、そこには親鸞・恵信尼それぞれが、お互いを菩薩の化身と敬う姿勢があります。

この人間関係は、今を生きる私達の家族関係にとっても大きなアドバイスとなるのではないでしょうか。自らの立場ばかりにとらわれるのでなく、どこまでもお互いに尊敬し合う関係こそ、私達が今、置き忘れつつある姿勢なのではないでしょうか。今一度私達は、家族を初めとした人間関係そのものを振り返る必要があるように思われます。

そして、この恵信尼の記録を踏まえて、覚如の了解《りょうげ》が続いて記されます。

四、覚如の確信

わたくしにいわく、源空聖人《げんくうしょうにん》、勢至菩薩《せいしぼさつ》の化現《けげん》として、本師弥陀《ほんじみだ》の教文《きょうもん》を和国《わこく》に弘興《ぐこう》しまします。親鸞上人《しんらんしょうにん》、観世音菩薩《かんぜおんぼさつ》の垂迹《すいしゃく》として、ともにおなじく無碍光如来《むげこうにょらい》の智炬《ちこ》を本朝《ほんちょう》にかがやかさんために師弟《してい》となりて、口決相承《くけつそうじょう》しましますこと、あきらかなり。あおぐべし、とうとむべし。

〈現代語訳〉私見を言えば、法然上人は勢至菩薩の化身として出現されて本師・阿弥陀如来の教えや経典を日本に弘め興隆なさったのであり、親鸞聖人は観世音菩薩の垂迹《すいじゃく》として、また同じように無碍光《むげこう》如来の智慧の灯火をこの日本に輝かせようとして、〔法然上人と〕師弟関係を結ばれて、師・法然上人の教えを口伝によって伝承なさったことは明白である。心から仰ぎ、尊ばなければならない。

覚如は、恵信尼の夢の告げを通して、法然が勢至菩薩の化身であり、親鸞が観音菩薩の化身であると見定めます。ここまでは恵信尼の了解そのままです。しかし、覚如は更に法然と親鸞の本地を明らかにした上で、その仕事をおさえ直します。法然は、阿弥陀如来の教えを「和国」すなわち日本に弘め、興隆させました。

このことは、『正信偈』にある、

本師《ほんじ》源空《げんくう》明《みょう》仏教《ぶっきょう》　憐愍《れんみん》善悪《ぜんまく》凡夫人《ぼんぶにん》

真宗《しんしゅう》教証《きょうしょう》興《こう》片州《へんしゅう》　選択《せんじゃく》本願《ほんがん》弘《ぐ》悪世《あくせ》

〈現代語訳〉我が師・法然は、仏教に明らかであって、凡夫として善悪に生きる者をあわれみ、浄土真宗の教えをこの島国日本に興隆させ、選択本願念仏を悪世に弘めた。

という文意と同じです。そして覚如は、それだけにとどまらず親鸞もやはり無碍光如来の智慧の灯火を日本に照らし輝かせるために、法然を師と仰ぎ、その弟子となってその教えを伝承したということを明かします。これによって、法然―親鸞という法脈が、いよいよ覚如の確信となるのです。恵信尼が触れなかった法然と親鸞の関係を、覚如は一歩踏み込んでおさえるのです。すると、これもやはり本願寺教団の基盤を強固なものにせんとする覚如の意欲の表現なのでしょう。浄土真宗各派の中でも、とりわけ親鸞こそ法然の教えを正しく受け継いだという証明がこの章では記されるのです。

五、敬い合う人間関係

第十二条では、親鸞の妻・恵信尼の夢の告げの記録を元に、覚如が法然を勢至菩薩の化身、親鸞を観音菩薩の化身と見定めています。智慧の勢至菩薩の化身・法然と慈悲の観音菩薩の化身・親鸞の二人のはたらきによって、念仏の教えが日本に弘まり、覚如のもとまで届いた喜びが表現されています。第十一条で確かめた親鸞の本地が、この第十二条では覚如の確信へと繋がるのです。

また、それに併せて私達は親鸞と恵信尼夫婦の人間関係にも注目すべきでしょう。お互いを観音菩薩の化身であると敬い合う姿勢を、私達は自らの家族生活において見失いがちです。是非とも、私達は親鸞とその家族を通して、他者を敬うことの大切さを吟味し直さなければなりません。

第19講

第十三条・観音の化身・親鸞（二）
―弥陀・観音一体異名―

一、はじめに

今回は第十三条を読み進めますが、前回に引き続いて夢の告げが話題となります。但し、第十二条とは異なり、恵信尼ではなく親鸞の高弟・蓮位房《れんにぼう》が見た夢の告げです。

◆第十三条

一　蓮位房《れんにぼう》聖人常随《しょうにんじょうずい》の御門弟《ごもんてい》、真宗稽古《しんしゅうけいこ》の学者《がくしゃ》、俗姓源三位頼政卿順孫《ぞくしょうげんざんみよりまさのきょうのじゅんそん》夢想《むそう》の記《き》。

〈現代語訳〉一、蓮位房（〔親鸞〕聖人につねに付き随った門弟で、真宗の学問を修めた学僧、俗姓は源三位頼政卿の孫）が見た夢の記。

以上が第十三条のタイトルです。蓮位房とは仏教を深く学んだ高僧で、しかも貴族の出自であることが、初めに記されます。「俗姓」とは、僧侶が在俗であった時の氏姓を指します。源頼政《みなもとのよりまさ》（一一〇四～一一八〇）は源氏でありながら平清盛《たいらのきよもり》の信任厚く、武士としては破格の従三位《じゅさんみ》に任じられたことから、「源三位《げんざんみ》」と称されました。その源頼政の子孫が蓮位であり、その子孫が代々本願寺の重臣であった下間《しもつま》家です。

二、聖徳太子の出現

建長八歳《けんちょうはちさい》丙辰《ひのえたつ》二月九日の夜《よ》寅時《とらのとき》、釈蓮位《しゃくのれんに》、夢《ゆめ》に聖徳太子《しょうとくたいし》の勅命《ちょくめい》をこうぶる。皇太子《こうたいし》の尊容《そんよう》を示現《じげん》して、釈親鸞法師《しゃくのしんらんほうし》にむかわしめましまして、文《もん》を誦《じゅ》して、親鸞聖人《しんらんしょうにん》を敬礼《きょうらい》しましますった。

〈現代語訳〉建長八年（一二五六）丙辰二月九日の夜明け頃、釈蓮位は夢の中で聖徳太子の仰せをこうむった。〔聖徳〕皇太子が尊いお姿を現されて、釈親鸞法師にお向かいになって、経典の文を唱えられ、親鸞聖人にうやうやしく敬礼なさった。

一二五六（建長八）年二月九日の早朝、親鸞の高弟である蓮位は聖徳太子の夢を見ます。その夢中では、皇太子であるはずの聖徳太子が、親鸞に対して経典の一句を諳《そら》んじ、礼儀を正しくして丁重に礼拝していました。

そもそも聖徳太子（五七四～六二二）は、用明《ようめい》天皇の皇子であり、本名を厩戸皇子《うまやどのみこ》と言います。言うまでもありませんが、推古天皇の即位と共に皇太子となり、摂政《せっしょう》として政治を行い、冠位十二階・憲法十七条を制定し、遣隋使を派遣しました。更には仏教興隆に力を尽くし、多くの寺院を建立、『三経義疏《さんぎょうぎしょ》』（『法華義疏』『勝鬘《しょうまん》経義疏』『維摩《ゆいま》経義疏』の総称。それぞれ『法華経』『勝鬘経』『維摩経』の註釈書）を著したと伝えられます。

また、鎌倉時代に至るまでに聖徳太子の伝記等が多く制作され、それを元に太子信仰が形成されました。聖徳太子を信仰対象として、太子像を祀《まつ》った太子堂が各地の寺院に建立され、聖徳太子を観音菩薩の生まれ変わりとする信仰もありました。

更に言えば、親鸞が比叡山を下りて吉水《よしみず》の草庵へ行き法然と出遇うきっかけとなった六角堂（現在の京都市中京区にある頂法寺）は、聖徳太子建立の古刹、本尊は観音菩薩です。親鸞はここで百日の参籠《さんろう》を試み、九十五日目の暁に夢に観音菩薩が示現《じげん》し、「女犯偈《にょぼんげ》」をのこしたと伝えられます。このことは前回紹介した通りです。すなわち、親鸞にとって聖徳太子は、法然の教えを聞き本願に帰していくために欠かすことの出来ない大切な方でした。だからこそ、太子信仰が盛んであった中で、親鸞もやはり日本に仏教を普及させた聖徳太子、自身を法然へと導いてくれた聖徳太子を殊の外、大切に敬いました。

ですから親鸞は、聖徳太子を讃嘆して「皇太子《こうたいし》聖《しょう》徳《とく》奉讃《ほうさん》」と題した和讃等を二百首近く制作していまず。その中でも、

和国《わこく》の教主《きょうしゅ》聖《しょう》徳皇《とくおう》
広大恩徳謝《こうだいおんどくしゃ》しがたし
一心《いっしん》に帰命《きみょう》したてまつり

奉讃《ほうさん》不退《ふたい》ならしめよ

〈現代語訳〉和国日本に仏教を弘めた教主・聖徳皇太子、〔そのために経典を註釈し、仏の教えを政治に取り入れた〕広大な恩徳はどれほど謝しても謝しがたい。一心に本願に帰依し、謹んでその仏道事業を讃えよう。

という和讃に、親鸞の聖徳太子への思いが如実に表現されています。在俗のままで念仏往生の仏道を歩まんとした親鸞にとって、俗人にして日本に仏教を興隆させた聖徳太子は、極めて大切な存在でした。

このように、時代の隔てある二人が出遇うことは、蓮位の夢中の出来事とは言いながらも、親鸞の念仏往生の仏道の歩みが間違いないものであると確信出来る重要な出来事でしょう。しかも、本来であれば聖徳太子の方が明らかに身分が高く、そのような方が親鸞に向かって敬い礼拝すること等、全く考えにくい状況です。

ならば、一体親鸞と聖徳太子はどのような関係なのでしょうか。その具体的内容が次に記されます。

三、敬礼大慈阿弥陀仏

その告命《ごうみょう》の文《もん》にのたまわく、「敬礼大慈阿弥陀仏《きょうらいだいじあみだぶつ》　為妙教流通来生者《いみょうきょうるずうらいしょうじゃ》　五濁悪時悪世界《ごじょくあくじあくせかい》中《じゅう》　決定即得無上覚也《けつじょうそくとくむじょうかくや》」文《もん》。この文のこころは、大慈阿弥陀仏《だいじあみだぶつ》を敬礼《きょうらい》したてまつるなり。妙《たえなる》教《のり》流通《るずう》のために来生《らいしょう》せるものなり。五濁悪時悪世界《ごじょくあくじあくせかい》のなかにして、決定《けつじょう》して、すなわち無上《うえなき》覚《さとり》を、えしめたるなり、といえり。蓮位《れんに》ことに皇太子《こうたいし》を恭敬《くぎょう》し尊重《そんじゅう》したてまつる、とおぼえて、ゆめさめて、すなわちこの文《もん》をかきおわりぬ。

〈現代語訳〉その時お告げになったお言葉は次の通りである。「大慈阿弥陀仏を敬礼したてまつる。妙教を流通せんがために来生するは、五濁悪時・悪世界の中にして、決定してすなわち無上覚を得しめんとなり」文。この文の意味は次の通りである。「大いなる慈しみの阿弥陀仏を心から敬い礼拝し申し上げる。〔あなたは〕妙なるすぐれた教えを世に広めるためにこの世に生まれて来られた方で、五濁にまみれたこの時代この世界において、明らかに〔衆生に〕無上のさとりを得させた」というのである。特に皇太子を恭《うやうや》しく敬《うやま》って心から礼拝をささげられたと思ったところで、蓮位は夢が覚め、すぐにこの文章を書き終わったのである。

聖徳太子は、親鸞のことを「大慈阿弥陀仏」と敬い、礼拝されたのです。阿弥陀如来の化身として親鸞がこの世界に来生して、そして妙なるすぐれた選択本願念仏《せんじゃくほんがんねんぶつ》の教えを流通《るずう》、すなわち広く普及させたというのです。「五濁《ごじょく》」とは、劫濁《こうじょく》（飢饉・悪疫・戦争等、時代の汚《けが》れ）・見濁《けんじょく》（誤った思想や見解がはびこること）・煩悩濁《ぼんのうじょく》（愛欲が盛んで争いが多いこと）・衆生濁《しゅじょうじょく》（身心が衰え苦しみが多くなること）・命濁《みょうじょく》（寿命が短くなっていくこと）という五つの濁《にご》りのことです。五濁で悪にまみれた娑婆世界にあって、間違いなく衆生にさとりを得させたのが親鸞です。夢中で親鸞は選択本願念仏によって衆生を救わんとする仏道事業を成し遂げた方として表現されている、それは阿弥陀如来の仕事に他ならないと蓮位は確信するのです。そこで蓮位は、夢が覚めてすぐこの告げを文章に認《したた》めました。

なお、この蓮位の夢想の記は、同じく覚如制作の親鸞の伝記、『本願寺聖人伝絵《でんね》』に記されます。

建長八歳《けんちょうはちさい》丙辰《ひのえたつ》二月九日夜寅時《よとらのとき》、釈蓮位《しゃくのれんに》夢想《むそう》の告《つげ》に云《い》わく、聖徳太子《しょうとくたいし》、親鸞聖人《しんらんしょうにん》を礼《らい》したてまつりましましてのたまわく、「敬礼大慈阿弥陀仏《きょうらいだいじあみだぶつ》 為妙教流通来生者《いみょうきょうるずうらいしょうじゃ》 五濁悪時悪世界中《ごじょくあくじあくせかいじゅう》 決定《けつじょう》即得無上覚也《そくとくむじょうかくや》。」しかれば祖師聖人《そししょうにん》、弥陀如来《みだにょらい》の化現《けげん》にてましますという事明らかなり。

〈現代語訳〉建長八（一二五六）年二月九日の夜明け頃、釈蓮位の夢の告げに次のように言われている。「聖徳太子が親鸞聖人を礼拝なさってこう言われた。「大いなる慈しみの阿弥陀仏を心から敬い礼拝し申し上げる。〔あなたは〕妙なるすぐれた教えを世に広めるためにこの世に生まれて来られた方で、五濁にまみれたこの時代この世界において、明らかに〔衆生に〕無上のさとりを得させた」。そうであるから、祖師親鸞聖人こそ阿弥陀如来の化現であられるということは明らかである」。

これらの記述によって覚如は、親鸞こそ阿弥陀如来の化身であることを訴えるのです。ならば、親鸞の伝記に記されているこの蓮位夢想の段を、覚如は何故『口伝鈔』で重ねて記したのでしょうか。

四、覚如の了解

わたくしにいわく、この夢想《むそう》の記《き》をひらくに、祖師聖人《そししょうにん》、あるいは観音《かんのん》の垂迹《すいしゃく》とあらわれ、あるいは本師弥陀《ほんじみだ》の来現《らいげん》としめしましまします事《こと》、あきらかなり。弥陀《みだ》・観音一体異名《かんのんいったいいみょう》、ともに相違《そうい》あるべからず。しかれば、かの御相承《ごそうじょう》、その述義《じゅつぎ》を口決《くけつ》の末流《ばつりゅう》、他《た》にことなるべき条《じょう》、傍若《ぼうじゃく》無人《ぶじん》といいつべし。しるべし。

〈現代語訳〉私見を言えば、この〔蓮位の〕夢の記の意《こころ》を聞き開いてみると、祖師・〔親鸞〕聖人が、時には観世音菩薩の垂迹《すいじゃく》と現れ、時には本師・阿弥陀仏の来現として示現されておられることは明らかである。阿弥陀如来と観世音菩薩とは一体であって名が異なるだけであるから、互いに食い違っていることはない。であるから、〔親鸞聖人の〕伝承によって、述べられた教義を、口伝にて受け継いだ末流〔である自宗は〕、他宗と異なっている点は他に比類がないと言ってよいのである。よくこのことを知らなければならない。

第十一条・第十二条と同様に、覚如の私見がこの条の結びに記されます。これは、第十一条に親鸞の行実を通して、親鸞こそ観音の化身であると吟味したことと軌を一にしますし、第十二条で恵信尼の夢の告げを通して法然こそ勢至菩薩の化身、親鸞こそ観音菩薩の化身であると確信したこととも呼応します。

この第十三条では、観音菩薩が衆生を救おうとしてこの世界に仮に姿を現し、なお且つ阿弥陀如来の化身としてこの世界に来現したという、親鸞の二つの本地《ほんじ》を覚如は明らかにするのです。観音菩薩も阿弥陀如来も、名こそ異なれども、念仏によって衆生を救おうとする仏道事業は一つであり、親鸞が阿弥陀如来の化身であるということも観音菩薩の化身であるということも、矛盾していることはないと言うのです。

しかも覚如は、親鸞が観音菩薩の垂迹、阿弥陀如来の化身であることを確かめつつ、その親鸞の教えを正しく受け継いだ末流として自負があります。何より、如信を通しての口伝の相承《そうじょう》があることを根拠として、他の教団とは比べるまでもなく、覚如自身こそが正統であると強く訴えるのです。

五、おわりに

覚如は、蓮位の夢想の記述を読み、親鸞こそ観音菩薩・阿弥陀如来の化現であったと確信します。これが第十三条の結論です。これは直前の第十一、第十二条の展開と同じ方向性を有します。そして、もう少し前の条を確かめていくと『口伝鈔』の一連の流れを読み取ることが出来るでしょう。

第十一条から続く親鸞自身、そして親鸞を取巻く人々の一連の行実と記録を通して、改めて親鸞像が浮彫りにされます。『口伝鈔』の中軸となるこの三条で、覚如は改めて親鸞こそ法然の教えを正しく受け継ぐ人であることを確認し、またその親鸞の教えを膝下で聞いた如信、そして如信から教えを受け継いだ覚如という、三代伝持の口伝の正統を訴えるのです。『口伝鈔』の最も伝えんとするエッセンスの一つがこの三つの条に凝縮されているとも言えるでしょう。

私達は、親鸞その人の記録と共に、親鸞と共に生きた人々の眼《まなこ》にも注目すべきでしょう。そこから改めて親鸞像が明らかになってきます。

第20講

第十四条・往生するということ

一、はじめに

第十四条は、親鸞の行状から浄土真宗の教えを吟味し、法然—親鸞の血脈を再度確かめることとなります。とりわけ、この条では「浄土往生」という浄土教の肝要が話題の中心となります。早速読み進めましょう。

◆第十四条

一　体失《たいしつ》、不体失《ふたいしつ》の往生《おうじょう》の事《こと》。

〈現代語訳〉一、身体が失われて浄土に往生する事と、身体が失われないままで浄土に往生する事。

まず初めに、タイトルが記されます。「体失」とは「肉体を失って」ということで「この世のいのち終えてから」の意味、「不体失」とは「肉体を失わずに」ということで「この世のいのちを生きながら」の意味、そして「往生」とは阿弥陀如来の浄土へと生まれることです。ですから、第十四条は端的に言って、「私達の浄土往生が生前であるのか死後であるのか」という問題を取り扱います。日常、善悪に縛られ、迷いながら生活を営む私達にとって往生がいつ定まるかは大きな問題でしょう。

第十四条の舞台は、親鸞が法然門下で学んでいた頃、すなわち越後流罪以前、若き親鸞の時代です。京都東山・吉水の法然門下でも、この問題について意見が分かれることがありました。

二、法文諍論

上人親鸞《しょうにんしんらん》のたまわく、先師聖人《せんししょうにん》源空《げんくう》の御《おん》とき、はかりなき法文諍論《ほうもんじょうろん》のことありき。善信《ぜんしん》は、念仏往生《ねんぶつおうじょう》の機《き》は体失《たいしつ》せずして往生をとぐという。小坂《こさか》の善恵房《ぜんねぼう》証空《しょうくう》は、体失してこそ往生はとぐれと云々《うんぬん》 この相論《そうろん》なり。ここに同朋《どうぼう》のなかに勝劣《しょうれつ》を分別《ふんべつ》せんがために、あまた大師聖人《だいししょうにん》源空の御前《ごぜん》に参《さん》じて申《もう》されていわく、善信御房《ぜんしんのおんぼう》と善恵御房《ぜんねのおんぼう》と法文諍論のことはんべりとて、かみくだんのおもむきを一々にのべ申さるるところに、大師聖人源空のおおせにのたまわく、善信房の体失せずして往生すと、たてらるる条《じょう》は、やがて、さぞと、御証判《ごしょうはん》あり。善恵房の体失してこそ往生はとぐれと、たてらるるも、また、やがて、さぞと、おおせあり。

〈現代語訳〉親鸞聖人が次のように仰った。「先師・源空〔法然〕上人御在世の時、〔私達には〕決着出来ない浄土の教えについての争論があった。善信〔親鸞〕は「念仏して浄土に生まれる者は、その身体が失われないままで浄土に生まれる」と言い、小坂の善恵房〔証空〕は「身体が失われて初めて浄土に生まれることが出来る」等と、これを互いに言い争った。その時、同じ門弟の中で、ことの優劣をはっきりさせたい多くの人が法然上人の前に参って申し上げた。「善信房〔親鸞〕と善恵房〔証空〕との間で浄土の教えについて争論が行われています」と、先のような事の次第を細かく説明したところ、法然上人は、「善信房が、身体を失わないままで浄土に生まれることはいかにももっともである」と御判定になり、また「善恵房が、身体が失われて初めて浄土に生まれることが出来ると主張されることもまた、いかにももっともである」と仰せられた。

善慧房《ぜんねぼう》証空《しょうくう》（一一七七〜一二四七）は、長く法然の下で教えを聞いた、吉水の中でも指折りの高弟、現在の浄土宗の西山派《せいざんは》を開いた名僧です。当時、法然門下には多くの僧侶が集っていましたが、その中でも証空は、法然の『選択本願念仏集』執筆の際、経文を確かめる重要な役割を果たすほどでした。しかし、同じ法然の門弟でしたが、証空と親鸞とでは念仏の教えの了解《りょうげ》に異なりがありました。それが「いつ浄土往生が定まるか」ということです。親鸞は「不体失往生」、つまりこの世のいのち生きながらにして浄土往生を遂げると了解し、証空は「体失往生」、つまりこの世のいのち終えてから浄土往生を遂げると了解していました。

この浄土往生の問題について法然は、親鸞の「不体失往生」は正しいし、そして証空の「体失往生」も正しいと言います。「体失往生」と「不体失往生」、それぞれ意味は大きく異なっているはずですが、法然はどちらもそうであろうと言うのです。ならば、法然の本意はどこにあるのでしょうか。

三、法然の了解

これによりて両方《りょうほう》の是非《ぜひ》わきまえがたきあいだ、そのむねを衆中《しゅじゅう》よりかさねてたずね申すところに、おおせにのたまわく、善恵房の体失して往生するよしのぶるは、諸行往生《しょぎょうおうじょう》の機《き》なればなり。善信房の体失せずして往生するよし申さるるは、念仏往生《ねんぶつおうじょう》の機《き》なればなり。如来教法《にょらいきょうぼう》元無二《がんむに》なれども、正為衆生機不同《しょういしゅじょうきふどう》なれば、わが根機《こんき》にまかせて領解《りょうげ》する条《じょう》、宿善《しゅくぜん》の厚薄《こうはく》によるなり。念仏往生は仏《ぶつ》の本願《ほんがん》なり。諸行往生は本願にあらず。

〈現代語訳〉このために、いずれが正しいとも誤っているとも判断することが出来ないので、その理由を集まった人達の中から重ねてお尋ねした時、〔法然上人は〕次のように仰った。「善恵房が「身体が失われてから浄土に生まれる」というのは、その人が念仏以外の行を修めて浄土に生まれようとするからであり、善信房が「身体が失われないままで浄土に生まれる」というのは、その人が念仏によって浄土に生まれようとするからである。如来の教えは元より一つのものではあるけれども、教えを受け取る者の側のもって生まれた性質の差異があるために、それぞれ自分の性質にしたがって理解するもので、これももって生まれた、過去世からの善の厚い薄いによるものである。念仏によって浄土に生まれるのは仏の本願であり、念仏以外の行によって浄土に生まれるのは仏の本願ではない。

「機」とは「機根」、衆生の性質のことです。「証空の往生理解も親鸞の往生理解も、それぞれ生来の性質で異なっており、その人によって往生の仕方が異なる」と法然は述べます。つまり、証空と親鸞では機根が異なっているからそれぞれの理解に差異があるのです。そして法然は次のように続けます。「但し、それぞれの往生理解はあるけれども、証空の体失往生は念仏以外の行で往生するから阿弥陀如来の本願にかなってはおらず、親鸞の不体失往生は本願にかなっている」と。

同じ教えを聞いたとしても、その了解が人によって異なるということは、私達にも頷《うなず》くことが出来るでしょう。ならば同じ法然門下であり、同じく法然の教えを聞いた二人でありながら、どうして証空が念仏以外の行（諸行）で往生し、親鸞が念仏で往生すると法然は指摘したのでしょう。その理由が次に続きます。

四、諸行往生と念仏往生

念仏往生には臨終《りんじゅう》の善悪《ぜんまく》を沙汰《さた》せず。至心信楽《ししんしんぎょう》の帰命《きみょう》の一心《いっしん》、他力《たりき》よりさだまるとき、即得《そくとく》往生《おうじょう》住《じゅう》不退転《ふたいてん》の道理《どうり》を、善知識《ぜんじしき》におうて、聞持《もんじ》する平生《へいぜい》のきざみに治定《じじょう》するあいだ、この穢《え》体亡失《たいもうしつ》せずといえども、業事成弁《ごうじじょうべん》すれば、体失《たいしつ》せずして往生すと、いわるるか。本願の文《もん》あきらかなり。かれをみるべし。つぎに諸行往生の機は、臨終を期し、来迎《らいこう》をまちえずしては、胎《たい》生辺地《しょうへんじ》までもうまるべからず。このゆえに、この穢体亡失《えたいもうしつ》するときならでは、その期《ご》するところなきによりて、そのむねをのぶるか。第十九《だいじゅうく》の願《がん》にみえたり。勝劣の一段におきては、念仏往生は本願なるについて、あまねく十方衆生《じっぽうしゅじょう》にわたる。諸行往生は、非本願《ひほんがん》なるによりて、定《じょう》散《さん》の機《き》にかぎる。本願念仏《ほんがんねんぶつ》の機《き》の不体失往生《ふたいしつおうじょう》と、非本願諸行往生《ひほんがんしょぎょうおうじょう》の機《き》の体失往生と、殿最懸《でんさいけん》隔《かく》にあらずや。いずれも文釈《もんしゃく》ことばにさきだちて歴然《れきぜん》なり。

〈現代語訳〉念仏によって浄土に生まれる際には、臨終の時の善悪を問題にしない。真実の心をもって疑いなく喜びねがう一心を、他力から与えられる時、ただちに浄土に生まれて二度と退転することがない身となるという道理を、正しく教えてくれる師に遇って聞き、忘れないように心にとめる平生の内に、この信心を確かなものとするから、〔親鸞は〕「この穢れた身体は失われないけれども、浄土に生まれるための因が完成するから、身体が失われないままで浄土に生まれる」と言われたものであろうか。このことは本願の文に明らかであるから、それを見るがよい。次に念仏以外の行によって浄土に生まれる人は、臨終を期して阿弥陀仏や菩薩達のお迎えを待つことが出来なければ、胎生・辺地にさえも生まれることが出来ない。こうしたわけだから、穢れた身体が失われる時でなければ、浄土に生まれることを期そうにも期するところがないために、〔証空は〕このように述べたのであろうか。これは第十九願に見られるものである。これについて優劣を判定するとすれば、念仏によって浄土に生まれることは、本願であるから、あまねく一切のものに及んでいるが、念仏以外の行によって浄土に生まれることは本願ではないから、ただ雑念をはらって心をこらすことが出来

る人や、善を修めることが出来る人に限られている。本願念仏を称える人が身体を失わないままで浄土に生まれるとする考えと、本願ではない行を修めて浄土に生まれる人が身体を失う時、初めて浄土に生まれるとする考えでは、天地の懸隔ではなかろうか。二つの解釈の優劣はいずれも、既に説明するまでもなく、歴然としている」。

「業事成弁《ごうじじょうべん》」とは、浄土に生まれる業因が成就することを言います。また、娑婆世界のことを浄土に対して穢土《えど》と言い、穢土で生きるこの身のことを「穢体《えたい》」と言います。この娑婆世界を生きる身のままで、浄土往生が定まることを「現生正定聚《げんしょうしょうじょうじゅ》」と言います。

更に「胎生《たいしょう》」とは母親の胎内のように心地良い場への生まれ、閉じこもり外へと開くことのない往生、「辺地《へんじ》」とは真実報土《しんじつほうど》の往生ではなく方便化土《ほうべんけど》の往生のことです。そして「第十九願」とは、『仏説無量寿経』の第十九願のことです。

たとい我、仏《ぶつ》を得《え》んに、十方《じっぽう》の衆生《しゅじょう》、菩提心《ぼだいしん》を発《おこ》し、もろもろの功徳《くどく》を修《しゅ》して、心《こころ》を至《いた》し願を発《おこ》して、我が国に生ぜんと欲《おも》わん。寿終《いのちお》わる時に臨《のぞ》んで、たとい大衆《だいしゅ》と囲繞《いにょう》してその人《ひと》の前《まえ》に現《げん》ぜずんば、正覚《しょうがく》を取《と》らじ。

〈現代語訳〉もし私が仏となった時、あらゆる世界の生きとし生けるものが、仏道を求める心をおこし、諸々の功徳を修め、真実の心をもって願いをおこして私の国に生まれたいと欲うだろう。いのち終わる時に臨んで、もし聖衆と共にその人の前に現れなければ、私は正覚《さとり》の身とはならない。

この願は古来「諸行往生の願」とされており、「修諸功徳《しゅしょくどく》の願」とか「臨終現前《りんじゅうげんぜん》の願」とも呼ばれます。

更に「殿最懸隔《でんさいけんかく》」とは大きくかけ離れていることです。

ここでは、「不体失往生」と「体失往生」が、「念仏往生」と「諸行往生」に展開して論じられます。親鸞は「念仏往生」、そして証空は念仏以外の行による往生、「諸行往生」であると法然は指摘したと記されます。すなわち、証空の「諸行往生」は、法然の教えた「念仏往生」とは異なっているということが表現されているのです。

ここで、「体失往生」を訴える証空は、浄土往生が臨終に定まるから、この第十九願を依り処として諸行を修める者であると法然は言うのです。確かに、念仏以外の行（諸行）で往生を願うのは、自力で善を修めることが出来る人に限られますから、他力念仏往生の人とは異なります。したがって、「念仏往生」と「諸行往生」とでは決定的な違いがあります。

言うまでもなく、法然の教えは第十八願に基づく「念仏往生」を標榜《ひょうぼう》しています。ですから、証空と親鸞いずれの了解も「もっともなことである」と判じながらも、念仏の教えを正しく聞いているのは親鸞であると法然は言います。

よって、法然門下における「親鸞対証空」という構造を示すこのエピソードでは、浄土真宗において「不体失往生」、「現生正定聚」が「念仏往生」の道理にかなっていることと、親鸞こそ法然の教えを正しく継承していることが訴えられているのです。

但し、証空は、「念仏には阿弥陀如来によるあらゆる善根功徳がそなわっているので、行者が自力の思いを離れるならば、念仏以外の諸行も念仏と異なるものではない」と理解しています。ですから、証空=諸行往生説とし、法然の教えとは異なると簡単に決めつけることは出来ません。この点には注意を要するでしょう。

五、おわりに

覚如は、臨終の善悪を問題にしない「不体失往生」こそ、一切の衆生を救う本願にかなった「念仏往生」であると見定めた法然を表現しました。

一方、「体失往生」はこの世のいのち終えてからの往生ですから、第十九願「臨終現前の願」の往生、臨終の際まで様々な善を修める「諸行往生」のあり方であると確かめました。つまり覚如は、「体失往生」と「不体失往生」にそれぞれ第十九願と第十八願の真意を緻密《ちみつ》に読み取ったのです。

以上から第十四条では、「浄土往生」という浄土真宗の重要な論点を伝えると共に、親鸞こそ法然の教えを正統に受け継いだということが表現されているのです。

第21講

第十五条・阿弥陀仏と諸仏（一）

一、根本の本尊

今回と次回は、二回にわたって第十五条を読み進め、浄土真宗の本尊である阿弥陀仏についての議論を確かめます。具体的には、阿弥陀仏と他宗の本尊がどのような関係にあるかが論点となります。浄土真宗の教義に関わる大切な条です。まず、タイトルです。

◆第十五条

一　真宗所立《しんしゅうしょりゅう》の報身如来《ほうじんにょらい》、諸宗通途《しょしゅうつうず》の三身《さんしん》を開出《かいしゅつ》する事《こと》。

〈現代語訳〉一、真宗で説かれる報身の如来が、諸宗で通常言われる三身を展開している事。

「三身」とは、仏の三つの身体で、大乗仏教で説かれる「法身《ほっしん》」「報身《ほうじん》」「応身《おうじん》」のことです。「法身」

は真理の身体の意で、言わば仏の本体です。「応身」は、あらゆる衆生を救済するため、それらに応じて現れる身体です。「報身」は、仏に成るための行を積み、その報いである功徳をそなえた仏身です。ですから、タイトルは、浄土真宗の本尊である阿弥陀仏が、他宗の本尊として展開し顕現《けんげん》しているという意です。

第十五条は、阿弥陀仏が根本の本尊であることを確かめ、浄土真宗そのものの正統を訴える営みと言えるでしょう。

弥陀如来《みだにょらい》を報身如来《ほうじんにょらい》とさだむること、自他宗《じたしゅう》をいわず、古来《こらい》の義勢《ぎせい》、ことふりんたり。されば荊渓《けいけい》は、「諸教所讃《しょきょうしょさん》多在弥陀《たざいみだ》」（止観輔行《しかんぶぎょう》）とものべ、檀那院《だんないん》の覚運和尚《かくうんかしょう》は、また「久遠実成《くおんじつじょう》弥陀仏《みだぶつ》 永異諸経之所説《よういしょきょうししょせつ》」（念仏宝号《ねんぶつほうごう》）と釈《しゃく》せらる。しかのみならず、わが朝《ちょう》の先哲《せんてつ》は、しばらくさしおく、宗師 異朝の善導大師《ぜんどうだいし》 の御釈《おんしゃく》にのたまわく、「上従海徳初際如来《かみかいとくしょさいにょらいより》、乃至今時釈迦諸仏《ないしこんじのしゃかしょぶつ》、皆乗弘誓《みなぐぜいにのりて》、悲智双行《ひちならべぎょうず》」（法事讃《ほうじさん》）と等《ら》、釈《しゃく》せらる。しかれば、海徳仏《かいとくぶつ》より本師《ほんじ》釈尊《しゃくそん》にいたるまで、番番出世《ばんばんしゅっせ》の諸仏《しょぶつ》、弥陀《みだ》の弘誓《ぐぜい》に乗《じょう》じて、自利利他《じりりた》したまえるむね、顕然《けんぜん》なり。

〈現代語訳〉阿弥陀如来を報身の如来と定めることは、自宗・他宗の差別なく、古来説かれてきた解釈であって、こと新しいものではない。だから荊渓は「どの教えも讃《たた》えている所は多く阿弥陀仏である」とも述べており、檀那院の覚運和尚は「はるか昔に阿弥陀仏と成られていることは、永く異なった諸々の経典が説くところ」と解釈されている。それればかりではなく、今、我が国の先哲はしばらくさしおくとして、浄土宗の師、中国の善導大師の御解釈に「上は最初の海徳仏より、下は今日の釈迦諸仏まで、皆広大な誓いに乗じて慈悲と智慧をならべ行じている」等と釈されている。したがって海徳仏から我が師釈尊に至るまで、代々世に出られた諸仏は、阿弥陀仏の広大な誓いに乗じて、自らを利し他を利することを行われたことは極めて明白である。

「荊渓《けいけい》」とは唐代中国天台宗の荊渓湛然《たんねん》（七一一～七八二）のことです。また、「檀那院の覚運《かくうん》和尚」とは平安中期の天台宗の覚運（九五三～一〇〇七）のことで、恵心流《えしんりゅう》の祖である源信《げんしん》と共に、檀那流《だんなりゅう》の祖とされています。覚如は、中国天台と日本天台の二人の高僧が、諸教・諸経を通して、阿弥陀仏を讃えていると指摘します。これによって、浄土真宗に限らず、他宗の高僧も、浄土真宗の本尊である阿弥陀仏が、久遠の昔に成仏されていると称讃していることを確かめる覚如の意趣を窺《うかが》うことが出来ます。章の冒頭で覚如は、天台の高僧の説から、阿弥陀仏と諸仏の関係をおさえるのです。

続いて、阿弥陀仏と諸仏の関係が、浄土真宗の祖師・善導《ぜんどう》の解釈によって確かめられます。この善導の解釈は、『法事讃』という著作から引用されています。この文によって、海徳仏以来釈尊に至るまで、諸仏はすべからく、阿弥陀仏の広大な誓いを成就するために、自らを利し他を利する仏道を歩んだことが明かされます。

しかし、それだけに留まらず、覚如は自宗の祖師・善導の言葉を、前述の他宗の覚運の了解《りょうげ》に照らし返します。

二、善導を依り処として

覚運和尚《かくうんかしょう》の釈義《しゃくぎ》、釈尊《しゃくそん》も久遠正覚《くおんしょうがく》の弥陀《みだ》とあらわさるるうえは、いまの和尚《かしょう》の御釈《おんしゃく》にえあわすれば、最初海徳以来《よりこのかた》の仏仏《ぶつぶつ》も、みな久遠正覚《くおんしょうがく》の弥陀の化身《けしん》たる条《じょう》、道理文証必然《どうりもんしょうひつぜん》なり。「一字一言加減《いちじいちごんかげん》すべからず。ひとつ経法《きょうぼう》のごとくすべし」（散善義意《さんぜんぎい》）と、のべまします光明寺《こうみょうじ》のいまの御釈は、もっぱら仏経《ぶっきょう》に准《じゅん》ずるうえは、自宗《じしゅう》の正依経《しょうえきょう》たるべし。

〈現代語訳〉覚運和尚の解釈に「釈尊も元々ははるか昔にさとりを開かれた阿弥陀仏である」とあらわされているから、これを今の〔善導〕和尚の御解釈と併せて照らすと、最初の海徳仏以来の諸仏も、全てはるか昔にさとりを開かれた阿弥陀仏の化身であるということは、道理の上からも、経典の証拠の上からも当然なことである。「一字一語も加えたり、減らしたりしてはならない。同じ経典の教義のように受け止めなければならない」と述べておられる光明寺の〔善導〕和尚のこの御解釈は、偏《ひとえ》に経典に準じているので、これも我が浄土真宗の直接の依り処となる経典とみるべきである。

ここで覚如は、自宗の説と他宗の説を符合させます。覚運の了解と善導の教えとを併せて、諸仏の歴史を繙《ひもと》くと、全ての仏が阿弥陀仏の化身であったと記すのです。そしてその意味を、阿弥陀仏の誓いを成就するために仏道を歩んだ諸仏とは、実は阿弥陀如来の化身なのだとおさえるのです。つまり、覚如はこの段で浄土真宗が他宗の教えと一貫した道理であって異なってはいないことを訴えているのです。このように、一見異なっているような教えながら、本来的には同じ道理を説いていることを確かめる営みを、古来「会通《えつう》」と言います。

覚如はその上で、「仏が説いた言葉を一言も加えたり減らしたりもせずに受け止める」姿勢の善導の言葉は依り処とするに相応しいと宣言します。ここでは、覚如の巧みな仏典理解を窺うことが出来るでしょう。そして、覚如は更に証明を続けます。

三、阿弥陀如来の化身

傍依《ぼうえ》の経《きょう》にまたあまたの証説《しょうせつ》あり。『楞伽経《りょうがきょう》』にのたまわく、「十方諸刹土衆生菩薩中《じっぽうしょせつどしゅじょうぼさつちゅう》　所有《しょう》法報身《ほっぽうしん》　化身及変化《けしんぎゅうへんげ》　皆従無量寿《かいじゅうむりょうじゅ》　極楽界中出《ごくらくかいちゅうしゅつ》」文《もん》とときけり。また『般舟経《はんじゅきょう》』にのたまわく、「三世諸仏念弥陀三昧成等正覚《さんぜしょぶつねんみださんまいじょうとうしょうがく》」ともとけり。諸仏自利利他《しょぶつじりりた》の願行《がんぎょう》、弥陀《みだ》をもってあるじとして、分身遣化《ふんじんけんけ》の利生方便《りしょうほうべん》をめぐらすこと、掲焉《いちじる》し。これによりて、久遠実成《くおんじつじょう》の弥陀《みだ》をもって、報身如来《ほうじんにょらい》の本体《ほんたい》とさだめて、これより応迹《おうしゃく》をたるる諸仏通総《しょぶつつうそう》の法《ほっ》・報《ぽう》・応等《おうとう》の三身《さんしん》は、みな弥陀《みだ》の化用《けゆう》たり、ということをしるべきものなり。

〈現代語訳〉また、間接的に依り処とする経典にも多くの証拠になる説明がある。『楞伽経』には「十方の諸仏の浄土の衆生や菩薩の中に〔姿を〕現される法身・報身・化身及び変化身の全ては、無量寿仏の極楽世界の中から出現された」と説いている。また『般舟三昧経』には「〔過去・現在・未来の〕三世の諸仏は阿弥陀仏を念ずる三昧によってさとりを開かれた」とも説いている。諸仏が自らを利し他を利することを願い行じるのは、諸仏が阿弥陀仏を主とし、その分身として教化《きょうけ》救済のために遣《つか》わされたからで、そのために全てのものを救おうと手だてをめぐらしていることは、極めて明白である。これによって、はるか昔に成仏した阿弥陀仏を報身如来の本体と定め、これから様々な機縁に応じて仮に姿を現された諸仏、総じて言えば法身・報身・応身の三身は全て、阿弥陀仏の化身のはたらきであるということを知らなければならない。

この段で覚如は、あえて浄土教経典ではなく、他の経典を依用し、阿弥陀仏こそ根本本尊であることを訴えます。『楞伽経』の「全ての化身は、無量寿仏すなわち阿弥陀仏の極楽世界から生じている」という文、『般舟三昧経』の「三世の諸仏は阿弥陀仏を念ずる三昧によってさとりを開かれた」という文を引用することによって、諸仏が仏道事業を実践することは、阿弥陀仏の手だてなのであると言うのです。そして、これらの経典の言葉で、阿弥陀仏を「報身如来の本体」、仏身の根本の「法身」であると、阿弥陀仏と諸仏の関係を覚如は見定めるのです。この関係から、諸仏は、阿弥陀仏の分身であるので、仏の三身全ては阿弥陀仏のかりそめのはたらきであるという論へと展開します。

ならば、その「三身」とは一体何を表すのでしょうか。

四、報身の弥陀

しかれば報身《ほうじん》という名言《みょうごん》は、久遠実成《くおんじつじょう》の弥陀《みだ》に属《ぞく》して、常住法身《じょうじゅうほっしん》の体《たい》たるべし。通総《つうそう》の三身《さんしん》は、かれよりひらきいだすところの浅近《せんごん》の機《き》におもむく所の作用《さゆう》なり。されば聖道難行《しょうどうなんぎょう》にたえざる機《き》を如来出世《にょらいしゅっせ》の本意《ほんい》にあらざれども、易行易修《いぎょういしゅ》なるところをとりどころとして、いまの浄土教《じょうどきょう》の念仏三昧《ねんぶつざんまい》をば衆機《しゅき》にわたしてすすむるぞと、みなひとおもえるか。いまの黒谷《くろだに》の大勢至菩薩《だいせいしぼさつ》化現《げん》の聖人《しょうにん》より代代血脈相承《だいだいけつみゃくそうじょう》の正義《しょうぎ》におきては、しかんはあらず。海徳仏《かいとくぶつ》よりこのかた釈尊《しゃくそん》までの説教出世《せっきょうしゅっせ》の本意《ほんい》、久遠実成弥陀《くおんじつじょうみだ》のたちどより、法蔵正覚《ほうぞうしょうがく》の浄土教《じょうどきょう》のおこるをはじめとして、衆生済度《しゅじょうさいど》の方軌《ほうき》とさだめて、この浄土《じょうど》の機法《きほう》、ととのおらざるほど、しばらく在世《ざいせ》の権《ごん》機《き》に対《たい》して、方便《ほうべん》の教《きょう》として、五時《ごじ》の教《きょう》をときたまえりと、しるべし。たとえば月《つき》まつほどの手《て》すさみの風情《ふぜい》なり。

〈現代語訳〉こうしたわけであるから、報身という名称ははるか昔に成仏した阿弥陀仏に属するもので、永遠に存在する法身の本体でなければならない。総じて一般に言われる三身は、阿弥陀仏から展開し出現された、浅薄な素質の者に応じたはたらきである。であるから、聖道門《しょうどうもん》の難行《なんぎょう》にたえることの出来ない者のために、仏がこの世に出現された本意ではないけれども、行い易く修し易いという点を依り処として、この浄土教の念仏三昧を全ての者に与えて勧めたと、人々は考えているのであろうか。しかし、大勢至菩薩の化身である黒谷の〔法然〕上人より代々相伝えてきた正しい教えにおいてはそうではない。海徳仏以来、釈尊までの諸仏の教えや世に出現された本意は、はるか昔に成仏している阿弥陀仏の救いを説くことにある。阿弥陀仏があえて法蔵菩薩となってさとりを開かれて浄土の教えをおこされたのを始まりとして、そのいわれを説くことを、衆生を救うための方法と定めたが、この浄土の教えとそれを聞く者の素質が整わないため、しばらくは釈尊在世の時の教えを聞く能力しかない者に、方便の教えとして五時の教えを説かれたと知らなければならない。例えばそれは、「月見の宴で月が出るのを待っている間のてなぐさみ」といった程度の教えである。

冒頭で確かめた通り、「三身」とは仏陀の三つの身体、法身・報身・応身のこと、その内「法身」は真理の身体の意で、言わば仏の本体です。「久遠実成」とは、遡《さかのぼ》ることの出来ないほど昔に既に成仏し、今、正に成仏しているという意味です。そもそも阿弥陀仏ははるか昔に成仏し今、正に仏に成っていますから、法身であり本体と言えます。すると、報身も応身も法身たる阿弥陀仏から展開する身体であり、三身全てが阿弥陀仏なのです。

しかしながら、浄土教は南無阿弥陀仏と称えて浄土に往生するという「易行《いぎょう》」の仏道です。「難行《なんぎょう》」を修めることが出来ない生来の性質の劣った者のために称名念仏《しょうみょうねんぶつ》という易しい行を回向したから、浄土教は劣った者のための教えだという誤った理解がありました。覚如は、その誤った浄土教理解を正して、称名念仏はあらゆる衆生を救うために称名念仏を回向したと述べます。

このような従来の念仏理解を覆《くつがえ》して、そのことを明らかにした人こそ、黒谷の法然でした。法然が大勢至菩薩の化身であると確かめたのは、『口伝鈔』第十二条に記されている通り（本書、第18講参照）です。三身が全て阿弥陀仏より開かれたものである以上、海徳仏以来、釈尊に至るまでのあらゆる諸仏がこの世に生まれ出た本当の意味は、阿弥陀仏が開いた浄土教を説きひろめるためだったと言えるでしょう。その久遠実成の阿弥陀仏が、あえて法蔵菩薩になってさとりを開き、私達に念仏の教えを伝えるのです。

ならば、浄土教こそ真実の教えであったとして、どうして他の諸仏が生まれ出て、釈尊は浄土教以外の仏道を説きひろめたのでしょうか。そのことが前半の最後に記されます。

浄土の教えは間違いなく真実ではあるのですが、それを聞く私達衆生に問題があります。具体的に言えば、聞く私達の側に、真実の教えをそのままに聞く能力がないのです。そのために、諸仏が出世し、真実の教えだけではなく、そこから展開して方便の教えが説かれるのです。そのことが、ここでは「五時の教え」として記されています。

「五時の教え」とは、釈尊の成道から入滅までの一代の説法を華厳時《けごんじ》・鹿苑時《ろくおんじ》・方等時《ほうとうじ》・般若時《はんにゃじ》・法華涅槃時《ほっけねはんじ》に分けて体系づけた区分です。この「五時の教え」で釈尊一代の教え全てを表現します。覚如は、それらの教えは全て阿弥陀仏の教えを聞くに至るまでに必要な方便の教えであると理解します。

今回は、第十五条の前半を読み進めて、阿弥陀仏と諸仏との関係を尋ねました。この条が、阿弥陀仏の「出世本懐《しゅっせほんかい》」（この世に生まれ出た本当の意味）が、あらゆる衆生を救済するためであり、浄土真宗こそ根本的な宗教であることを訴えるために立てられたことが推察出来ます。

第22講

第十五条・阿弥陀仏と諸仏（二）

一、はじめに

今回は、第十五条後半を読み進めます。前回と同じく阿弥陀仏と諸仏の関係について言及する箇所なのですが、前半とは少し切り口が異なり、浄土真宗の正依《しょうえ》の経典である浄土三部経の内容を吟味した上で確かめていくスタイルをとっています。

浄土三部経については、『仏説無量寿経（大無量寿経・大経《だいきょう》）』『仏説観無量寿経（観経《かんぎょう》）』『仏説阿弥陀経（小阿弥陀経・阿弥陀経・小経《しょうきょう》）』という次第でその概要が確かめられます。この浄土三部経は、救う教え（法）と救われるもの（機）がそれぞれ異なります。早速その内容を読み進めましょう。

二、『仏説無量寿経』の意趣

◆第十五条（承前）

いわゆる三経《さんぎょう》の説時《せつじ》をいうに、『大無量寿経《だいむりょうじゅきょう》』は、法《ほう》の真実なるところをときあらわして、対機《たいき》はみな権機《ごんき》なり。

〈現代語訳〉いわゆる浄土三部経が説かれた時（など）について言うと、『大無量寿経』は、教えとしては真実究極《きゅうきょく》の法を説きあらわしたもので、その教えを聞く対象は仏が仮《かり》に姿を現したものである。

まず初めに『仏説無量寿経』の意趣が記されます。『仏説無量寿経』は『大無量寿経』『大経』とも呼ばれます。この経典には阿弥陀仏が、十方衆生を救済するために法蔵菩薩となって第十八願「念仏往生の願」を根本とした四十八願（本願）を建立したことが説かれているので、『大経』こそが称名念仏《しょうみょうねんぶつ》の根源の真実なる法を説いているのです。

親鸞も『教行信証』の初頭に、

大無量寿経　真実の教
　　　　　　浄土真宗

と記し、『大経』こそ真実の教えが説かれており、この経典によって浄土真宗が成り立つことを訴えています。

ここで「権機」とは、仏が仮に姿を現してはたらいていることを意味します。具体的に『大経』で言うと、「南無阿弥陀仏」を支える第十八願「念仏往生の願」が説かれており、これが真実の教え（法）です。一方、教えがはたらくもの（対機）としては、仮に仏が菩薩等の姿となって念仏の教えを聞いています。つまり『大経』で教えを聞くのは単なる衆生ではなく、仏と同じ徳をそなえた方々なのです。よって、『大経』では釈尊が仮に菩薩等として姿を現した諸仏に向かって、本願念仏という真実の教えを説いていると覚如は理解しています。

この『大無量寿経』を基点として、『仏説観無量寿経』と『仏説阿弥陀経』が展開していきます。

三、『仏説観無量寿経』の意趣

『観無量寿経《かんむりょうじゅきょう》』は、機《き》の真実なるところをあらわせり。これすなわち実機《じっき》なり。いわゆる五障《ごしょう》の女人《にょにん》韋提《いだい》をもって対機《たいき》としてとおく末世《まっせ》の女人《にょにん》、悪人《あくにん》にひとしむるなり。

〈現代語訳〉『観無量寿経』は、救われる対象の真実の姿を説きあらわしている。教えを聞く対象は、そのまま仏が救うべきものである。いわゆる五障をそなえた女性である韋提希夫人《いだいけぶにん》を教えを説く対象とすることによって、遠く末世の女性や悪人〔であると自覚する人〕をひとしく救う〔代表とする〕のである。

『仏説観無量寿経』は『観経』とも呼ばれます。「韋提」とは「韋提希夫人」のことで、『観経』の主人公です。「五障」とは、女性に加えられた五種のさわりを言います。古来、女性は梵天王《ぼんてんのう》・帝釈天《たいしゃくてん》・魔《ま》王《おう》・転輪聖王《てんりんじょうおう》・仏身《ぶっしん》になれないと言われました。女性はまた、幼い時は父に従い、嫁いでは夫に従い、老いては子に従うという従属的地位にあって指導者になれないと考えられていて、これを「三従《さんしょう》」と言います。「五障」「三従」、いずれも差別の言葉の要素を含んでいるように見受けられます。ならば、どうして仏教でこの言葉が伝わったのでしょうか。そもそも、これは釈尊が世に出現する以前からインドにあった女性蔑視の考え方に基づいているようです。それが、あたかも仏教の真理であるかのように中国、朝鮮、日本へと伝わったという歴史があります。どれほど差別の意図がなくとも、「女性は五障・三従であって、男性より罪深い身である」と強調される表現は、大きな間違いを孕《はら》んでいます。ですから、私達はこの言葉についてよほど気をつけて考えなければなりません。

ここでは、韋提希が女性や末世に生きる人達の代表として念仏の教えを聞いたことが説かれています。つまり、韋提希はその時（釈尊在世時）だけではなく、その後の末代を生きる私達凡夫の代表として聞いているのです。

『観経』では、マガダ国の頻婆娑羅王《びんばしゃらおう》と韋提希夫人が、その王子である阿闍世《あじゃせ》のクーデターによって、その首都王舎城に幽閉されます。王は幽閉中に死に至り、憂《うれ》いにやつれた韋提希は釈尊に救いを求めます。この事件を通して韋提希は自分自身の問題に直面します。そこで、釈尊は神通力をもって十方世界の浄土を示現《じげん》すると、韋提希は阿弥陀仏の浄土を選びます。すると釈尊は心を凝《こ》らして修める善（定善《じょうぜん》）と心を散り散りにしたままで修める善（散善《さんぜん》）を説きます。その釈尊の教えの中で、罪業を積み重ねた極悪最下の者のために本願念仏が説かれます。この一連の事件がいわゆる「王舎城の悲劇」です。

このように『観経』では、定善・散善いずれも自力で修めることが出来ない煩悩具足の凡夫という自身の姿を知らせ、本願念仏に引き入れるための方便の教えが説かれています。ですから、「『観無量寿経』は、機の真実なるところをあらわせり。これすなわち実機なり」として、『観経』が、念仏によって救われる者（機）である私達に自力を尽くすことが出来ないという自身の本当の姿を教える経典であると、覚如は理解を示しています。

四、『仏説阿弥陀経』の意趣

『小阿弥陀経《しょうあみだきょう》』は、さきの機法《きほう》の真実をあらわす二経《にきょう》を合説《がっせつ》して、「不可以少善根福徳因縁得生彼国《ふかいしょうぜんごんふくとくいんねんとくしょうひこく》」と等《ら》、とける。無上大利《むじょうだいり》の名願《みょうがん》を、一日七日《いちにちしちにち》の執持名号《しゅうじみょうごう》にむすびとどめて、ここを証誠《しょうじょう》する諸仏の実語《じつご》を顕説《けんせつ》せり。これによりて「世尊説法時将了《せそんせっぽうじしょうりょう》」（法事讃《ほうじさん》）と等《ら》、釈《しゃく》光明寺《こうみょうじ》しましまします。一代《いちだい》の説教《せっきょう》、むしろをまきし肝要《かんよう》、いまの弥陀《みだ》の名願《みょうがん》をもって、附属流通《ふぞくるずう》の本意《ほんい》とする条《じょう》、文《もん》にありてみつべし。いまの三経《さんぎょう》をもって、末世造悪《まっせぞうあく》の凡機《ぼんき》にときき（か）せ、聖道《しょうどう》の諸教《しょきょう》をもっては、その序分《じょぶん》とすること、光明寺《こうみょうじ》の処処《しょしょ》の御釈《おんしゃく》に歴然《れきぜん》たり。

〈現代語訳〉『小阿弥陀経』は前に示された、真実の教えとその教えを聞く対象を表した、（『大無量寿経』と『観経』）二つの経の意を合わせて、「少しばかりの善根や福徳によって、かの国に生まれることは出来ない」などと説いている。そしてこの上ない大きな利益をもたらす阿弥陀仏の本願の名号を、一日あるいは七日の数の多少を問わない称名念仏として結実させて、この名号を称えることによって浄土に生まれることを証明した諸仏の言葉をはっきりと示したのである。これによって「世尊（釈尊）の説法の時は正に終わった」と、光明寺〔の善導大師〕は解釈しておられる。〔釈尊が〕生涯にわたって説かれた教えの肝要を、むしろを巻くが如くに〔ここに説き示されて〕、この阿弥陀仏の本願の名号をもって世に託し与え、広めようとした本意については、経文に当たって見るとよい。今の浄土三部経をもって、末世の悪を造る凡夫に説き聞かせ、聖道門の様々な教えをもって、この〔浄土三部経の〕序とすることは、光明寺〔善導大師〕の御解釈の随所に歴然としている。

『仏説阿弥陀経』は『小経』とも呼ばれますが、ここでは『大無量寿経』に対して『小阿弥陀経』と呼ばれます。『阿弥陀経』は称名念仏の大切さが訴えられ、しかも他方の世界の諸仏が「南無阿弥陀仏」を勧めていることが明かされている経典です。

具体的には、私達の修める善が「少善根福徳の因縁では阿弥陀如来の浄土に生まれることは出来ない」と退けられ、一日から七日の念仏が往生の行であるとして説き明かされます。その上で、東南西北上下六方の諸仏がそれぞれ、釈尊が五濁悪世《ごじょくあくせ》に出現してさとりを開き煩悩にまみれた人々に一切世間難信の法を説かれたと讃嘆します。

こうして『阿弥陀経』では、『大経』に説かれた真実の法によって、『観経』に説き明かされた煩悩具足の凡夫が救われていくという第十八願念仏往生の願の意義を諸仏が正しいものであると証明し讃嘆する経典であるという覚如の理解が記されます。

浄土三部経それぞれの意趣が記された後、続けて善導の『法事讃』の言葉が繙《ひもと》かれます。『法事讃』は『阿弥陀経』を読誦《どくじゅ》して仏座の周囲を繞《めぐ》り、浄土を願生《がんしょう》する仏事の規範を著した書ですから、『阿弥陀経』こそ釈尊一代の説教の総まとめであり、阿弥陀如来の本願の肝心要が記されているということになります。「むしろをまきし肝要」とは「席捲《せっけん》」の意で、釈尊一代の説教全ての肝要を意味します。つまり、『阿弥陀経』によって、釈尊一代の教えの要が「南無阿弥陀仏」の名号として、世の人々にあまねく広がると覚如は記しているのです。

そして、浄土三部経全体は、末世の極悪深重《ごくあくじんじゅう》の私達に本願念仏の教えを説いており、その上浄土教以外の多くの聖道の教えは浄土三部経への入り口、方便の教えとすることは、善導の様々な理解の随所に記されていて明らかであると覚如は述べます。よって、諸仏がこの世に出現する本意は、どこまでも阿弥陀仏の本願念仏を説き広めることにあることが分かり、阿弥陀仏と諸仏の関係がここに明かされるのです。

以上から、覚如が浄土三部経を読み解く際には、徹底して善導の眼を通していることを窺うことが出来ます。

五、諸仏出世の本意

ここをもって諸仏出世《しょぶつしゅっせ》の本意《ほんい》とし、衆生得脱《しゅじょうとくだつ》の本源《ほんげん》とする条《じょう》、あきらかなり。いかにいわんや、諸宗出世《しょしゅうしゅっせ》の本懐《ほんかい》とゆるす『法華《ほっけ》』において、いまの浄土教《じょうどきょう》は、同味《どうみ》の教《きょう》なり。『法華』の説時《せつじ》、八箇年中《はっかねんじゅう》に王宮《おうぐう》に五逆発現《ごぎゃくほつげん》のあいだ、このときにあたりて、霊鷲山《りょうじゅせん》の会座《えざ》を没《もっ》して、王宮《おうぐう》に降臨《ごうりん》して、他力《たりき》をとかれしゆえなり。これらみな、海徳《かいとく》以来《いらい》乃至《ないし》釈迦《しゃか》一代《いちだい》の出世《しゅっせ》の元意《がんい》、弥陀《みだ》の一教《いっきょう》をもって本《ほん》とせらるる太都《たいと》なり。

〈現代語訳〉これをもって、諸仏が世に出現した本意とし、世の人々が救われる本源とすることは明らかである。こうしたわけであるから、まして諸宗がひとしく、〔仏が〕世に出現した本意を示すものと認める『法華経』と、今の浄土の教えは、全く同一の教えである。〔それは〕法華経の説かれた八年の間に、王舎城の王宮に五逆の罪を犯した事件が発生したので、この時に当たって〔仏は『法華経』を説いていた〕霊鷲山《りょうじゅせん》での説法の座から姿を消して王舎城内に現れ、他力の教えを説かれたものだからである。これらは皆、海徳仏より以来、釈尊に至るまでの諸仏が世に出現した生涯の素意であって、阿弥陀仏の教えだけを根本とせられた大筋〔を示したもの〕である。

『法華経』は、釈尊が最晩年の八年の間に説いた教えであって、天台宗等の諸宗では釈尊が世に出現した本意を表した教えであるとされています。しかし、『観経』における「王舎城の悲劇」が起こったのがやはり釈尊の最晩年の時期であるとされていることから、『観経』と『法華経』が説かれるタイミングが同時であり、『観経』もやはり最高の教えであると覚如は訴えます。

そして、海徳仏以来の諸仏が世に出現した意義は、この阿弥陀仏の教えを説くことにあると確かめて、覚如は第十五条を結ぶのです。

六、おわりに

前回と今回の二回にわたって、阿弥陀仏と諸仏の関係を確かめました。阿弥陀仏の本願が全ての根源であることから、諸仏はすべからくその本願を成就するために世に出現したということを、仏身と経典二つの側面から覚如は確かめました。覚如のこの姿勢には、阿弥陀仏とその本願への深い信順があります。この条ではそれと同時に、経典を読み解く際に徹底して善導の視点を通している覚如を窺《うかが》うことが出来ます。

浄土三部経の一つひとつを確かめると、『大経』は衆生を救う本願念仏が真実の教えであることを説き、『観経』は本願念仏が救う対象である衆生に、自力かなわぬ自身の真実の姿を教え、『阿弥陀経』は本願念仏こそ真実の教えであることを諸仏が証明し讃嘆しています。

よって、浄土三部経は『大経』が根源にあり、それから『観経』と『阿弥陀経』が展開するという構造を有しています。ですから、『観経』と『阿弥陀経』は、本願念仏へと私達を引き入れるための方便の教えと位置づけられるのです。

この覚如の浄土三部経理解を通すならば、諸仏の出世本懐（この世に出現する本当の意味）は、どこまでも阿弥陀仏の本願を証明し、この世界に念仏を普及させる点にあることに頷《うなず》かされるでしょう。

第23講

第十六条・親鸞が流した涙（一）

一、はじめに

今回読み進める第十六条は、親鸞の行実が記されています。親鸞とその弟子・覚信房《かくしんぼう》とのやりとりから、浄土真宗の教義を読み解く内容になっています。今回は前半の親鸞と弟子のやりとりを読み進め、次回は後半の覚如による教義の吟味をしていきます。

具体的には、京都に在住していた晩年の親鸞のもとに、関東の門弟である覚信房が病をおして訪問し、そして命終《みょうじゅう》を迎える時の出来事です。とりわけ、念仏者・覚信房の姿勢を聞いた親鸞が流した涙の意味に注目していきます。まずはタイトルです。

二、選択本願の行信

一　信《しん》のうえの称名《しょうみょう》の事《こと》。

〈現代語訳〉一、信の上の称名念仏の事。

浄土教においては、「南無阿弥陀仏」を称える称名念仏が何より大切な行であるとされます。例えば、法然はその著『選択本願念仏集《せんじゃくほんがんねんぶつしゅう》』の劈頭《へきとう》に、

南無阿弥陀仏《なむあみだぶつ》　往生之業《おうじょうしごう》 念仏為本《ねんぶついほん》

と記しています。すなわち、「南無阿弥陀仏」を称えることが浄土往生の行《おこな》いであり、この称名念仏こそが全ての根本となると宣言しているのです。法然は従来あった数ある仏道修行の一つに過ぎなかった称名念仏の行を、阿弥陀如来が選び取った本願の行「選択本願念仏」であると見極め、専ら称名念仏を修めること（専修念仏《せんじゅねんぶつ》）の大切さを訴えました。これは『選択本願念仏集』という書名にある通りです。ですから、法然の弟子達もそれぞれの了解《りょうげ》の下、この称名念仏を大切にしました。

数ある法然の門弟の中にあって、親鸞もやはり称名念仏を大切にしましたが、念仏と共に信心を重視したのです。

　およそ誓願《せいがん》について、真実《しんじつ》の行信《ぎょうしん》あり、また方便《ほうべん》の行信あり。その真実の行願《ぎょうがん》は、諸仏称名《しょぶつしょうみょう》の願《がん》なり。その真実の信願《しんがん》は、至心信楽《ししんしんぎょう》の願なり。これすなわち選択本願《せんじゃくほんがん》の行信なり。

〈現代語訳〉総じて〔阿弥陀如来〕の誓願について、真実の行と信があり、また方便の行と信がある。そ

の真実行の願は〔第十七願〕諸仏称名の願である。その真実信の願は〔第十八願〕至心信楽の願である。これがつまり、選択本願の行信である。

親鸞は『教行信証《きょうぎょうしんしょう》』の「行巻」にこのように記します。法然は「念仏とは選択本願念仏である」と見極めましたが、親鸞は法然が大切にしたこの「選択本願念仏」を「選択本願の行信」とおさえ直したのです。その上で、親鸞は「選択本願の行信」である「真実の行」と「真実の信」はそれぞれ第十七願「諸仏称名の願」と第十八願「至心信楽の願」によって支えられ、しかも不離の関係にあるとしました。つまり、単に「南無阿弥陀仏」と称えるだけでなく、信心と念仏が伴ってこその「選択本願念仏」であると親鸞は了解したのです。よって、タイトルに掲げられる「信の上の称名のこと」とは、親鸞独自の「選択本願の行信」を、覚如が改めておさえ直した表現とも言えるでしょう。

三、覚信房という人物

聖人《しょうにん》親鸞《しんらん》の御弟子《おんでし》に、高田《たかだ》の覚信房《かくしんぼう》太郎入道《たろうにゅうどう》と号《ごう》すというひとありき。重病《じゅうびょう》をうけて御坊中《おんぼうちゅう》に獲麟《かくりん》にのぞむとき、聖人親鸞入御《じゅぎょ》ありて危急《ききゅう》の体《てい》を御覧《ごらん》ぜらるるところに、呼吸《こきゅう》のいきあらくして、すでにたえなんとするに、称名《しょうみょう》おこたらず、ひまなし。

〈現代語訳〉親鸞聖人のお弟子に高田の覚信房〈太郎入道と名のった〉という人があった。重病にかかって、聖人のお住まいでなくなろうとした時、親鸞聖人がお部屋におはいりになって、危篤《きとく》の様子を見守っておられたところ、息もあらく既に絶《た》えようとしているのに、称名念仏を一時も怠《おこた》ることがなかった。

「獲麟《かくりん》」とは物事の終わりのこと、ここではいのちを終えることを言います。「高田の覚信房太郎入道」は下野国《しもつけのくに》高田の住人で、いわゆる「高田門徒《たかだもんと》」の一人でした。

一二五六（建長八）年五月二十八日に親鸞が覚信房に宛てた手紙が残っていますが、その手紙の結びに、

いのち候《そうら》わば、かならずかならずのぼらせ給うべく候う。

〈現代語訳〉このいのちある内、必ず必ず上京なさって下さい。

とあります。この文章の通り、覚信房は下野国から十余箇国の境を越えて、京都に住む親鸞を訪ねたとされます。しかしながら覚信房は、上京の途中で病気に罹《かか》ったようです。しかもそれが相当重い病であったために、同行者は覚信房の体調を心遣い、郷里へ戻るように勧めました。しかし、覚信房はその勧めを振り切り上京しました。そして、親鸞に面会して覚信房は、

死するほどのことならば、かえるとも死し、とどまるとも死し候わんず。また、やまいはやみ候わば、かえるともやみ、とどまるともやみ候わんず。おなじくは、みもとにてこそおわり候わばおわり候わめとぞんじて、まいりて候うなり。

〈現代語訳〉死ぬほどの状態ならば、〔郷里へ〕帰っても死ぬし、〔ここに〕逗留《とうりゅう》しても死ぬでしょう。また、病気が回復するならば、〔郷里へ〕帰っても回復し、〔ここに〕逗留しても回復するでしょう。同じならば、〔親鸞聖人〕の御許で〔このいのち〕終わるならば終わろうとして参上しました。

と述べたとされます。これほどの覚悟で親鸞に会うために覚信房は上京したのです。

この覚信房の姿勢は「二河白道《にがびゃくどう》の譬喩《ひゆ》（二河譬《にがひ》）」を髣髴《ほうふつ》とさせる覚悟です。「二河譬」とは、善導の制作した『観経疏《かんぎょうしょ》』に記される念仏の行者の譬えです。以下にその内容を記します。


ある人（念仏の行者）が東岸から西岸へと歩もうとするが、その間に北に水の河、南に火の河があり、真ん中に細く白い道が繋《つな》がっている。これを見てその人は「この河は南と北にどこまでものびていて、渡れる岸が見えない。火と水が出合うところに一すじの白い道が見える。これは極めて細く狭い。二つの岸は近いけれども、何を頼りとして行けばよいのか。今日、きっと死ぬだろうということは疑いようがない。引き返してかえろうとすると、賊の群れと恐ろしい獣がじわじわと逼《せま》り来ている。南北に避けて走ろうとすると、恐ろしい獣と毒虫達がわれ先にと来て、私に向かう。西に向かって道をたどって行こうとするとこの水火の二つの河に堕ちるであろう」と言う。

そしてその人は深く決意する。「私は今、かえるならば死ぬだろう、留まるならば死ぬだろう、行くならば死ぬだろう。どれも死をまぬかれられないなら、私は覚悟を決めてこの道をたどって前に向かって行こう。既にこの道がある。必ず間違いなく渡ろう」と。

このように思いが定まった時、東の岸に忽然と人の勧める声が聞こえる。「君よ、迷うことなく心を決めてこの道をたどって行きなさい。決して死の難はないであろう。もしたちどまるなら、たちどころに死ぬであろう」と。

また、西の岸の上に人がいて、喚び続けて言った。「汝《なんじ》よ、一心に正念にして、まっ直《す》ぐに来なさい。何があっても私が汝を護ろう。水や火の難に堕することを決して畏《おそ》れてはならない」と。
この人はこちらの岸から行けと送り出す声、向こうの岸から来いと喚ぶ声を聞き、迷うことなく道をまっ直《す》ぐに進み、疑い、怯《おび》え、退く心を生じることがなく、歩き始めた。しばらくして西の岸にたどり着いて永遠に、あらゆる難を離れることとなる。善き友と相見《まみ》えて、慶び楽しむことが消えることがなかった。

この譬えで表現される念仏の行者と、覚信房の姿勢が重なってくるでしょう。覚悟を決めて前へ進んだからこそ、覚信房は善き友・親鸞と見《まみ》えることが出来たのです。しかしながら、病状がいよいよ悪化していく覚信房に対して、親鸞は次のように尋ね、問答が展開します。

四、親鸞と覚信房の問答

そのとき聖人《しょうにん》たずねおおせられてのたまわく、そのくるしげさに、念仏強盛《ねんぶつごうじょう》の条《じょう》、まず神妙《しんびょう》たり。ただし所存不審《しょぞんふしん》、いかんと。

〈現代語訳〉その時、親鸞聖人がお尋ねになって、「その苦しそうな中で念仏を称え続けているのは、何よりも殊勝《しゅしょう》なことである。だが、思うところに何か不審はないか」と言われた。

親鸞は、臨終が迫っている覚信房を目の当たりにしました。その覚信房は病に苦しみながらも念仏を称え続けているのです。

当時は、臨終に際して、心乱れず平静な心で阿弥陀如来の来迎《らいこう》を待ち、浄土への往生を期することが重視されました。これを「臨終来迎《りんじゅうらいこう》」と言い、その時浄土往生が定まります。しかしながら、念仏の行者は信心が定まった時、浄土往生が決定《けつじょう》する「現生正定聚《げんしょうしょうじょうじゅ》」の位に住するというのが浄土真宗の教えですから、臨終だからといって特別に往生を祈るべく絶えず念仏を称えようという心構えは、親鸞の教えとは異なります。

命終に臨む覚信房の念仏の真意を、親鸞はずばり尋ねたのです。すると、次のように覚信房は答えました。

覚信房《かくしんぼう》こたえもうされていわく、よろこび、すでにちかづけり。存《ぞん》ぜん事一瞬《ことといっしゅん》にせまる、刹那《せつな》のあいだたりというとも、いきのかよわんほどは、往生《おうじょう》の大益《たいやく》をえたる仏恩《ぶっとん》を報謝《ほうしゃ》せずんば、あるべからずと存《ぞん》ずるについて、かくのごとく報謝《ほうしゃ》のために称名《しょうみょう》つかまつるものなりと云々《うんぬん》

〈現代語訳〉覚信房は答えて、「喜びは既に近づきました。このいのちもわずか一瞬に迫っています。一瞬の間でも、息が通《かよ》う間は、浄土に往生する大いなる利益《りやく》を与えて下さる仏恩に報謝しないではいられないと思われるので、このように報謝のための念仏を称えているのです」と申し上げたと云々。

覚信房の答えは、決して臨終に阿弥陀如来の来迎を祈るものではありませんでした。そうではなく、覚信房の称える「南無阿弥陀仏」は、どこまでも浄土往生が決定しているが故の仏恩報謝《ぶっとんほうしゃ》の念仏であり、信心が伴った念仏だったのです。これこそ親鸞が教え続けた「選択本願の行信」にかなうものでしょう。覚信房の言葉からは、「現生正定聚」の教えがしっかりと根ざしていることを窺《うかが》うことが出来ます。

臨終になって浄土往生が定まるという「臨終業成《りんじゅうごうじょう》」の教えに対して、覚如は信心が決定《けつじょう》する平生において既に浄土往生が定まるという親鸞の教えを「平生業成《へいぜいごうじょう》」としました。ここで、覚信房は正に「平生業成」の念仏の行者として描かれているのです。

そして、その覚信房の答えを聞いた親鸞は、

このとき上人《しょうにん》、年来常随給仕《ねんらいじょうずいきゅうじ》のあいだの提撕《ていせい》そのしるしありけりと御感《ぎょかん》のあまり、随喜《ずいき》の御《ご》落涙《らくるい》、千行万行《せんこうばんこう》なり。

〈現代語訳〉この時親鸞聖人は、「〔これこそ〕年来私にいつも付き随って仕えてくれた間に、教え導いた証《あかし》であった」と感激のあまり、心からの喜びの涙をとめどもなく流された。

と、覚信房がしっかりと浄土真宗の教えを聞いていたことを喜び、涙を流したのです。この覚信房の姿勢は、阿弥陀如来の本願に乗託《じょうたく》した、念仏の行者に他なりません。『仏説無量寿経』に説かれる第十七願「諸仏称名《しょぶつしょうみょう》の願」、第十八願「至心信楽《ししんしんぎょう》の願」を根本とする「選択本願の行信」によって、この覚信

房のように、現生正定聚の位に住する者には、阿弥陀如来の本願への揺るぎなき信頼と歓喜という大いなる利益《りやく》が与えられるのです。もし臨終業成ならば、命終するその際《きわ》まで、ひたすら仏菩薩の来迎を待つのですから、そこには期待と不安が入り交じるでしょう。「信頼と歓喜」と「期待と不安」、ここに平生業成と臨終業成の大きな違いが見られるのです。

五、おわりに

今回は第十六条の前半を読み進め、親鸞と覚信房のやりとりを通して、浄土真宗の教えの根幹を確かめました。親鸞にとって、真実の称名念仏には信心が伴います。これを「信の上の称名」と覚如は理解しました。このエピソードから、親鸞の「選択本願の行信」という教えとそれを実践して現生正定聚の位に住する覚信房の姿勢が窺えます。ですから、私達は親鸞の教えを聞くだけではなく、教えを聞き実践する門弟の姿勢についても注目する必要があるでしょう。

そして、第十六条後半では、このエピソードを通した覚如の理解と浄土真宗の教えのエッセンスが丁寧に記されます。そこから、改めて親鸞が流した涙の意味を確かめていきましょう。

第24講

第十六条・親鸞が流した涙（二）

一、はじめに

◆第十六条（承前）
しかれば、わたくしにこれをもってこれを案《あん》ずるに、真宗《しんしゅう》の肝要《かんよう》、安心《あんじん》の要須《ようす》、これにあるものか。

〈現代語訳〉こうしたわけであるから、私の考えをもってこのことを尋ねおさえると、真宗の肝心な点や安心の要はここにあるのではないか。

第十六条後半の始まりに覚如の私見が記されます。前述した覚信房の臨終間際の姿勢を示したエピソードに浄土真宗のエッセンスが込められていると覚如は訴えるのです。

二、臨終に際して

自力《じりき》の称名《しょうみょう》をはげみて、臨終《りんじゅう》のとき、はじめて蓮台《れんだい》にあなうらをむすばんと期《ご》するともがら、前世《ぜんせ》の業因《ごういん》しりがたければ、いかなる死《し》の縁《えん》かあらん、火《ひ》にやけ、みずにおぼれ、刀剣《とうけん》にあたり、乃至《ないし》寝死《ねじに》までもみなこれ、過去《かこ》の宿因《しゅくいん》にあらずということなし。もしかくのごとくの死の縁、身《み》にそなえたらば、さらにのがるることあるべからず。もし怨敵《おんてき》のために害《が》せられば、その一刹那《いっせつな》に、凡夫《ぼんぶ》としておもうところ、怨結《おんけつ》のほか、なんぞ他念《たねん》あらん。また寝死《ねじに》においては、本心《ほんしん》いきのたゆるきわをしらざるうえは、臨終を期《ご》する先途《せんど》、すでにむなしくなりぬべし。いかんしてか念仏《ねんぶつ》せん。またさきの殺害《せつがい》の機《き》、怨念《おんねん》のほか、他《た》あるべからざるうえは、念仏するにいとまあるべからず。終焉《しゅうえん》を期《ご》する前途《ぜんと》、またこれもむなし。仮令《けりょう》かくのごときらの死の縁にあわん機《き》、日《ひ》ごろの所存《しょぞん》に違《い》せば、往生《おうじょう》すべからずとみなおもえり。たとい本願《ほんがん》の正機《しょうき》たりというとも、これらの失《しつ》、難治不可得《なんちふかとく》なり。いわんやもとより自力《じりき》の称名《しょうみょう》は、臨終《りんじゅう》の所期《しょご》、おもいのごとくならん定《じょう》、辺地《へんじ》の往生なり。いかにいわんや、過去の業縁《ごうえん》のがれがたきによりて、これらの障難《しょうなん》にあわん機《き》、涯分《がいぶん》の所存《しょぞん》も達《たっ》せんことかたきがなかにかたし。そのうえは、また懈慢辺地《けまんへんじ》の往生だにもかなうべからず。これみな本願《ほんがん》にそむくがゆえなり。

〈現代語訳〉自力の称名念仏《しょうみょうねんぶつ》を励んで、臨終の時に初めて浄土の蓮華の上に生まれようと期待する人達は、前の生での行いを知ることが出来ないので、どのような死に方をするのか〔全く分からない〕。火に焼かれるか、水におぼれるか、刀で切られるか、あるいは床《とこ》に伏《ふ》して死ぬにしても、これらは全て、過去の世の行為によらないものはない。もしこのような死に方が身にそなわったならば、ついにそれを逃れることは不可能である。もし怨《うら》みをいだく敵のために殺害されるならば、その死の瞬間には、凡夫としては怨みの他にどんな思いがあるだろうか。また床に伏して死ぬ場合は、心に息が絶えるという瞬間が分からない以上は、臨終に期待して浄土往生しようという当《あ》ても、既に空《むな》しくなるだろう。その時どのようにして念仏するだろうか。また前に記した殺害に遭う人は、怨みの他には何もない以上、念仏する時間はあるはずもない。命終において期待する前途は、この場合もやはり空しい。仮《かり》にこのような死に方に遭う人が、日頃の考えと違うならば、浄土に往生することは出来ないと思われる。たとえ阿弥陀如来の本願にかなった人であっても、このようなあやまちを治《なお》すことは出来ない。まして、自力の称名念仏は、臨終における期待を思いの通り為《な》し遂《と》げることは出来ても、それは浄土の片隅に生まれるのである。まして、過去の業縁《ごうえん》は逃れることが出来ないから、これがもたらすさわりに遭うような人は、分相応の思いさえ達することすら、困難な中でも更に困難である。その上また懈慢界《けまんかい》や浄土の片隅に生まれることさえもかなえられない。これらは全て阿弥陀如来の本願に背いているからである。

「自力」とは称名念仏の功徳を自らの功績とするあり方です。親鸞はその著『一念多念文意《いちねんたねんもんい》』で、自力というは、わがみをたのみ、わがこころをたのむ、わがちからをはげみ、わがさまざまの善根《ぜんごん》をたのむひとなり。

〈現代語訳〉自力というのは、自分の身をたのみ、自分の心をたのみ、自分の力をはげまし、自分が積み重ねるあらゆる善根をたのむ人のことである。

と確かめます。つまり「自力の称名」とは、自らの力をたのみとして往生しようと称名念仏を重ねる修行です。この「自力の称名」を積み重ねる極まりが「臨終業成《りんじゅうごうじょう》」を期待するあり方になります。しかし、臨終業成を願うとして、果たして思い通りに臨終を迎えることが出来るでしょうか。

この段では、そのことを確かめるべく、臨終の様相が生々しく描かれます。火に焼かれ、水に溺《おぼ》れ、刀で切られる、はたまた床について穏《おだ》やかに死を迎える等、人それぞれ様々な臨終の様相があります。そういった中で、前に記した通り、当時は臨終に際して心乱れず平静な心で阿弥陀如来の来迎を待ち、浄土への往生を期することが理想とされました。そして心乱さずに阿弥陀如来の来迎を待つには、床につき穏やかに命終を待たねばなりません。ところが実際は、そのように穏やかに命終を迎えるとは限りません。ここに理想と現実の乖離《かいり》があります。更に言えば、殺害という憂《う》き目に遭遇すれば、念仏する時間すら与えられないでしょう。私達が臨終の様相を想定する時、念仏する間もなく、死を迎えることも決して少なくありません。

そもそも、阿弥陀如来の本願とは、念仏する衆生を摂《おさ》め取って捨てない、もれなく往生させるというものです。しかし、その阿弥陀如来の本願を誤って理解し、自力の称名念仏をする人は、最期までその願いに気付くことなく自分の思うままに念仏を称えるので、「辺地《へんじ》」という方便の浄土に生まれます。

「懈慢辺地《けまんへんじ》」とは、「懈慢界」と「辺地」のこと、おこたりあなどる者が生まれる世界と浄土の片隅という意味で、いずれも真実の浄土ではありません。親鸞制作の、

安楽浄土《あんらくじょうど》を願いつつ
他力《たりき》の信《しん》をえぬひとは
仏智不思議《ぶっちふしぎ》をうたがいて
辺地懈慢《へんじけまん》にとまるなり

という和讃の傍らに

疑惑胎生を辺地という　これ五百歳を経て報土に参るなり　諸行往生のひとは懈慢におつ　これらは億千万の時まれに一人報土へはすすむなり

と注記がある通りです。いずれも、阿弥陀如来の本願を信ずることなしに疑いを持つ人と、本願念仏の往生でなく念仏以外の行で往生しようとする人、つまり本願を誤って理解する人が生まれる世界を表します。

このことをふまえた上で、ならば阿弥陀如来の本願とは何か、覚如は親鸞の言葉を繙《ひもと》いて確かめます。

三、親鸞の願い

ここをもって御釈《おんしゃく》浄土文類《じょうどもんるい》（教行信証《きょうぎょうしんしょう》）にのたまわく、「憶念弥陀仏本願《おくねんみだぶつほんがん》　自然即時入必定《じねんそくじにゅうひつじょう》　唯《ゆい》

能常称如来号《のうじょうしょうにょらいごう》　応報大悲弘誓恩《おうほうだいひぐぜいおん》」（正信偈《しょうしんげ》）とみえたり。ただよく如来《にょらい》のみなを称して、大悲《だいひ》弘誓《ぐぜい》の恩《おん》をむくいたてまつるべしと。

〈現代語訳〉以上から、〔親鸞聖人の〕御註釈〔『顕浄土真実教行証文類』〕には、「弥陀仏《みだぶつ》の本願《ほんがん》を憶念《おくねん》すれば自然《じねん》に即《そく》の時必定《ときひつじょう》に入《い》る。唯《た》だ能《よ》く常に如来の号《みな》を称して、大悲弘誓《だいひぐぜい》の恩《おん》を報《ほう》ずべし」という文が見えている。〔このことは〕「ただよく如来の名号を称えて、大悲の弘誓の恩に報いなさい」と〔いうことである〕。

これは、親鸞の主著『教行信証』の「行巻」の結びにあり、真宗門徒が朝夕に勤行する『正信偈《しょうしんげ》』の一節です。

阿弥陀仏の本願を憶念すれば、自然とすぐさま浄土往生が決定する位に定まります。この往生の利益《りやく》を知れば、私達はただひたすらに南無阿弥陀仏を称《とな》えて、その阿弥陀如来の大悲弘誓の恩に報うべきであると分かるでしょう。そこには「自力の称名」という姿勢はありません。自分の力で念仏を称えるのではなく、どこまでも本願を信ずる仏恩報謝《ぶっとんほうしゃ》の念仏が肝心であることを、覚如はここから確かめているのです。

そして覚如は今一度、親鸞と覚信房に思いを寄せて、浄土真宗の教えを確かめ直します。

四、親鸞と覚信房の問答

平生《へいぜい》に善知識《ぜんじしき》のおしえをうけて、信心開発《しんじんかいほつ》するきざみ、正定聚《しょうじょうじゅ》のくらいに住《じゅう》すとたのみなん機《き》は、ふたたび臨終《りんじゅう》の時分《じぶん》に往益《おうやく》をまつべきにあらず。そののちの称名《しょうみょう》は、仏恩報謝《ぶっとんほうしゃ》の他力《たりき》催《さい》促《そく》の大行《だいぎょう》たるべき条《じょう》、文《もん》にありて顕然《けんぜん》なり。これによりて、かの御弟子《おんでし》、最後《さいご》のきざみ、御相《ごそう》承《じょう》の眼目《げんもく》、相違《そうい》なきについて御感涙《ごかんるい》をながさるるものなり、しるべし。

〈現代語訳〉普段より善き師の教えを受けて、「信心が開きおこされる時、浄土往生が定まる位に住する」としてたのみ願う人は、臨終の時にも重ねて〔阿弥陀如来が来迎して〕浄土に往生する利益を期待してはならない。〔というのは、信心がおこされた〕以後の称名は、仏の御恩に応《こた》える感謝の行、本願他力によって促《うなが》された念仏行であることは、聖教《しょうぎょう》の文に明白だからである。これによって、かの御弟子〔覚信房〕が最期の時に親鸞聖人が伝えられた教えの眼目と少しも違わなかったことから、感涙を流されたものである。このことをよく知らなければならない。

「臨終業成」に対して、日頃からしっかりと教えを聞き、信心が開きおこされる時に現生正定聚の位に就《つ》くというのが「平生業成《へいぜいごうじょう》」という親鸞の教えでした。ですから、その教えを正しく聞いた人は、臨終だからといって取り立てて特別なことをする必要はありません。信心が伴った念仏の行者はただひたすらに称名念仏を行うばかりです。その称名念仏の根源は、阿弥陀如来に救われたことの恩に報いることにあります。ここに阿弥陀如来の本願に深く信順する者の姿が見えます。

親鸞が門弟に宛てた手紙に、

　真実信心《しんじつしんじん》の行人《ぎょうにん》は、摂取不捨《せっしゅふしゃ》のゆえに、正定聚《しょうじょうじゅ》のくらいに住《じゅう》す。このゆえに、臨終《りんじゅう》まつことなし、来迎《らいこう》たのむことなし。信心《しんじん》のさだまるとき、往生《おうじょう》またさだまるなり。来迎《らいこう》の儀式《ぎしき》をまたず。

〈現代語訳〉真実信心の念仏の行者は、〔阿弥陀如来の〕摂取不捨の〔意の〕ために、〔現生〕正定聚の位に定まる。この故に、〔念仏の行者は〕臨終を待つこともなく、来迎をたのむこともない。信心が定まった時、往生浄土がまた定まるのである。〔だから臨終に〕来迎の儀式を待つことがない。

と記していますが、このことを、覚如は「ふたたび臨終の時分に往益をまつべきにあらず」とおさえるのです。どこまでも「信の上の称名」によって、浄土往生という大いなる利益があるのです。

そしてこのエピソードではっきりと描かれているのは、親鸞の教えを、門弟・覚信房が正しく受け止めたということです。親鸞は、臨終に際して浄土真宗の眼目に少しも違わない覚信房の姿を目の当たりにしました。だからこそ、覚信房が教えを正しく聞き、真の念仏者として生涯をまっとうせんとしたことを喜び、親鸞は感激の涙を流したのです。その門弟の姿に、浄土真宗の教えを伝えた者としての本懐が表されているでしょう。

果たして私達が日々称える念仏が「信の上の称名」となっているでしょうか。真宗門徒の称名は、どこまでも「仏恩報謝」の心に根ざした念仏であるはずなのです。

五、おわりに

第十六条では、親鸞と門弟・覚信房のやりとりを通して、浄土真宗における、臨終に際しての浄土往生という大いなる利益を確かめました。

私達は、この生を享《う》けた以上、間違いなく死を迎えなければなりません。そして、その死の体験は一度限りで、その経験を他者に聞くことも語ることも出来ません。ですから死に対して私達は恐れを抱くのでしょう。しかし、阿弥陀如来の本願を信ずる念仏者は、つね日頃から往生が定まっていますから、臨終だからといって慌《あわ》てる必要がありません。浄土往生という大いなる利益が既にして与えられていますから、阿弥陀如来が来迎するか否かを待つ必要もなく、過度に恐れを抱くこともないのです。その浄土真宗の教えを正しく理解した覚信房に、親鸞は感動しました。

自分が伝えんとした教えを違わず受け止めた、同じ仏道を歩む者としてこれほど嬉しいことはないのではないでしょうか。その感動の発露として、親鸞は涙を流しました。そして覚如は、親鸞の念仏の教えを「信の上の称名」と見定め、覚信房の臨終にその具体相を見出したのです。

第25講

第十七条・凡夫として振る舞うこと（一）

一、はじめに

今回は第十七条前半を読み、凡夫である私達は日常、また近しい人との別離に際して、どのように振る舞うべきかを確かめていきます。

◆第十七条

一　凡夫《ぼんぶ》として毎事勇猛《まいじゆみょう》のふるまい、みな虚仮《こけ》たる事《こと》。

〈現代語訳〉一、凡夫であるのに、いつも勇ましそうに振る舞うのは、全て虚《むな》しいいつわりに過ぎない事。

「勇猛《ゆみょう》」は熱心な努力と強い意志を言います。仏教では「勇猛精進」と言い、熱心な努力と強い意志で仏道を歩むことが理想とされます。しかし、「私達凡夫はどれほど勇猛に振る舞っても実が伴っていない」という厳しいタイトルが掲げられています。

二、四苦八苦

愛別離苦《あいべつりく》におうて、父母妻子《ぶもさいし》の別離《べつり》をかなしむとき、仏法《ぶっぽう》をたもち、念仏《ねんぶつ》する機《き》、いう甲斐《かい》なくなげきかなしむこと、しかるべからずとて、かれをはじめ、いさむること、多分先達《たぶんせんだつ》めきたるともがら、みなかくのごとし。この条、聖道《しょうどう》の諸宗《しょしゅう》を行学《ぎょうがく》する機《き》のおもいならわしにて、浄土真宗《じょうどしんしゅう》の機教《ききょう》をしらざるものなり。

〈現代語訳〉愛する人との別離の苦しみにあって、父母や妻子〔等〕との別れを悲しむ時、念仏を称《とな》える人が「嘆《なげ》き悲しむことは無益なことであるから止めた方がいい」と言って、その悲しむ人を恥ずかしめ、諭《さと》すことがあるが、恐らく先輩ぶった人達は皆こうなのであろう。このことは、聖道門《しょうどうもん》の諸宗の教えを実践し修学《しゅがく》する人が習い覚えたことで、浄土真宗の教えとそれを信ずる人について知らないものである。

「愛別離苦《あいべつりく》」とは人間の苦しみの一つです。仏教では苦しみを四つあるいは八つに分類し、その総称を「四苦八苦《しくはっく》」と言います。「四苦」とは生《しょう》・老《ろう》・病《びょう》・死《し》の苦、これに怨憎会苦《おんぞうえく》（憎い者と会う苦）・愛別離苦（愛する者と別れる苦）・求不得苦《ぐふとっく》（求めても得られない苦）・五陰盛苦《ごおんじょうく》（迷いの世界として存在する一切が苦であること）を加えて八苦となります。後に、この「四苦八苦」が娑婆《しゃば》世界における大変な苦しみとして一般的な意味をもつに至りました。つまり、「愛別離苦」とは文字通り、大切な人と別れなければならない苦しみを指します。大切な家族を喪《うしな》った悲しみとして表現されることが多く、葬儀の際に私達が遭遇する苦しみとも言えるでしょう。

そのような「愛別離苦」に苛《さいな》まれる人に対して「別離を悲しむのは無益であるから止めなさい」と諭す人があると言うのです。しかしその諭しは、どこまでも勇ましく振る舞える人達の言葉であって、それは聖道門のならわしであると覚如はおさえます。そして、浄土真宗の教えとそれを聞く人は決してそうではないと言います。ならば、その理由はどこにあるのでしょうか。

三、凡夫のかなしみ

まず凡夫《ぼんぶ》は、ことにおいて、つたなく、おろかなり。その奸詐《かんさ》なる性《しょう》の実《じつ》なるをうずみて賢《げん》善《ぜん》なるよしをもてなすは、みな不実虚仮《ふじつこけ》なり。たとい未来《みらい》の生処《しょうじょ》を弥陀《みだ》の報土《ほうど》とおもいさだめ、ともに浄土《じょうど》の再会《さいかい》をうたがいなしと期《ご》すとも、おくれさきだつ一旦《いったん》のかなしみ、まどえる凡夫として、なんぞこれなからん。

〈現代語訳〉まず凡夫は、何をしても拙《つたな》いし、愚かである。いつわりこそが凡夫の実際の姿であるのに、それを覆《おお》い隠して、賢く善を積み重ねるように装《よそお》うのは、全て真実のない、虚《むな》しいいつわりである。

たとえ、未来に生まれるところを阿弥陀如来の真実の浄土と思い定めて、共にその浄土で再会出来ることを疑うことなく期待していても、〔大切な人に〕遅れをとったり先立ったりする一時の悲しみは、心乱れた愚かな身としては当然で、どうして悲しまないでいることが出来ようか。

そもそも「凡夫」とは何事にも拙く愚かな人とか、煩悩を携《たずさ》えそれに迷う人を言います。ここで言う「愚か」とは単に「程度が劣っている」とか「おろそかである」という意ばかりでなく、「不十分」とか「不完全」という意味合いに通じるように考えられます。そのように何事にも不完全な凡夫がその本質を覆い隠して、あたかも賢く正しく振る舞うとは、一体どういうことでしょうか。

唐時代の中国の祖師・善導《ぜんどう》の言葉に次のような文章があります。

不得外現賢善精進之相内懐虚仮

原文は白文です。一般的な仏教の考え方に照らして読み下すならばこの文章は、

外に賢善《げんぜん》精進《しょうじん》の相《そう》を現して内に虚仮《こけ》を懐《いだ》くことを得《え》ざれ。

〈現代語訳〉外面には精一杯精進して善を積み重ねよ、そして内面には虚仮を懐いてはいけない。

となるでしょう。この読み方では、外面で精一杯善を積み重ね、そして内面も虚《うつ》ろではないようにしなさいという、人間としてあるべき姿勢の表現になります。

がしかし、親鸞はあえて次のように異なる読み方をしました。

外《ほか》に賢善《げんぜん》精進《しょうじん》の相《そう》を現《げん》ずることを得《え》ざれ。内《うち》に虚仮《こけ》を懐《いだ》けばなり。（『教行信証』信巻）

〈現代語訳〉外面に精進して善を積み重ねる姿を現してはいけない、何故ならその内面は虚仮であり、う

つろうものであるのだから。

この読み方になると、私達に「精一杯善を積み重ねなさい」という賢善精進を勧める内容とはなりません。内面が虚仮であるにもかかわらず、外面に賢善精進の姿勢を現して自己をかざろうとする私達を誡《いまし》める文章であると親鸞は読み解きました。親鸞は善導の漢文をこのように読んで、独自の了解《りょうげ》を示したのです。

なお、この賢善精進の相の具体的な姿については、『歎異抄《たんにしょう》』（第十三条）に、「今ではいかにも念仏して往生を願う後世者《ごせしゃ》のふりをして善人ばかりが念仏を称えるもののように言い、或いは、念仏の道場に張り文をして「これこれのことをしでかしたものは道場に入ってはならない」等と言うことは、全く外面に精進して善を積み重ねる姿を現して内面に虚仮を懐く者だろうか」（現代語訳）と記されています。覚如も同様に、後世者ぶることと、仏法を奉ずる者のように振る舞うことを強く誡めています（『改邪鈔《がいじゃしょう》』）。

さて、私達自身の歴史を振り返っていかがでしょう。内面に揺るぎなき真実があるでしょうか。「自分は真実の固まりである」と言える方は、しっかりと自身を見つめきれていないのではないでしょうか。時々刻々と移ろう私達の思いは正に「虚仮」以外の何ものでもありません。親鸞は、自らの内面をしっかり見つめよと述べたのです。

覚如もまた、親鸞の人間観を受け継いでいます。凡夫である人間が身を励まして賢く振る舞ってもそれは虚しいことです。大切な人と別れる悲しみは当然なことなのです。むしろその悲しみをしっかりと見つめ、受け止めることこそが何より大切ではないでしょうか。

また、先ほどの「内に虚仮を懐けばなり」の後には、貪瞋邪偽《とんじんじゃぎ》、奸詐百端《かんさひゃくたん》にして、悪性《あくしょう》侵《や》め難《がた》し。こと蛇蝎《じゃかつ》に同じ。

〈現代語訳〉貪《むさぼ》り・怒《いか》り・邪《よこしま》・欺《あざむ》きの心が絶えず起こり、悪い本性は変わることがなく、それはあたかも蛇《へび》や蠍《さそり》のようである。

という文が続きます。奸は「よこしま」、詐は「いつわり」という意で「奸詐」とは、「いつわり、わるだくみ」の意味があります。私達の本性は真実が一つとしてなく、煩悩を欠け目なく具えた「いつわり」ばかりであると、親鸞は自身を、そして人間を見つめているのです。そのような、内面が愚かで虚仮である私達ですから、どれほど浄土で会えると分かっていても大切な人と別れる悲しみが途切れることはありません。

覚如は、この点に注目しました。逆に悲しみを携えたままに生きるところに、自らの愚かさを見出し、自らが凡夫であることを見つめよと覚如は言います。そこに本願に救済される道理が開かれるのです。

四、本願の正機

なかんずくに、曠劫流転《こうごうるてん》の世々生々《せせしょうじょう》の芳契《ほうけい》、今生《こんじょう》をもって、輪転《りんでん》の結句《けっく》とし、愛執愛着《あいしゅうあいじゃく》のかりのやど、この人界《にんがい》の火宅出離《かたくしゅつり》の旧里《きゅうり》たるべきあいだ、依正二報《えしょうにほう》ともに、いかでかなごりおしからざらん。これをおもわずんば、凡衆《ぼんしゅ》の摂《しょう》にあらざるべし。けなりげならんこそ、あやまって自力聖道《じりきしょうどう》の機《き》たるか、いまの浄土他力《じょうどたりき》の機《き》にあらざるかともうたがいつべけれ。おろかにつたなげにして、なげきかなしまんこと、他力往生《たりきおうじょう》の機《き》に相応《そうおう》たるべし。うちまかせての凡夫《ぼんぶ》のありさまにかわりめあるべからず。往生《おうじょう》の一大事《いちだいじ》をば、如来《にょらい》にまかせたてまつり、今生《こんじょう》の身《み》のふるまい、心《こころ》のむけよう、口《くち》にいうこと、貪《とん》・瞋《じん》・痴《ち》の三毒《さんどく》を根《ね》として、殺生等《せっしょうとう》の十悪《じゅうあく》、穢身《えしん》のあらんほどは、たちがたく、伏《ふく》しがたきによりて、これをはなるること、あるべからざれば、なかなかおろかにつたなげなる煩悩成就《ぼんのうじょうじゅ》の凡夫《ぼんぶ》にて、ただありに、かざるところなきすがたにてはんべらんこそ、浄土真宗《じょうどしんしゅう》の本願《ほんがん》の正機《しょうき》たるべけれと、まさしくおおせありき。

〈現代語訳〉とりわけ、はるかに長い時にわたって流転《るてん》の生死を重ねて来た間の〔数多くの〕結びつきは、今この生を限りとして、流転輪廻《りんね》の最後となるのである。愛執《あいしゅう》・愛着《あいじゃく》のこの生はかりそめの宿で、煩悩の燃え盛った迷いの人界《にんかい》であるが、迷いの世界を離れることが出来たなつかしい古里《ふるさと》でもあるから、この世界やここに住む人がどうして名残り惜しくないことがあろうか。こう思わない人は、凡夫の仲間には入らないだろう。勇ましい心が起こるような時は、「〔自分は〕誤って自力をたのむ聖道門の人となっているのではないか、今は浄土門の他力によって救われる人ではないのだろうか」と疑ってしまうことだろう。愚かなまま拙《つたな》いままに嘆き悲しむことが、阿弥陀如来の他力に救われて浄土往生する人として相応《ふさわ》しいであろう。総じて言えば、凡夫の姿に相違があるはずはない。「この世での身の振る舞いも、心の向け方も、口に言うことも、全て貪《むさぼ》りと怒りと愚かさを根として、生き物を殺す等の十悪を犯す他ないし、また、穢《けが》れた身である間は、これを断つことも抑えることも出来ず、このことから逃れることは到底不可能である以上、どうしても愚かで拙く煩悩にまみれた

凡夫であり、浄土往生の一大事を阿弥陀如来にお任せして、ただあるがままに飾りようもない姿でいることこそ、浄土真宗における本願に救われる人であろう」と〈親鸞聖人〉は確かに仰《おっしゃ》った。

この娑婆世界は、間違いなく迷いの世界です。しかし、長い間流転してきたからこそ、そこに名残り惜しい思いが私達にはあります。これは偏《ひと》えに煩悩の所為《しょい》です。そしてこれが私達が凡夫であることの証左となります。

また、熱心な努力と強い意志で自力を尽くすことをたのみとすると、自分が本願に救われる者として相応しいかと疑いの心を持ってしまいます。これは、前回確かめた「信の上の称名」とは異なる姿勢です。

ならば、大切な人と別れなければならない時には、余計な思いを差し挟むことなくただ嘆き悲しむことが凡夫らしい振る舞いとなるでしょう。ここでは、いわば素直に生きること、自然に生きることの大切さが記されています。そのためには何よりまず、自身の内面をしっかりと見つめることが求められます。それによって、揺るぎない真実など一つもない自分が知らされます。この「自身を見つめる」という営みは決して心地よいものばかりではないでしょう。そこに尽きることのない煩悩を知らされると共に自力の限界に気付くきっかけがあります。その自力の限界を知る時、他力に救済されるより他、手立てのない私達の本当の姿が見えてくるのではないでしょうか。ですから、素直に生きることこそが浄土真宗における本願にかなった生き方、すなわち本願の正機であると言えるのです。

五、おわりに

　今回は、第十七条前半を読み進めました。私達凡夫は、いかに自らを鼓舞し勇ましく振る舞っても、内面の虚仮なることを繕《つくろ》うことは出来ません。親鸞はそのことをしっかりと見定めて、賢善精進の振る舞いをすることを誡め、どこまでも虚仮不実である自身の内面をしっかりと見つめよと言いました。これは理想とはほど遠い自身を知らされる大変厳しい営みでしょう。しかし、そこにこそ、自らが本願にかなう正機《しょうき》であることが知らされます。覚如はそこから、素直にありのままに生きることの大切さを確かめました。

　一時、「自分探し」と称して旅をすることがブームになりました。恐らく、それは外の世界に本当の自分を探し求めることが主たる目的だったのでしょう。しかし、本当の自分を探し求めるならば、何よりもまず日常の生活を見つめ、自らの内面を見つめないといけないように思われます。そこに、本当の自分を発見する手掛かりがあるはずです。

　ともすれば私達は大切なものを外へ外へと探そうとしがちですが、自らの暮らしを見つめ、自らの内面を見つめて、探さなければならないのではないでしょうか。仏教ではそのことを「内観」と言います。

第26講

第十七条・凡夫として振る舞うこと（二）

一、はじめに

今回読み進める第十七条後半では、前半に引き続いて「愛別離苦《あいべつりく》」という大切な人と別れなければならない苦しみに対して、凡夫はどのように振る舞うべきか、具体的に臨終に際する行儀に注目して展開します。

◆第十七条（承前）

されば、つねのひとは、妻子眷属《さいしけんぞく》の愛執《あいしゅう》ふかきをば、臨終《りんじゅう》のきわにはちかずけじ、みせじと、ひきさくるならいなり。それというは、着想《じゃくそう》にひかれて、悪道《あくどう》に堕《だ》せしめざらんがためなり。

〈現代語訳〉だから世間の人々は、妻子や親族等の愛着《あいじゃく》の心が深い人を、臨終の際に近づけたり見せたりしてはならないと引き離す習慣をもっているのである。それというのも、愛着の想いにひかれて、

〔臨終を迎える人が〕悪道に堕《お》ちないようにさせるためである。

「眷属《けんぞく》」とは一族や身内のことです。「悪道」は「悪趣《あくしゅ》」とも言い、悪業を積んだ報いとして趣《おもむ》かなければならない苦しい生存のあり方を言います。仏教では、私達衆生が自ら作った業《ごう》によって生死《しょうじ》を繰り返す世界を、地獄・餓鬼・畜生・修羅《しゅら》（阿修羅《あしゅら》）・人《にん》・天《でん》と六つに分け、これを「六道《ろくどう》」と言います。その六道の中、地獄・餓鬼・畜生が「三悪趣」、ここで言う「悪道」です。また、無漏《むろ》の浄土に対して、輪廻（生死を繰り返すこと）そのものを煩悩に汚《けが》された苦の世界と見て、人や天をも含めて悪道と呼ぶこともあります。

第十六条でも触れたように、当時は臨終に際して心を平静に保ち、念仏を称《とな》え続けて阿弥陀如来の来《らい》迎《こう》を待つという行儀《ぎょうぎ》がありました（本書220頁）。というのも、「愛別離苦」によって心に迷いが生じた、穏《おだ》やかならざる心持ちのままでは阿弥陀如来の来迎が望めないからです。ですから、心穏やかに死に臨むためには、心が騒がしくなるような、妻子や親族等の身近な人をそばに近づけることをしないならわしがありました。

しかし、果たして浄土真宗で、臨終におけるこのような行儀は相応《ふさわ》しいのでしょうか。

第十六条「信の上の称名《しょうみょう》」で確かめた通り、念仏の行者は信心が定まった時、既に往生が決定《けつじょう》する「現生正定聚《げんしょうしょうじょうじゅ》」の位に住するというのが、親鸞の教えでした。そして、普段の称名念仏によって浄土往生が定まる「平生業成《へいぜいごうじょう》」たる念仏の行者にとって、臨終だからといって特別な行儀は必要ありません。ならば、この臨終の行儀はどうして世間一般で言われていたのでしょうか。

二、なげきとかなしみ

この条《じょう》、自力聖道《じりきしょうどう》のつねのこころなり。他力真宗《たりきしんしゅう》には、この義《ぎ》あるべからず。そのゆえは、いかに境界《きょうがい》を絶離《ぜつり》すというとも、たもつところの他力《たりき》の仏法《ぶっぽう》なくは、なにをもってか、生死《しょうじ》を出《しゅっ》離《り》せん。たとい妄愛《もうあい》の迷心深重《めいしんじんじゅう》なりというとも、もとよりかかる機《き》をむねと摂持《しょうじ》せんといでたちて、これがためにもうけられたる本願《ほんがん》なるによりて、至極大罪《しごくだいざい》の五逆謗法等《ごぎゃくほうぼうとう》の無間《むけん》の業因《ごういん》を、おもしとしましまさざれば、まして愛別離苦《あいべつりく》にたえざる悲嘆《ひたん》にさえらるべからず。浄土往《じょうどおう》生《じょう》の信心成就《しんじんじょうじゅ》したらんにつけても、このたびが輪回生死《りんねしょうじ》のはてなれば、なげきもかなしみも、もっともふかかるべきについて、あとまくらにならびいて、悲歎嗚咽《ひたんおうえつ》し、ひだりみぎに群集《くんじゅ》して、恋慕涕泣《れんぼていきゅう》すとも、さらにそれによるべからず。さなからんこそ、凡夫《ぼんぶ》げもなくて、殆他《ほとおどた》力往生《りきおうじょう》の機《き》には不相応《ふそうおう》なるかやともきらわれつべけれ。

〈現代語訳〉しかし、この事は自力をたのむ聖道の教えには共通の考え方であって、他力の仏法を依り処とする真宗ではこの教えがあってはならない。そのわけは、いかに〔臨終を迎える大切な人と〕引き離して近づけなくしても、〔その人が〕他力の仏法を心に深くたもつことがなければ、何によって生死の迷いを離れ出ることが出来るだろうか。たとえ妄愛にとらわれた迷いの心が深くても、本願は本来このような人々を目当てとして救いとろうと決意して設けられたものであるし、その本願は大罪の極まりである五逆や謗法等の、無間地獄に堕ちる因《たね》となる行為すら重いとはなさらないから、まして愛する人との別離にたえかねるほどの悲嘆にさまたげられることもない。浄土に往生すると信じることを成し遂げたとしても、今生が生死の迷いを繰り返すあり方の終わりなのであるから、嘆きや悲しみが最も深いと思われるのであって、枕もとや足もとに並び座って、嘆き悲しみ、嗚咽《おえつ》し、左や右に群がり集まって恋しく慕い、涙を流すとしても、決してそのことに影響されるものではない。そのようなところがなければ、かえって愚かな凡夫らしいところがなく、ほとんど他力の仏法によって浄土に往生する人としては相応しくないのではないかとも嫌われたことだろう。

「五逆」とは人倫や仏道に逆らう五種の極悪罪で、具体的には、殺母《さつぼ》（母を殺す）・殺父《さつふ》（父を殺す）・殺《さつ》羅漢《らかん》（修行者を殺す）・出仏身血《しゅつぶつしんけつ》（仏の身を傷つける）・破和合僧《はわごうそう》（仏者の集まりを乱す）を指します。また「謗法」とは「誹謗正法」のことで、仏法を謗《そし》ることを言います。『仏説無量寿経』に説かれる第十八願の末尾には、

唯《ただ》五逆と正法を誹謗せんをば除く。

とあり、五逆と謗法の二つの罪が極めて重いことを知ることが出来ます。

そもそも、私達が仏道を歩む理由を考えてみると、「出離生死」、つまり生死に代表される迷いを離れ出ることにあります。この「出離生死」について、親鸞の師で、浄土宗の元祖である法然《ほうねん》は、その著『選択本願念仏集』の結びに、次のように記しています（現代語訳は本書160頁）。

それ速やかに生死を離れんと欲《おも》わば、二種の勝法の中に、しばらく聖道門《しょうどうもん》を閣《さしお》きて、選びて浄土門《じょうどもん》に入れ。浄土門に入らんと欲わば、正雑《しょうぞう》二行の中に、しばらくもろもろの雑行を抛《なげう》ちて、選びて正行に帰すべし。正行を修《しゅ》せんと欲わば、正助二業の中に、なお助業を傍《かたわら》にして、選びて正定《しょうじょう》を専《もっぱ》らすべし。正定の業とは、すなわちこれ仏の名《みな》を称するなり。称名は、必ず生まるることを得《う》、仏の本願に依るが故に。

この文によれば、生死の迷いを離れて成仏をめざす仏道においては、まず何よりも聖道の教えを捨てて選んで浄土の教えに入り、そしてその浄土の教えにおいては、なお雑行をなげうって選んで正行に帰し、更にまたその正行においては、助業を傍においておき選んで正定業としての称名念仏一行を修める、この念仏一行こそが成仏の道として、阿弥陀如来の本願において選ばれた唯一絶対の修行であると記されます。このように法然は、仏道を歩むに当たって三つの選びを表現しました。ですから、この文は古来「総結三選の文」と呼ばれ、法然の念仏の選びを端的に表す文として夙《つと》に有名です。法然は、阿弥陀如来の本願によって選ばれた称名念仏（選択本願念仏）を、自らもまたその生涯を賭けて選びとりました。つまり人生の究極の意義とは、偏《ひとえ》に浄土往生を遂げることに尽きますし、そのためにはこの選択本願念仏が最もすぐれた唯一の行であるのだと法然は見定めました。しかも、法然の念仏を選びとった根拠は、この「総結三選の文」の最後に「仏の本願に依るからである」とはっきりと明示されています。法然の仏道の歩みの根源には、この「仏の本願」が脈々と流れているのです。

そして親鸞も、阿弥陀如来の本願への深い信順を表しています。

たもつところの他力の仏法なくは、なにをもってか、生死を出離せん。

という『口伝鈔』第十七条の文章に、そのことが如実に表現されています。親鸞も、師法然と同じく、他力念仏の教えなしには、生死の迷いを離れ出るという一大事を成し遂げる術がないとはっきりと言い切っているのです。この法然と親鸞の姿勢は、中国浄土教の祖師・善導《ぜんどう》の言葉に遡《さかのぼ》ることが出来るでしょう。

「深心《じんしん》」と言うは、すなわちこれ深信の心なり。また二種あり。一つには決定《けつじょう》して深く、「自身は現にこれ罪悪生死の凡夫、曠劫《こうごう》より已来《このかた》、常に没《もっ》し常に流転して、出離の縁あることなし」と信ず。二つには決定して深く、「かの阿弥陀仏の四十八願《しじゅうはちがん》は衆生を摂受《しょうじゅ》して、疑いなく慮《おもんぱか》りなくかの願力に乗じて、定んで往生を得《う》」と信ず。

〈現代語訳〉深心と言うのは、つまり深く信ずる心である。これにまた二種ある。一つは、必ず「この身はこれこそ罪悪生死の凡夫であって、はるか昔より今に至るまで、いつも沈没し流転していて、迷いを離れる縁が全くない」と深く信じる。二つは、必ず「彼の阿弥陀仏の四十八願は、衆生を摂《おさ》め取るのであり、疑うことなく思い慮りすることなく、その願力に乗託して間違いなく往生出来る」と信じる。

これは善導の著『観経疏《かんぎょうしょ》』の文章ですが、この内、前者を「機《き》の深信《じんしん》」、後者を「法の深信」と言い、古来「二種深信」と呼びならわされている、私達の信心の表現です。この二種深信からも、私達のこの身は、迷いの世界を離れる根拠をもたないものであり、阿弥陀仏はそのような私達衆生を救わんとして本願を建立したのであるから、その本願に任せるより他に、私達が救われる手立てはないと信じることが極めて大切だと知ることが出来ます。

このことは逆に、この他力の仏法さえあれば、他の修行はいらないということにも通じます。ですから、臨終に際してさえ、念仏の他に行儀は必要ないと、親鸞は言い切るのです。これほどまでに、親鸞は本願に深く信順し、念仏を称えるのです。これこそ覚如が第十六条で確かめた「信の上の称名」の具体相でしょう。

さて、臨終に際して家族等が近づいてはいけないという行儀は、浄土教の習慣ではなく、自力をたのみとする聖道の教えを大切にする人達のならわしでした。ですから、浄土教を大切にする人達にとっては、あえて心を平静にするために勇ましく振る舞う必要はないのです。

また、嘆《なげ》き悲しみ、心が平静でなかったとしても、それによって浄土への往生が左右されるほど、阿弥陀如来の本願はちっぽけなものではありません。そのように、心が揺らぐ者をこそ救うのが阿弥陀如来の本願です。素直に思うがままに涙を流し、嘆き悲しむという自然な振る舞いは、本願を深く信じることへと通じるでしょう。

ならば、やはり「平生業成」の真宗門徒は、嘆き悲しみ、そして念仏を称える他ないのではないでしょうか。

三、看取るという営み

されば、みたからん境界《きょうがい》をも、はばかるべからず、なげきかなしまんをも、いさむべからずと云々《うんぬん》

〈現代語訳〉だから「〔臨終に〕会いたい・〔臨終を〕看取りたいと思うことを遠慮してはならないし、嘆き悲しむとしても、それをいさめてはならない」と云々。

以上から、私達は嘆き悲しむことを遠慮する必要はないし、また、嘆き悲しんでいる人を、「意味がないことであるから止めなさい」と諭《さと》すことも、浄土真宗の教えとは異なるわけです。ともすれば、私達は大切な人との別れに悲しみ嘆く人に対して、「いつまでもくよくよしてはいけない」等と言ってしまいがちですが、悲しみをそのままに涙を流すことの大切さを親鸞は訴えるのです。むしろ勇ましく振る舞うことは、自分の本当の姿を見失うことになりかねず、自身の内実を見つめるという大切な機会を損なうことにもなります。だからこそ、涙を流し、嘆き悲しむように、素直に振る舞うことが大切だとされるのです。よって、臨終を看取るという営みもまた、私達が本願によって救われる大切な契機となると覚如は確かめました。

四、おわりに

前回と今回で、第十七条全体を読み進めました。

この条では、私達「凡夫」とはそもそもどういうものであるのか、確かめることから覚如は始めます。「凡夫」とは煩悩を携え迷い続ける人を言い、何事にも拙《つたな》く愚かです。しかし、浄土真宗における「愚か」とは、単に程度が劣っているとかおろそかである意味ばかりでなく、不十分・不完全という意味合いに通じるように考えられます。どこまでも不完全なる私達は、自らが不完全な存在であると見つめることから始めなければなりません。そこに自力の限界を知り、阿弥陀如来の本願に救われる他ないことに気付くきっかけがあります。そして、大切な人を喪《うしな》う悲しみこそ、苦しみをはっきりと理解出来るタイミングなのです。

嘆き悲しむのを無理に止めるのではなく、嘆き悲しまずにはおられない身の事実に向き合うことの大切さを、この条では確かめています。私達も今一度自らの生活と自らの内面を見つめ直すべきでしょう。

第27講

第十八条・なぐさめるということ

一、はじめに

前回までで、私達が凡夫として素直に嘆き悲しむことの大切さを確かめました。今回は第十八条を読みますが、引き続き「愛別離苦《あいべつりく》」が話題の中心になります。但し、第十七条とは異なり、大切な人と離れなければならない悲しみに悩む人に、私達はどのように接するべきかを確かめつつ、阿弥陀如来の本願が凡夫をどのようにおさめとるのかを吟味していきます。

◆第十八条

一　別離等《べつりとう》の苦《く》におうて、悲歎《ひたん》せんやからをば、仏法《ぶっぽう》のくすりをすすめて、そのおもいを教誘《きょうゆう》すべき事《こと》。

〈現代語訳〉一、別離等の苦しみにあって、歎き悲しむ人達に、仏法の薬を勧めて、その心を教え導かなければならない事。

まず、タイトルで、仏法が薬として表現されます。私達の煩悩は、貪欲《とんよく》・瞋恚《しんに》・愚痴《ぐち》の三つで象徴され、これを三毒と言います（本書、第11講参照）。もともと薬は心身に滋養・利益を与えるものですから、この三毒を打ち消すものとして、古来仏法は薬に喩えられます。

このタイトルで、愛別離苦の悲歎に暮れ、気持ちの行き場を無くした人を教え導くことが仏法の役割であると初めに訴えられます。

二、愛別離苦

人間《にんげん》の八苦《はっく》のなかに、さきにいうところの愛別離苦《あいべつりく》、これもっとも切《せち》なり。

〈現代語訳〉人間の八つの苦しみの中で、前に述べた大切な人と別離しなければならない苦しみが最も甚だしいことである。

前々回で確かめたように、「愛別離苦」とは人間の苦しみの一つです。仏教では、苦しみを四つあるいは八つに分類し、その総称を「四苦八苦《しくはっく》」と言います。「切《せつ》」とは心の感じ方が甚だしいことで、差し迫った状況にあって特に苦しく、辛いことです。大切な人との別離は、文字通り、身も心も切り裂かれるような苦しみでしょう。

この文章は、凡夫の悲しみとはどのようなものか、覚如の了解《りょうげ》を示す象徴的な表現です。仏法によって救われるべきは、自力でさとりを開く「聖者」ではなく、どこまでも苦しみ悩む「凡夫」であることがここで確かめられます。

三、悲歎がはれる

まず生死界《しょうじかい》の、すみはつべからざることわりをのべて、つぎに安養界《あんにょうかい》の常住《じょうじゅう》なるありさまをときて、うれえなげくばかりにて、うれえなげかぬ浄土《じょうど》をねがわずんば、未来《みらい》もまた、かかる悲歎《ひたん》にあうべし。しかし「唯聞愁歎声《ゆいもんしゅうたんしょう》」（定善義《じょうぜんぎ》）の六道《ろくどう》にわかれて、「入彼涅槃城《にゅうひねはんじょう》」（同）の弥陀《みだ》の浄土にもうでんにはと、こしらえおもむけば、闇冥《あんみょう》の悲歎、ようやくにはれて、摂取《せっしゅ》の光益《こうやく》になどか帰《き》せざらん。

〈現代語訳〉〔この愛別離苦に迷い悩む人には〕まずこの生死の迷いの世界ではいつまでも生き続けることが出来ない道理を述べて、次に安養の世界が常住である様相を説き、そして「憂《うれ》い歎《なげ》くばかりで、憂いや歎きがない浄土を願わなければ、未来でもまたこのような悲歎に遭《あ》うだろう。しかし、唯《た》だ愁《しゅう》歎《たん》の声だけを聞く迷いの世界から離れて、かの涅槃の城に導き入る阿弥陀仏の浄土に参《まい》るならば」と教え導けば、闇《やみ》で見ることが出来ず迷う悲歎がようやくに晴れて、〔阿弥陀如来の〕救いの光を蒙《こうむ》るように、どうしてならないであろうか。

「生死界《しょうじかい》」とは、生死を繰り返すこの娑婆世界を表します。一方、「安養界」は「安楽世界」と同義で、楽のある世界、すなわち阿弥陀如来の浄土を指します。「唯聞愁歎声」とは善導の『観経疏《かんぎょうしょ》』「定善義《じょうぜんぎ》」の一文で、「唯だ愁歎の声のみを聞く」と読み、愁《うれ》い歎《なげ》きの声ばかりが聞こえるこの娑婆世界の表現です。また、「入彼涅槃城」も同じく『観経疏』「定善義」の一文であり、「彼の涅槃の城に入る」と読みますが、「涅槃の城」とはさとりの世界である阿弥陀如来の浄土の表現です。

更に「闇」は「くらやみ」、「冥」とは「（私達の）目には見ることが出来ない」ということですから、「闇冥」とは「暗闇で私達の目には見ることが出来ない」ことを指します。前に述べたように、私達は貪欲・瞋恚・愚痴の三毒を具えています。この内、愚痴は「無明《むみょう》」とも言い、真理に明るくない（暗い）ことを指します。暗いからこそ、私達は真理を見失い煩悩にとらわれます。つまり「闇冥の悲歎」とは無明煩悩によって本当のことが分からず悲しみに暮れることを表しています。しかしながら、私達の無明は阿弥陀如来の光明によって晴れるのです。中国浄土教の祖師・曇鸞《どんらん》の『浄土論註』の「千歳《せんざい》の闇室《あんしつ》」の譬えがよく分かるでしょう。

　たとえば千歳の闇室に、光もししばらく至ればすなはち明朗《みょうろう》なるがごとし。闇《やみ》あに室にあること千歳にして去らじと言うことを得んや。

〈現代語訳〉例えば千年にわたって闇に閉ざされた部屋に光がわずかの間でも射し込んだならば、たちまちに明るくなるようなものである。闇が部屋に千年の間あるからといって、闇が去らないと言うことが出来ようか。

無明煩悩によって自らのことを知ることの出来ない者をまた、「凡夫」と言います。しかし、阿弥陀仏の光明に照らされることで、この無明煩悩は払われます。どんなに長い間、煩悩によって眼が閉ざされた者であったとしても、一度阿弥陀如来の智慧の光が射せばその暗闇は晴れます。阿弥陀如来の摂取の光明によって無明の闇は晴れる、つまり「闇冥の悲歎」もやはり阿弥陀如来の光明によって払われます。

例えば名号本尊には、「南無阿弥陀仏」の六字名号《ろくじみょうごう》、「帰命尽十方無碍光如来《きみょうじんじっぽうむげこうにょらい》」の十字《じゅうじ》名号、「南無不可思議光如来」の九字《くじ》名号等があります。浄土真宗の御内仏には「南無阿弥陀仏」を本尊に、「帰命尽十方無碍光如来」と「南無不可思議光如来」を脇掛《わきがけ》に据《す》えることがあります。この名号に「無碍光」「不可思議光」とあるように、阿弥陀如来の智慧は光として表現されます。これは『仏説無量寿経』第十二願「光明無量の願」に、

たとい我、仏を得んに、光明能《よ》く限量ありて、下《しも》、百千億那由他《なゆた》の諸仏の国を照らさざるに至らば、正覚《しょうがく》を取らじ。

〈現代語訳〉たとえ私が仏となっても、光明に限りがあって、百千億那由他の諸仏の国土を照らさないようなことがあれば、私は正覚の身と成らない。

と願われていることを根拠とします。この願が成就することで、阿弥陀如来の智慧は光となって、限りなく私達にまで届くのです。

私達は全てを知り尽くしたかのように、自分の知恵を駆使して日々を暮らしますが、人間の視野と知恵には限りがあります。その人間の限界に気付くことなく我が物顔に過ごすことが「無明」であり、「闇」

なのです。阿弥陀如来の智慧の光は、そのような私達を限りなく照らし続けます。

四、なぐさめるということ

つぎにかかるやからには、かなしみにかなしみをそうるようには、ゆめゆめとぶらうべからず。もししからば、とぶらいたるにはあらで、いよいよわびしめたるにてあるべし。酒《さけ》はこれ、忘《ぼう》憂《ゆう》の名《な》あり。これをすすめて、わらうほどになぐさめて、さるべし。さてこそとぶらいたるにてあれと、おおせありき。しるべし。

〈現代語訳〉次に、このような人達には、悲しみに更に悲しみを添えるようななぐさめを決してしてはいけない。もしそのようにすれば、なぐさめたのではなくて、ますます悲しませたことになるだろう。酒には「忘憂」という名がある。これを勧めて、微笑《ほほえ》みが起こるくらいなぐさめて去ったらよい。それでこそなぐさめたことになる。〔親鸞聖人は〕このように仰《おお》せられた。よく知らなければならない。

ならば、悲しみの最中にあって途方に暮れる人に対して、私達はどのように接するべきでしょうか。これについて、親鸞ははっきりと言います。「悲しみに悲しみを更に加えるように接してはならない」と。悲しみを如何になぐさめやわらげていくか、それは親鸞が生きた鎌倉時代も現代も変わることはありません。

親鸞は、少しでも憂いや悲しみをしのぐよう、酒を用いました。「忘憂《ぼうゆう》」とは文字通り、「憂いを忘れる」ということです。中国の詩人・陶淵明《とうえんめい》（三六五〜四二七）は「飲酒詩」として折にふれて酒を詩にしました。その中に、

秋菊《しゅうぎく》佳色《かしょく》あり　露にぬれたる其の英《はなぶさ》をつみ　此の忘憂の物に汎《う》かべて　我が世を遣《わす》るるの情を遠くす

〈現代語訳〉秋菊は美しい色をして咲く。しっとりと露にぬれた花弁《はなびら》を摘み、この「憂いを忘れる物」と言われる酒の上に浮かべて飲むと、世俗から遠ざかった私の気持ちは更に深まる。

という詩があります。この詩の「忘憂の物」が酒を指します。

酒による「なぐさめ」が、人の悲しみを軽減することを私達は経験的に知っています。例えば現在でも通夜勤行《つやごんぎょう》の後には、近親の人達が集ってお斎《とき》をともにし、酒等を酌み交わす営みがあり、これを通夜振る舞いと言います。これが亡き方を偲《しの》んで、ゆっくりと悲しみを咀嚼《そしゃく》していくために必要な営みなのではないでしょうか。互いに酒や茶等を酌み交わして亡き方を偲ぶ、その場には言葉を交わす必要すらないかもしれません。言葉に出来ない思いを噛みしめる大切な機会になるのです。通夜振る舞いが、浄土真宗に限らず、仏教各宗派における通夜で営まれている由縁はここにあるのでしょう。

更に言えば、親鸞にとっての「なぐさめ」は、単なる人間同士のなぐさめ合いに留まりません。その背景には、どこまでも「仏法のくすりをすすめる」という方向性があります。浄土真宗において「仏法のくすり」とは、阿弥陀仏に南無する他、救われる手立てを持たない私達にとっては、念仏そのものを指します。すなわち、親鸞にとっては悲しみに暮れる人に悲しみを増すようなことは決してすべきでは

なく、悲しんでいる人をなぐさめてこそ人の死を悼《いた》む意義があるし、そこに念仏を伝える大切な機会があるのです。「愛別離苦」という悲しみの経験が、単なる人間同士のやりとりを越えて、私達の生涯を支える他力の仏法を知るきっかけになるのです。

五、おわりに

今回は、大切な人と離れなければならない苦しみ悲しみに苛《さいな》まれる人に対する「なぐさめ」の大切さを確かめました。この「なぐさめ」と近似した行為として、近年クローズアップされているのが「癒《いや》し」です。「癒し」という言葉は、悲しみや苦しみを和らげる方向性から、セラピーや健康法を指す等、多様な形態を持ちますが、本来的には宗教的な奇跡的治癒を行う動作を意味します。それが、日常的にストレスを軽減する作用を持つ行為の意に転じて「癒し」と言われるようです。これはカウンセリング等にも通じる行為でしょう。

しかし、親鸞が言う「なぐさめ」は単なる「癒し」や人間同士のカウンセリングに留まりません。というのも、親鸞の「なぐさめ」は、カウンセリングを通して最終的には「仏法のくすり」を勧めるという方向性を持っているからです。それは、カウンセリングをする者もされる者も、いずれも他力念仏によってしか救われることのない罪悪深重《ざいあくじんじゅう》の凡夫であるという親鸞の人間観があるからです。そして、覚如もこの人間観をしっかりおさえています。浄土真宗にとっては、人が悲しみに暮れる時こそ、人間の自力には限界がある、自力が無効であることを知る絶好の機会なのです。

善導の言葉に、

自《じ》信《しん》教《きょう》人《にん》信《しん》　難《なん》中《ちゅう》転《てん》更《きょう》難《なん》

大《だい》悲《ひ》伝《でん》普《ぶ》化《け》　真《しん》成《じょう》報《ほう》仏《ぶっ》恩《とん》

〈現代語訳〉自ら信じ、人を教えて信じさせることは、難しい中に、一層更に難しい。大悲が伝わり全ての者を教化すること、これこそ本当に仏の恩に報いることを成就する。

とあります（『往生礼讃《おうじょうらいさん》』）。大切なのは、仏法を単に人に教えることではありません。自らが救われた仏法を、重ねて自ら信じ、更に人に教えて信じさせること、これは大変難しい営みですが、これによって仏法が広く伝わります。そして、この「自信教人信」こそ仏の恩に報いることになるのです。同様に、悲しみに暮れる人を仏法へと教え導くことがまた、教え導く人にとっても、仏法を確かめ直す大切な機会なのです。このようにして本願念仏の教えが広がりを持ってきたのでしょう。

第28講

第十九条・本願は誰のために建てられたのか

一、はじめに

前回までで、「愛別離苦」という、大切な人と離れなければならない苦しみに、私達はどのように振舞うべきかを確かめました。「愛別離苦」に直面した時に明らかになるのは、私達が、自力では何も解決し得ない「凡夫」であるということです。その凡夫の悲しみとはどのようなものかを覚如は確かめます。仏教によって救われるべきは、自力でさとりを開く聖者ではなく、どこまでも苦しみ悩む凡夫であることが第十八条で明らかになります。

そして今回読む第十九条では、阿弥陀如来の本願が、果たして聖者のための願なのか、それとも凡夫のための願であるのかが確かめられます。その際、親鸞の教説として広く知られている「悪人正機説《あくにんしょうきせつ》」が話題となります。

二、聖人のためか、凡夫のためか

◆第十九条

一　如来《にょらい》の本願《ほんがん》は、もと凡夫《ぼんぶ》のためにして、聖人《しょうにん》のためにあらざる事《こと》。

〈現代語訳〉一、〔阿弥陀〕如来の本願は本来、凡夫のためのものであって、聖者のためのものではない事。

阿弥陀如来の本願とは、『仏説無量寿経』に説かれる四十八願、その中でもとりわけ第十八願を指します。第十八願は次の通りです。

たとい我《われ》、仏《ぶつ》を得《え》んに、十方衆生《じっぽうしゅじょう》、心《こころ》を至《いた》し信楽《しんぎょう》して我《わ》が国《くに》に生《う》まれんと欲《おも》うて、乃至十念《ないしじゅうねん》せん。もし生《う》まれずは、正覚《しょうがく》を取《と》らじ。唯五逆《ただごぎゃく》と正法《しょうぼう》を誹謗《ひほう》せんをば除《のぞ》く。

〈現代語訳〉もし私が仏となった時、あらゆる世界の生きとし生けるものが、真実の心をもって（至心《ししん》）疑いなく喜び楽って《ねが》（信楽《しんぎょう》）私の国に生まれたいと欲い《おも》（欲生《よくしょう》）、十遍でも念ずるとしよう。もしそれで生まれなければ、私は正覚《さとり》の身とはならない。ただ、五逆の者と正法を誹謗する者を除く。

この第十八・念仏往生《ねんぶつおうじょう》の願によって、私達衆生は、念仏を称えることを通して浄土往生が定まります（本書、第17講参照）。

ならば本願は、果たしてどのような者を救済の対象としているのでしょうか。今まで『口伝鈔』を読み進めてきて当たり前のようにおさえていましたが、今回改めて確かめ直しましょう。

本願寺《ほんがんじ》の聖人《しょうにん》、黒谷《くろだに》の先徳《せんとく》より御相承《ごそうじょう》とて、如信上人《にょしんしょうにん》、おおせられていわく、世《よ》のひと、つねにおもえらく、悪人《あくにん》なおもて往生《おうじょう》す。いわんや善人《ぜんにん》をやと。この事《こと》、とおくは弥陀《みだ》の本願《ほんがん》にそむき、ちかくは釈尊出世《しゃくそんしゅっせ》の金言《きんげん》に違《い》せり。そのゆえは、五劫思惟《ごこうしゆい》の劬労《くろう》、六度万行《ろくどまんぎょう》の堪忍《かんにん》、しかしながら、凡夫出要《ぼんぶしゅつよう》のためなり。まったく聖人《しょうにん》のためにあらず。しかれば、凡夫本願《ぼんぶほんがん》に乗《じょう》じて、報土《ほうど》に往生《おうじょう》すべき正機《しょうき》なり。

〈現代語訳〉本願寺の〔親鸞〕聖人が黒谷の先徳〔法然上人〕より伝えられた教えであると言って、如信上人が〔次のように〕仰せられた。世間の人はいつも「悪人でさえ浄土に生まれることが出来るのだから、まして善人が生まれるのはいうまでもない」と思っていることである。〔しかし〕このことは遠く遡《さかのぼ》って言えば、阿弥陀仏の本願に背き、近く引き寄せて言えば、釈尊がこの世界に出現して説かれた金言に異なっている。その理由は、〔阿弥陀如来が〕五劫にわたって思惟を重ねた労苦や、六波羅蜜の修行を続けた忍耐は、凡夫がさとりに至るための方法を見出すためであって、決して聖人のためではない。であるから、凡夫こそが、〔阿弥陀如来の〕本願に乗って真実の浄土に往生する救いの直接の対象である。

この箇所で覚如は、「法然上人より親鸞聖人が受けた教えを、如信上人から承った」とあえて書き記しています。ここでも、「法然―親鸞―如信」の三代伝持を訴え、またそれを正しく聞いた覚如自身こそが正統なる後継者であることが確かめられます。また、それと共に、一般的に親鸞が唱えたとされる「悪人正機説」が、親鸞が初めて説いたのではなく、法然から親鸞へ、そして親鸞から如信へと口伝されたものであって、それを覚如が記録したものであると知ることが出来ます。

「五劫思惟の劬労、六度万行の堪忍」とは、この娑婆世界における仏道修行の苦労を言います。「五劫思惟の劬労」は、どのような浄土を建立するかについて、五劫という長い間思いを巡らしたことを表します。また「六度万行」は、諸善万行を布施・持戒・忍辱・精進・禅定・智慧の六つにまとめたものですから、「六度万行の堪忍」とは六波羅蜜の修行を続ける忍耐のことです。いずれも阿弥陀如来の仏道修行を指します。また「正機」とは、「正」は「まっすぐ、直接」という意、「機」は「阿弥陀如来の救いの目当て」ということですから、救いの直接の対象という意です。

この段では、「善人」「悪人」が、途中からそれぞれ「聖人」「凡夫」と表現されます。一般的に、「善人」は「善良な人」、「悪人」は「悪事をはたらく人」と理解されるでしょう。そしてその理解に基づいて、「善人」は善根を重ね功徳を積むから救われる、逆に「悪人」は悪を止めることがないからどこまでも救われないということから、「悪人が往生出来るなら、善人ならなおさら往生出来る」と一般的に了解されます。

しかし、浄土教で言う「善人」「悪人」は、それとは理解が異なります。「善人」は「自力をたのんで善根を積み重ねる人」、「悪人」は「自分をしっかりと見つめ、自力で救われる手立てがないと自覚し、他力を依り処とする人」を言います。すると、自力をたのむ「善人」は、あえて阿弥陀如来に依る必要はないから救済の直接の対象とはならないし、「悪人」と自覚する人は自力では往生することが出来ないと思い、他力をたのむ以外に救われる手立てがありません。よって、阿弥陀如来は他力をたのむ他ない「悪人」を何よりも直接の救済の対象とするのです。

しかしながら、「善人」「悪人」そのままでは誤解を生みかねません。そこで、本願は一体誰のためのものかを問う段階になって、「善人」、つまり「自力をたのんで善根を積み重ねる人」を一般的な「聖人」と言い換え、また「悪人」、つまり「自力で救われる手立てがないと自覚する人」を「凡夫」と言い換えることで、読み手が正しく理解出来るよう、覚如が工夫を凝らしていることが窺《うかが》えます。更に、以降では「善人」「悪人」がより分かり易く「善凡夫」「悪凡夫」と表現されます。すなわち、善人も悪人も凡夫に他ならないのです。

三、善人なおもて往生す、いかにいわんや悪人をや

凡夫《ぼんぶ》もし往生《おうじょう》かたかるべくは、願《がん》、虚説《こせつ》なるべし。力《りき》、徒然《とぜん》なるべし。しかるに、願力《がんりき》あい加《か》して、十方《じっぽう》のために大饒益《だいにょうやく》を成《じょう》ず。これによりて、正覚《しょうがく》をとなえて、いまに十劫《じっこう》なり。これを証《しょう》する恒沙諸仏《ごうじゃしょぶつ》の証誠《しょうじょう》、あに無虚妄《むこもう》の説《せつ》にあらずや。しかれば、御釈《おんしゃく》にも、「一切善悪凡夫得生者《とくしょうじゃ》」（玄義分）と等《ら》、のたまえり。これも悪凡夫《あくぼんぶ》を本《ほん》として、善凡夫《ぜんぼんぶ》をかたわらにかねたり。かるがゆえに、傍機《ぼうき》たる善凡夫、なお往生《おうじょう》せば、もっぱら正機《しょうき》たる悪凡夫、いかでか往生

せざらん。しかれば、善人《ぜんにん》なおもて往生す、いかにいわんや悪人《あくにん》をやというべしと、おおせごとありき。

〈現代語訳〉愚かな人がもし浄土に往生し難いならば、本願は虚しいこしらえごとでなければならないし、阿弥陀仏の努力も徒労でなければならない。ところが、阿弥陀仏の本願とそのための努力とが固く結ばれて、一切の人のために大きな恵みを与えることになり、これによってさとりを開いて、既に今日まで十劫になるのである。これを証明する数限りない多くの仏達の証言が、どうしてうそいつわりのない説でないことがあろうか。だから御注釈にも「愚かな人は全て善悪の区別なく浄土に生まれる人である」と仰せられている。しかしこれとて悪を犯す愚かな人を本とし、善を修める愚かな人は傍らに兼ねたのである。こうしたわけであるから阿弥陀如来の救いの対象としては、傍らに置かれた、善を修める愚か者でさえも浄土に生まれるのであるならば、直接の目当てである、悪を犯す愚か者がどうして浄土に生まれないであろうか。だからこそ、善人でさえ浄土に生まれることが出来る、まして悪人は必ず生まれることが出来る、と言わなければならない、と仰せられた。

覚如は「善人」「悪人」を「聖人」「凡夫」と言い換え、更に「善凡夫」「悪凡夫」と表現することによって、一般的な「善人」「悪人」の理解を越えた「善悪凡夫」として全ての衆生を言い当てるのです。ここで、本願が救済の目当てとするものを今一度考えてみましょう。第十八願文にある「十方衆生」とは、あらゆる世界の生きとし生けるものです。全ての衆生の往生が難しいのならば、それを目標とする阿弥陀如来の本願は虚しく徒労になります。しかし、そうではないことを諸仏が証明しています。

そして、「十方衆生」というからには、「善凡夫」「悪凡夫」共にもれなく救われるのですが、直接の救いの対象はやはり「悪凡夫」です。そして脇に置かれた「善凡夫」もいずれ救いの対象となります。この「善凡夫」と「悪凡夫」との関係から、「善人なおもて往生をとぐ、いわんや悪人をや」という、法然以来の浄土教の論旨が成り立つのです。

四、『歎異抄』第三条との比較

「善人なおもて往生す、いかにいわんや悪人をや」という、『口伝鈔』第十九条最後の表現は、皆さん聞き覚えのあるフレーズではないでしょうか。

『歎異抄』第三章にも同意の表現がありますが、これは、「悪人正機説」と呼ばれ、親鸞思想の代表的な教説として夙《つと》に有名です。覚如も『口伝鈔』においてこの思想を表現し、また『歎異抄』の編者とされる唯円《ゆいえん》もやはり、これが親鸞思想の代表的なものであると見定めています。

その『歎異抄』第三章は次の通りです。

善人なおもて往生をとぐ、いわんや悪人をや。しかるを、世《よ》のひとつねにいわく、悪人なお往生す、いかにいわんや善人をや。この条、一旦そのいわれあるににたれども、本願他力の意趣にそむけり。そのゆえは、自力作善《じりきさぜん》のひとは、ひとえに他力をたのむこころかけたるあいだ、弥陀の本願にあらず。しかれども、自力のこころをひるがえして、他力をたのみたてまつれば、真実報土《しんじつほうど》の往生をとぐるなり。煩悩具足のわれらは、いずれの行にても、生死をはなるることあるべからざるをあわれみたまいて、願をおこしたまう本意、悪人成仏のためなれば、他力をたのみたてまつる悪人、もっとも往生の正因なり。

〈現代語訳〉善人でさえやはり、往生を果たす。まして、悪人は言うまでもない。それなのに、世間の人は、いつも「悪人でさえ往生する。まして、善人は言うまでもない」と言っている。このことは、一応は、理由があることに近いようであるが、本願と他力との趣旨に反している。その理由は、自己の力を信じて善事を実行する人は、仏の他力をひたすらに頼りに思う心が欠けているので、阿弥陀仏の本願を受け取るべき性質のものではない。そうではあるがしかし、その自力の心を根本から転換させて、仏の他力をおたのみ申し上げれば、真実の浄土の往生を果たすことになるのだ。煩悩が充分に身に備わっている私達は、どのような修行によっても、生死を続ける迷いの境地を完全に抜け出ることがあるはずがないということをふびんにお思いになって、救いとろうとなされる本願をおおこしになった根本の御意志は、善人よりも悪人が仏と成るためであるから、仏の他力をたのみ申し上げる悪人こそ、本当に往生出来る正しい種である。

『口伝鈔』『歎異抄』のいずれも、悪人こそ本願の救いの直接の対象であるという結論が導かれますが、その理路にはそれぞれ特徴があるようです。

『歎異抄』では、「自力作善のひとは、ひとえに他力をたのむこころかけたるあいだ、弥陀の本願にあらず」とあるように、「他力をたのむこころ」の有無に「善人」「悪人」の差異を見出します。

一方、『口伝鈔』では、本願が目当てとするのは「善人（聖人）」「悪人（凡夫）」のどちらであるかという一点に着眼します。本願の本旨に深く訪ね、「悪凡夫」こそ救済の直接の対象であって、「善凡夫」は脇に置くべき対象であると『口伝鈔』は訴えます。

文章そのものは、『歎異抄』の方がシンプルであって読み手に深い印象を与えるものでしょうが、『口伝鈔』の方が読み手の理解を進めるための工夫が凝らされているように思われます。同じ結論を導くものでありながら、そこに至る道筋に特徴があることが窺えます。

五、おわりに

今回は、『口伝鈔』第十九条を読み、悪人正機説について検討しました。この「悪人正機説」の道理から、自らを悪人と自覚する人こそ、阿弥陀如来は救いますが、善人も悪人も、本願は救います。阿弥陀如来の願いは、善人もいずれ凡夫であることを自覚せよというものなのです。

私達は、自力をたのみとして善い行いを積み重ねようとしますが、その自力がどれほど根拠の薄いものであるか、深く内省する必要があるでしょう。どれほど善を積み重ねても、それを貫き通すことが難しいのが私達愚かな衆生なのです。しかし、その自覚にこそ本当の救いのきっかけがあるのです。覚如は、本願の意趣を訪ね、救いの直接の対象を深く確かめたのです。

第29講

第二十条・罪をつくってはならない

一、はじめに

「悪」とは一体どういうことでしょうか。今回は、第二十条を読み、私達凡夫が積み重ねる「罪」と「悪」について検討していきます。

◆第二十条

一 つみは五逆《ごぎゃく》謗法《ほうぼう》うまるとしりて、しかも小罪《しょうざい》をつくるべからずという事《こと》。

〈現代語訳〉一、五逆や謗法の罪を犯しても〔浄土に〕往生出来ると知っても、どんな小さな罪もつくってはいけないという事。

「罪」とは、一般的には戒律に反する行為を言い、これは「悪」に他ならないので、合わせて「罪悪」

とも言われます。またこの根源には貪欲《とんよく》・瞋恚《しんい》・愚痴《ぐち》の三毒の煩悩があるので、これも「罪悪」とおさえられます。

二、世の人の考え

おなじき聖人《しょうにん》のおおせとて、先師信上人《せんししんしょうにん》のおおせにいわく、世《よ》の人《ひと》、つねにおもえらく、小罪《しょうざい》なりとも、つみをおそれおもいて、とどめばやとおもわば、こころにまかせてとどめられ、善根《ぜんごん》は修《しゅ》し行《ぎょう》ぜんとおもわば、たくわえられて、これをもって大益《だいやく》をもえ、出離《しゅつり》の方法《ほうほう》ともなりぬべしと。この条《じょう》、真宗《しんしゅう》の肝要《かんよう》にそむき、先哲《せんてつ》の口授《くじゅ》に違《い》せり。

〈現代語訳〉同じく、〔親鸞〕聖人の仰せであるとして、先師である〔如信〕上人がこう仰せられた。世間の人はつねに「〔どんなに〕小さな罪でも、罪〔を犯すこと〕を恐ろしく思い、止めようと思えば心のままに止めることが出来、善根は修め、行おうと思えば蓄えることが出来、これによって、〔阿弥陀如来〕の大きな恵みを得ることも出来、またこれが迷いの世界を離れ出る方法ともなるだろう」と思っている。〔しかし〕このことは、真宗の教えの肝心な所に背いており、また先哲の口ずから説かれたこととも異なっている。

「おなじき聖人」とは親鸞のことを指し、「先師信上人」とは、覚如の直接の師である親鸞の孫・如信を指します。

私達は、悪業を止めようと思えば止められ、善業を積もうと思えば積むことが出来ると考えがちです。そして、悪を止め善を積めば、阿弥陀如来の本願に救われるという利益を得られると考える節もありますが、果たしてそうでしょうか。

そもそも、浄土真宗の教えはそうではありませんでした。前回確かめた通り、「悪人」と自覚する人は、自力では浄土に往生することが出来ないと思い、他力をたのむ他に救われる手立てをもちません。ですから、阿弥陀如来は、この他力をたのむ他ない「悪人」を直接の救済の対象とします。これがいわゆる「悪人正機説」でした。

ならば、上述のように世の人が言うことと、浄土真宗の先輩方が伝承してきた教えとは、どのように異なるのでしょうか。

三、抑止は釈尊の方便

まず逆罪等《ぎゃくざいとう》をつくること、まったく諸宗《しょしゅう》のおきて、仏法《ぶっぽう》の本意《ほんい》にあらず。しかれども、悪業《あくごう》の凡夫《ぼんぶ》、過去《かこ》の業因《ごういん》にひかれて、これらの重罪《じゅうざい》をおかす。これとどめがたく、伏《ふく》しがたし。また小罪《しょうざい》なりとも、おかすべからずといえば、凡夫こころにまかせて、つみをばとどめえつべしと、きこゆ。しかれども、もとより罪体《ざいたい》の凡夫、大小《だいしょう》を論《ろん》ぜず、三業《さんごう》みなつみにあらずということなし。しかるに小罪もおかすべからず、といえば、あやまってもおかさば、往生《おうじょう》すべからざるなりと、落居《らくきょ》するか。この条《じょう》、もっとも思択《しちゃく》すべし。これもし、抑止門《おくしもん》のこころか。抑止《おくし》は、釈尊《しゃくそん》の方便《ほうべん》なり。

〈現代語訳〉まず、五逆罪等をつくることは、全く他宗の掟にふれるもので、仏法の本意ではない。しかしながら、悪業を重ねた愚かな凡夫は、過去からの宿業《しゅくごう》の原因にひかれて、これらの重罪を犯すのであって、その悪業を止めることも抑えることも困難である。また、「小さな罪であっても犯してはならない」と言う時は、愚かな凡夫でも思い通りに罪を犯さないでいることが出来るのだとも受け取られるだろう。しかしながら、本来的に、罪そのものを本性とする愚かな凡夫である以上、大小を論ずるまでもなく、身に行うこと、口に言うこと、心に思うこと、全て罪でないものはない。ところが「小さな罪であっても犯してはならない」と言う時は、つい過《あやま》って罪を犯しても浄土に往生することは出来ないと決着するものだろうか。この点について、よくよく思いをめぐらさないといけない。これは、仮に抑止《おくし》する意味だろうか。抑止は釈迦の方便である。

ここで、「罪」について少し具体的に考えてみましょう。浄土真宗で言う「罪」は、「五逆」と「誹謗《ひほう》正法《しょうぼう》」です。「五逆」とは、殺母《さつぼ》（母を殺す）・殺父《さつふ》（父を殺す）・殺羅漢《さつらかん》（修行者を殺す）・破和合僧《はわごうそう》（仏者の集まりを乱す）・出仏身血《しゅつぶっしんけつ》（仏の身を傷つける）という五つの罪を言います。「誹謗正法（謗法《ほうぼう》）」とは仏法を謗《そし》ることを言います。これらの罪は、前回でも紹介した『仏説無量寿経』の第十八願文に、たとい我、仏を得んに、十方衆生、心を至し信楽して我が国に生まれんと欲うて、乃至十念せん。もし生まれずは、正覚を取らじ。唯《ただ》五逆と正法を誹謗せんをば除く。

とある中で、「ただ除く」として記されます。これは古来「唯除《ゆいじょ》の文《もん》」と読みならわされています。一見、念仏往生の救済の対象から除かれているように読み取ることも出来るでしょう。すると、「十方衆生」と呼びかけて、皆もれなく救われるはずの念仏往生の本願が、「五逆」と「謗法」の人を除くことになります。この矛盾のようにも見える文章には、どういった意趣があるのでしょうか。

親鸞はこれについて、その著『尊号真像銘文《そんごうしんぞうめいもん》』で、次のように了解《りょうげ》を示します。

唯除《ゆいじょ》五《ご》逆《ぎゃく》誹《ひ》謗《ほう》正法《しょうぼう》というは、「唯除」というは、ただ除くということばなり。五逆のつみびとをきらい、誹謗のおもきとがをしらせんとなり。このふたつのつみのおもきことをしめして、十方一切の衆生みなもれず往生すべし、としらせんとなり。

〈現代語訳〉「唯除五逆誹謗正法」について、「唯除」というのは「ただ除く」という言葉である。五逆の罪人を嫌い、正法を誹謗するという重い咎《とが》を知らせようとしているのである。この二つの罪の大変重いことを表して、全ての衆生が皆もれなく往生するであろうことを知らせようとするのである。

五逆と謗法の罪人を、「除く」という言葉を通して救おうとする阿弥陀如来の本願の表現だと、親鸞は理解します。罪を罪とも思わない人に対して、その罪の重さを知らせて、心を翻《ひるがえ》させるのが本願の意だとするのです。言わば、「弥陀《みだ》の抑止《おくし》」です。

第二十条の冒頭で紹介した、世間で言われる「悪業を止めようと思って止めること、善業を積もうと思って積むこと」が私達に可能でしょうか。この確かめは、私達自身の内面をどこまで深く見つめることが出来るかに関わってきます。『口伝鈔』で繰り返し確かめてきた通り、私達は愚かな凡夫です。だからこそ親鸞は、自らをしっかりと見つめ、自覚せよと促《うなが》しました。もし自らの内面を見つめたならば、「悪を思いのままに止め、善を思いのままに積む」ことなど出来ない自分に気付くはずです。そのような者をこそ救うというのが阿弥陀如来の本願です。愚かな者を救わずして、「十方衆生」と言えるでしょうか。「ただ除く」というのは、救済から除くのではなく、その罪の深さを知らせ回心《えしん》させて、逆に救いとろうとする教えだと親鸞は確かめました。

一方覚如は、「唯除五逆誹謗正法」は、「釈迦の抑止」であると確かめました。阿弥陀如来の本願は、どれほど悪をつくったとしても救うが、釈尊が、悪人であってもなるべく悪をつくらずに生きることを願って、かりそめの手立てとして「ただ除く」と説いたと言うのです。「ただ除く」が阿弥陀如来の教えか、釈尊の教えか、という点において親鸞と覚如の「唯除」理解は、異なる部分があることが窺《うかが》えます。親鸞は、本願文に徹底して依拠しているのに比べて、覚如は阿弥陀如来の摂取不捨《せっしゅふしゃ》のはたらきを全面的に信頼し、釈尊の方便の仕事を評価しています。阿弥陀如来を救主《きゅうしゅ》、釈尊を教主《きょうしゅ》として、二尊を仰ぐ浄土真宗の教えの真骨頂でしょう。

ならば、私達はどのようにして往生していくのでしょうか。第二十条の最後で確かめられます。

四、回心して皆往く

真宗《しんしゅう》の落居《らくきょ》は弥陀《みだ》の本願《ほんがん》にきわまる。しかれば、小罪《しょうざい》も大罪《だいざい》も、つみの沙汰《さた》をし、たたば、とどめてこそ、その詮《せん》はあれ、とどめえつべくもなき凡慮《ぼんりょ》をもちながら、かくのごとくいえば、弥陀の本願に帰託《きたく》する機《き》、いかでかあらん。謗法罪《ほうぼうざい》はまた仏法《ぶっぽう》を信《しん》ずるこころのなきよりおこるものなれば、もとよりそのうつわものにあらず。もし改悔《がいけ》せば、うまるべきものなり。しかれば、「謗法闡提回心皆往《ほうぼうせんだいえしんかいおう》」（法事讃《ほうじさん》）と釈《しゃく》せらるる、このゆえなり。

〈現代語訳〉しかし真宗の落ち着くところは、阿弥陀如来の本願以外にはない。だから、小罪も大罪も、罪の詮索がしたいならば、どんな罪も犯さないでこそ、その甲斐があるので、犯さないでいることも出来ない浅はかな考えを持ちながら、このように言う時は、阿弥陀如来の本願に帰して、身を託する者が果たしているだろうか。また、謗法の罪は仏法を信ずる心がないことから起こるものであるから、もともと浄土に往生する素質のある者ではない。しかしもし悔い改めるならば、往生することが出来るものである。だから、「謗法や闡提《せんだい》も回心《えしん》すれば、皆浄土に往生する」と『法事讃』で解釈されるのはこのためである。

前節で確かめたように、五逆・謗法の罪人を救うために、その罪の重さを知らせて悔《く》い改めさせるべく、本願に「唯除」の文があります。この「悔い改める」には、「自力かなわない身であった」という心の翻《ひるがえ》りがあります。これを「回心」と言います。「闡提」とは「一闡提《いっせんだい》」と言い、正しい道理の感覚を失っていて、正法を信じる心を失い、煩悩の満足だけを求めている人で、決して成仏出来ない人のことです。しかし、阿弥陀如来の本願のみ、五逆も謗法も一闡提ももれなく回心を通して救います。ですから「回心」が極めて重要なキーワードとなります。

浄土真宗の根拠は、阿弥陀如来の本願以外にはありません。それは、善導が『観経疏散善義《かんぎょうしょさんぜんぎ》』で「彼の仏願に順ずるが故に」と言い、法然が『選択集《せんじゃくしゅう》』で「仏の本願に依るが故に」と言う通りであり、どこまでも念仏往生は阿弥陀如来の本願を根拠とします。ならば、後は私達が本願を信じることです。このことは本書第26講（246頁）で、「二種深信《にしゅじんしん》」を確かめた通りです。

「深心《じんしん》」と言うは、すなわちこれ深信の心なり。また二種あり。一つには決定《けつじょう》して深く、「自身は現にこれ罪悪生死の凡夫、曠劫《こうごう》より已来《このかた》、常に没《もっ》し常に流転して、出離の縁あることなし」と信ず。二つには決定して深く、「かの阿弥陀仏の四十八願《しじゅうはちがん》は衆生を摂受《しょうじゅ》して、疑いなく慮《おもんぱか》りなくかの願力に乗じて、定んで往生を得《う》」と信ず。

これは、前者を「機の深信」後者を「法の深信」と呼び、古来「二種深信」と言われる、私達の信心の表現です。この二種深信からも、私達のこの身は、迷いの世界を離れる根拠をもたないものであり、阿弥陀如来はそのような私達衆生を救おうとして本願を建立したのだから、その仏法に乗る以外、私達が救われる手立てがないと信じることが極めて大切なのです。

五、おわりに

今回は第二十条を読み進めました。第十八願文の結びにある「唯除五逆誹謗正法」の文は、極めて取り扱いの難しい表現です。しかし、親鸞は第十八願文に真向かいに取り組み、「唯除」だからこそ、私達凡夫が救われるという本願の真意を読み取りました。覚如もまた、阿弥陀如来を信じ、「唯除の文」に、私達凡夫に悪を止めさせるという、釈尊の「抑止」の意味を見出しました。

　親鸞も覚如もいずれも、先師がそう確かめたからではなく、他の誰でもなく自分の身の上に本願がはたらくことをおさえたという理解です。このように、主体的に本願を読み解く二人の姿勢に、私達は注目すべきでしょう。

第30講

第二十一条・一念と多念（一）

一、はじめに

今回は、第二十一条前半を読みます。この条では「一念《いちねん》」と「多念《たねん》」が話題となります。これは端的に言えば、「浄土真宗においては、ただ一度の念仏でいいのか、それとも数多くの念仏でなければならないのか」という問題です。親鸞在世当時より、念仏を称《とな》える数の多少は大きな論点だったのです。

それ故、法然門下の聖覚《せいかく》は、その著『唯信鈔《ゆいしんしょう》』で「一念多念」の問題を取り上げましたし、同じく法然の弟子である隆寛《りゅうかん》も同じように『一念多念分別事《ふんべつのこと》』を著し、この「一念多念」の問題に言及しました。そして、親鸞はその註釈書である『一念多念文意《もんい》』を著し、この問題に取り組みました。

そして、覚如の時代にあってなお、「一念多念」の問題は、人々の大きな関心事でした。その「一念多念」の問題について、覚如はどのような理解を施したのでしょうか。早速読み進めていきましょう。

◆第二十一条

一　一念《いちねん》にてたりぬとしりて、多念《たねん》をはげむべしという事《こと》。

〈現代語訳〉一、一念で十分であると知って、更に多念を励まなければならないという事。

このタイトルから、覚如の理解の一端を窺うことが出来るでしょう。念仏について、ただ一たびの念仏で十分と知りながらなお、その後も念仏を称え続けるべきであると覚如はおさえます。ならば、この「一念多念」の問題とはそもそもどういうことでしょうか。まず、「一念」と「多念」について確かめましょう。

「一念」には、口に一声「南無阿弥陀仏」と称える「行の一念」と、心に一たび「南無阿弥陀仏」と念じる「信の一念」があります。しかし、親鸞が「信の一念、行の一念、ふたつなれども、信をはなれたる行もなし、行の一念をはなれたる信の一念もなし」と消息に記すように、「信の一念」も「行の一念」も決して異なるものではありません。つまり、称名《しょうみょう》という行の一念には往生が決定《けつじょう》する仏徳があるし、また念仏を浄土往生の業《ごう》であると疑いなく信じる一念に浄土往生が決定するのです。ですから、平生においで浄土往生が決定する、すなわち「現生正定聚《げんしょうしょうじょうじゅ》」という位に定まります。これは、念仏の行者は信心が定まった時、既に浄土往生が決定するという「平生業成《へいぜいごうじょう》」の思想に通じます（本書、第23・24講参照）。しかし、この「一念」に依り過ぎると、その後の称名念仏の行を軽視する姿勢になりかねません。それは当然、浄土教の教説から外れることになります。この立場の人達を「一念義」と言います。

一方、「多念」とは、念仏を数多く称え、その後に浄土往生出来るという考えです。阿弥陀如来が称名念仏を浄土往生が定まる行であるとしたので、本願を信じる人は、一生涯にわたって念仏を称えるという考えです。しかし、この「多念」について、臨終の際まで念仏を称え続けて、心を平静に保ち阿弥陀如来の来迎を待つという理解まで展開すると「臨終業成《りんじゅうごうじょう》」に繋がり、「現生正定聚」「平生業成」の教えとは異なり、やはり浄土教の教説からは乖離《かいり》するものとなります。この立場の人達を「多念義」と言います。

つまり、「一念」と「多念」のいずれもが、称名念仏の回数にとらわれ過ぎて、阿弥陀如来が私達に施した称名念仏の本来の願いに気付かないところに、大きな問題を含んでいるようです。

二、「上尽一形」と「下至一念」

このこと、多念《たねん》も一念《いちねん》も、ともに本願《ほんがん》の文《もん》なり。いわゆる「上尽一形《じょうじんいちぎょう》」・「下《げ》至《し》一念《いちねん》」と等《ら》、釈《しゃく》せらる。これその文《もん》なり。しかれども、下至一念は、本願をたもつ往生決定《おうじょうけつじょう》の時剋《じこく》なり。上尽一形は、往生即得《おうじょうそくとく》のうえの、仏恩報謝《ぶっとんほうしゃ》のつとめなり。

〈現代語訳〉ここにいう、数多くの念仏も一声の念仏も、共に本願の文〔に見られる言葉〕で、いわゆる「上《かみ》〔の数〕は一生涯の間から、下《しも》〔の数〕はただ一声の念仏に至るまで」などと註釈されているものが、それである。しかしながら、「下はただ一声の念仏に至るまで」とは、本願を信じて浄土に往生することが決定する瞬間であり、「上は一生涯の間」とは浄土に生まれることがこの身のままで得られると決定した上で称える、仏の御恩に応えるための感謝のつとめである。

「上尽一形」と「下至一念」の言葉は、善導の著『法事讃《ほうじさん》』にある、

上一形《かみいちぎょう》を尽《つく》し十念・三念・五念に至るまで、仏来迎したまう。直《ただち》に弥陀の弘誓重《ぐぜいかさ》なれるをもって、凡夫念ずればすなわち生ぜしむることを致《いた》す。

〈現代語訳〉上は〔数の多さとしては〕一生涯を尽くし、〔少なさとしては〕十たびや三たび、五たびの念仏に至るまでも〔阿弥陀〕仏は来迎される。正しく阿弥陀仏の弘誓が重いからこそ、凡夫であっても念仏すればたちまちに浄土に往生させるのである。

という文章に依る表現です。また、同じく善導の『往生礼讃《らいさん》』前序には、この文を引用して、「上尽一形下至十声一声等」とも記されています。この「下至十声一声」を覚如が「下至一念」とあえて表現を変えている点にも注目しましょう。

「上尽一形」は「多念」、「下至一念」は「一念」を象徴する表現です。すなわち、この条では「多念」と「一念」とがどのような関係にあるのかが、根本的な課題となります。このことについては、既に法然の言行録である『西方《さいほう》指《し》南抄《なんしょう》』で、念仏の数が問題となった時に、

十声一声の釈は、念仏を信ずるようなり。かるがゆえに信をば一念に生まるるととり、行をば一形をはげむべしと、すすめたまえる釈なり。

〈現代語訳〉〔善導の『往生礼讃』には、数多くの念仏、一たびの念仏は必ず浄土往生を得るとあるが〕この十声〔という多念と〕一声〔という一念〕の註釈の文は、念仏を信ずる様を表現している。であるから、

信心においてはただ一たびの念仏で浄土往生が定まるとし、修行としては一生涯にわたって励むべきであると、勧められた註釈である。

と法然が答えたとあります。「一念多念」の問題を検討するに当たって、予《あらかじ》め私達は、この法然の教えの伝統があることをおさえなければなりません。

覚如もやはり、「一念」つまり「下〔の数として〕は一たびの念仏」とは、ただ一たびの念仏で浄土往生が決定することであり、そのことを知って仏徳を讃えるべく、命終の際まで念仏を称えることが「多念」つまり「上〔の数として〕は一生涯の間」という意味であるという理解を示します。

よって、単純に「上尽一形」と「下至一念」という言葉では、念仏の数の多少について決定的に立場が異なるように見えますが、法然の伝統に基づいて考えると、「一念」も「多念」も念仏の数の問題ではなくて、いずれも念仏者の姿勢の表明に他ならず、決して異なるものではありません。すなわち、浄土往生は信心獲得を因とするので、ただ一たびの念仏で十分ではあっても、浄土往生が定まった人は仏恩《ぶっとん》報謝《ほうしゃ》のために一生涯念仏を称え続ける、それが浄土真宗における「一念」と「多念」の基本的な視座です。

しかしながら、前節で記したように、親鸞在世の頃より、「一念義」と「多念義」、念仏の理解が異なる人達の間で論争がありました。ならば、覚如はこの「一念」と「多念」という念仏の回数の問題についてどのような姿勢を貫いたのでしょうか。第二十一条は続きます。

そのこころ、経釈顕然《きょうしゃくけんぜん》なるを、一念《いちねん》も多念《たねん》も、ともに往生《おうじょう》のための正因《しょういん》たるようにこころえみだす条《じょう》、すこぶる経釈に違《い》せるものか。さればいくたびも、先達《せんだち》よりうけたまわり、つたえしがごとくに、他力《たりき》の信《しん》をば、一念に即得往生《そくとくおうじょう》ととりさだめて、そのとき、いのちおわらざらん機《き》は、いのちあらんほどは、念仏《ねんぶつ》すべし。これすなわち、上尽一形《じょうじんいちぎょう》の釈《しゃく》にかなえり。

〈現代語訳〉この意は、経典や注釈に明白であるのに、一念も多念も共に浄土に往生するための直接の因であるように考え違いをしていることは、あまりにも経典や注釈と違っているのではないか。だから、いくども先哲から聞き受け、伝えられてきたように、他力の信心をただ一たびの念仏に獲得して、直ちにこの身のままで浄土に往生する身となると信じた、その時に生命を終わらない人は以後、生命のある限りは念仏しなければならないのである。これは正しく「上〈の数として〉は一生涯の間」という註釈の意趣に契《かな》っている。

覚如は、ここでただ一たびの念仏が浄土往生の直接の因であると明快に述べます。そして、念仏の数の多少を論じるのは、経典や註釈を読み間違っているとも明言します。

重ねて記しますが、法然以来、浄土往生の因となるのは、どこまでも他力の信心を獲得することであって、決して念仏の数の多さではありません。であるのに、信心獲得を後にして、私達は称える念仏の数を誇ろうとしがちで、実はそれこそが経典や註釈を読み間違えだと覚如は指摘します。そうではなく、ただ一たびの念仏で他力の信心を獲得し浄土往生が定まった者は、命終のその際まで仏恩報謝の念仏を称える、それが「上尽一形」の本意であると覚如は記します。どこまでも信心獲得が、阿弥陀如来の本願にかなう姿であるのに、念仏の数の多少にとらわれるならば、念仏の根源にある阿弥陀如来の願いを見失ってしまうのです。

三、世の人の考え

しかるに、世《よ》の人《ひと》つねにおもえらく、上尽一形《じょうじんいちぎょう》の多念《たねん》も、宗《しゅう》の本意《ほんい》とおもいて、それにかなわざらん機《き》の、すてがてらの一念《いちねん》とこころうるか。これすでに、弥陀《みだ》の本願《ほんがん》に違《い》し、釈尊《しゃくそん》の言《ごん》説《ぜつ》にそむけり。

〈現代語訳〉ところが世間の人は「上は一生涯の間の念仏も宗の本意である」と思って、そのような、数多く念仏を称えることの出来ないような人のために、本意ではないが、ことのついでに、一声の念仏ということを許すのである、と心得るのであろうか。これは既に阿弥陀仏の本願にたがい、釈尊の言葉に背いている。

しかしながら世間の人達は、浄土往生の念仏の数が多ければ多いほど良くて、命終の最後まで念仏を称え続けることが重要であると誤解していると覚如は分析します。これは、第一節で確かめたように、臨終になって初めて浄土往生が定まるというういわゆる「臨終業成」の考えへと展開します。こうなると、平生から阿弥陀如来の本願を信ずるという浄土真宗の念仏者の姿勢とは大きく異なります。ですから、これは阿弥陀如来の本来の願いに背いており、それを説いた釈尊の教えにも反しています。こういった点から、世間の人達の考えは、浄土真宗本来の救済の姿と異なるのです。

四、一念による浄土往生

そのゆえは、如来《にょらい》の大悲《だいひ》、短命《たんみょう》の根機《こんき》を本《ほん》としたまえり。もし多念をもって、本願とせば、いのち一刹那《いっせつな》につづまる無常迅速《むじょうじんそく》の機《き》、いかでか本願に乗《じょう》ずべきや。されば真宗《しんしゅう》の肝要《かんよう》、一念《いちねん》往生《おうじょう》をもって淵源《えんげん》とす。

〈現代語訳〉そのわけは、〈阿弥陀〉如来の大悲はいのち短い私達を目当てとなさっているからである。もし数多く念仏を称えることをもって本願とするならば、わずか一瞬の間のいのちにちぢめられた、死が目前に迫った人は、どうして本願の恵みを頂くことが出来ようか。だから真宗の肝心要《かんじんかなめ》は、ただ一たびの念仏によって浄土に往生するということをもって起点としている。

「短命の根機」とは、「いのちが短い私達」であり、また「いつこのいのちが終わるとも知れない私達」なのです。このいつ終わるとも知れない私達のいのちを考えた時、万が一、多念の衆生を救う本願であるならば、本願の救済から漏れる人も多く出てくるのではないでしょうか。

今一度、私達のいのちの有り様をしっかりと見つめるならば、阿弥陀如来の本願は、「一念」の念仏者を救うという所にその真意があることが分かります。阿弥陀如来の大悲による救済の対象は、いつ娑婆のいのちを終えるとも分からない私達衆生なのです。

五、おわりに

今回は、第二十一条前半を読み、「一念多念」の問題の根源を尋ねました。私達は念仏を称えれば称えるほど、浄土往生が近づくように考えがちです。しかし、それは浄土往生が決定したと本願を信じる念仏者の姿勢とは大きく異なります。

阿弥陀如来の願いの本質を確かめると、そこに称名念仏の数の多少は問われていないことが分かるでしょう。全ての衆生を救う本願だからこそ、「一念」に信心を獲得して浄土往生が定まるのです。しかしながら、浄土往生が定まった者は、仏恩報謝のために必然に命終の際《きわ》まで念仏を称える生活を送ることになります。

この「一念」と「多念」の問題に、人間の執着という問題が浮き彫りにされます。どれほど念仏が、私達を救うすぐれた仏法であっても、それに執着する私達の姿勢が、この論争の根源にある問題なのです。改めて、選択本願念仏の教えを確かめると共に、そこに底流する阿弥陀如来の願いを私達は聞き続けなければなりません。

第31講

第二十一条・一念と多念（二）

一、本願成就の文

今回は、引き続き第二十一条を、浄土真宗の基礎を確かめながら読み進めますが、特に「多念」の問題を中心に吟味していきます。

◆第二十一条（承前）

そのゆえは、願成就《がんじょうじゅ》の文《もん》には「聞其名号《もんごみょうごう》　信心歓喜《しんじんかんぎ》　乃至一念《ないしいちねん》　願生彼国《がんしょうひこく》　即得往生《そくとくおうじょう》　住《じゅ》不退転《ふたいてん》」（大経）とおなじき『経《きょう》』の流通《るずう》には、「其有得聞彼仏名号《ごうとくもんひぶつみょうごう》　歓喜踊躍乃至一念《かんぎゆやくないしいちねん》　当知此人《とうちしにん》　為得大利《いとくだいり》　即是具足無上功徳《そくぜぐそくむじょうくどく》」とも、弥勒《みろく》に付属《ふぞく》したまえり。しかのみならず、光明寺《こうみょうじ》の御釈《おんしゃく》には、「爾時聞一念《にじもんいちねん》　皆当得生彼《かいとうとくしょうひ》」（往生礼讃）とら、みえたり。これらの文証《もんしょう》、みな無常《むじょう》の根機《こんき》を本《ほん》とするゆえに、一念をもって往生治定《おうじょうじじょう》の時刻《じこく》とさだめて、いのちのぶれば、自然《しぜん》と多念《たねん》におよぶ道理《どうり》をあかせり。されば、平生《へいぜい》のとき、一念往生治定《いちねんおうじょうじじょう》のうえの仏恩報謝《ぶっとんほうしゃ》の多念の称名《しょうみょう》とならうところ、文証《もんしょう》・道理顕然《どうりけんぜん》なり。

〈現代語訳〉その理由は、〔阿弥陀如来の〕本願の成就を説いた経文に「その名号を聞いて、信心を得た喜びが身にも心にもあふれて、ただ一たびの念仏となる。彼《か》の国に生まれようと願えば、たちどころに往生を得て、不退転に立つ」と説き、同じ『仏説無量寿経』の流通《るずう》の文に「彼の〔阿弥陀〕仏の名号を聞いて、躍り上がるほどに身にも心にも喜びがあふれ、ただ一たびの念仏をするだろう。知るべきである、この人は〔浄土往生という〕大いなる利益《りやく》を得ると。つまり、〔名号には〕無上の功徳が具わっているのである」と言って、弥勒菩薩に念仏を伝え広めることを託されている。また、そればかりではなく、光明寺の〔善導の〕御註釈には「その時、ただ一たびの念仏を聞く者は皆、正しく彼の国に生まれることが出来る」等と見えている。これらの証拠の文章は全て、いついのち終えるともしれない人を目当てとするから、ただ一たびの念仏を称える時を、浄土に生まれることが決《けつ》定《じょう》する時と定めて、それ以後、いのちながらえる時は、自然と数多く念仏を続けて行く道理を明らかにしている。だから平生《へいぜい》に、ただ一たびの念仏によって浄土に生まれることが決定した以上、その後、称える念仏は仏の恩に応える感謝の称名念仏であると習って来たことは、経典や註釈における証拠の上からも、また道理の上からも、極めて明白である。

「願成就文《がんじょうじゅもん》」とは「本願成就文」とも言い、『仏説無量寿経』の第十八願が成就した様相が表現されて

います。重ねて記しますが、第十八願文は（現代語訳は本書260頁）、

たとい我《われ》、仏《ぶつ》を得《え》んに、十方衆生《じっぽうしゅじょう》、心《こころ》を至《いた》し信楽《しんぎょう》して我《わ》が国《くに》に生《う》まれんと欲《おも》うて、乃至十念《ないしじゅうねん》せん。もし生まれずは、正覚《しょうがく》を取《と》らじ。唯五逆《ただごぎゃく》と正法《しょうぼう》を誹謗《ひほう》せんをば除《のぞ》く。

というものです。一方、その「本願成就文」は正しくは、

諸有衆生、其の名号を聞きて、信心歓喜し、乃至一念せん。至心に回向《えこう》したまえり。彼《か》の国に生ぜんと願ずれば、即ち往生を得、不退転に住す。唯五逆と誹謗正法とを除く。

〈現代語訳〉あらゆる衆生は、その名号を聞いて、信心を得た喜びが身にも心にもあふれて、ただ一たびの念仏となる。阿弥陀如来は至心をもって回向して下さる。彼の国に生まれようと願えば、たちどころに往生を得て、不退転に立つ。ただ、五逆の者と正法を誹謗する者を除く。

というものです。この「本願成就文」によって、私達が信心を獲得し、浄土往生すると確かめることが出来る、浄土真宗においては極めて大切な文です。親鸞は、この本願文と本願成就文とをセットで引用します。願いが願いのままで終わらない念仏の仏道を、親鸞は見出したと言えるでしょう。このことについて、安富信哉は、

どのようなものであれ願いは、成就を俟《ま》って、その本来の目的を達する。もし願いが実現されることのないままに止まるならば、それは理想のまま終ったということになる。願いは、現実となってこそ具体性をもつ。そこに願の成就という意味がある。（『真実信の開顕―『教行信証』「信巻」講究―』、二〇〇七年、東本願寺出版部）

と理解を示します。具体的に、私達の身の上に信心を通して救済が成就することを確かめたのが、親鸞

の大きな仏道事業なのです。

また次の引用文は、同じく『仏説無量寿経』にある、

それ、かの仏の名号を聞くことを得て、歓喜踊躍《かんぎゆやく》して乃至一念することあらん。当《まさ》に知るべし、この人は大利《だいり》を得《う》とす。すなわちこれ無上の功徳を具足するなり。

〈現代語訳〉さて、彼の〔阿弥陀〕仏の名号を聞いて、躍り上がるほどに身にも心にも喜びがあふれ、ただ一たびの念仏をする者がいるだろう。知るべきである、この人は〔浄土往生という〕大いなる利益《りやく》を得ると。つまり、名号には、無上の功徳が具わっているのである。

という文です。「流通《るずう》」とは、経典の結びにある、仏法を後世に流布伝持《るふでんじ》するため、弟子に与える箇所を言います。ここで釈尊は、次の世に仏になる弥勒菩薩に、念仏の教えによって救済が成立することを伝えています。ここも極めて重要な文です。

更に覚如は、善導《ぜんどう》の『往生礼讃《おうじょうらいさん》』の文章を引用しています。

その時、一念を聞き、皆まさに彼に生を得《う》。

〈現代語訳〉その時、ただ一たびの念仏を聞く者は皆、正しく彼の国に生まれることが出来る。

ここでもやはり、ただ一たびの念仏によって、浄土往生が決定することが記されます。

これらの引用文群は、一念によって浄土往生が定まることを確かめる証文です。ここで覚如は徹底して、私達の浄土往生が、多念ではなく一念において決定することを訴えるのです。私達、いついのち終えるともしれない者にとって、一念が浄土往生を決定する行なのです。その一念の積み重ねが多念となるのであって、決して多念を最終の目標として往生を願うのではありません。

だからこそ、一念による往生の決定がまずあって、私達のいのちが延びる度に、往生定まった仏徳への謝念の表現としての多念へと展開するのです。そして、一念に往生が定まるのですから、平生業成こそが浄土真宗の根幹を為す思想だと覚如は訴えるのです。

但《ただ》し、親鸞自身は、決して一念による浄土往生を殊更に説いたのではありません。親鸞の著作である『一念多念文意《もんい》』(『一念多念証文』)の結びには、

浄土真宗のならいには、念仏往生ともうすなり。全く、一念往生・多念往生ともうすことなし。

〈現代語訳〉浄土真宗では、「念仏往生」と言い慣わされている。「一念往生」や「多念往生」とは言われることはないのである。

とあり、「一念往生」でも「多念往生」でもないということが記されています。この記述があるにもかかわらず、覚如はあえて「一念」が大切であると言います。その覚如の真意にも注意を払わなければなりません。

二、多念のきわまり

ところが、前回確かめたように、世間では「多念」による往生の方が理解され易く、また、それこそが理想とされていました。しかし、もし多念往生ならば、どういったことが問題となってくるのでしょうか。覚如は続けて記します。

もし、多念《たねん》をもって、本願《ほんがん》としたまわば、多念のきわまり、いずれのときとさだむべきぞや。いのちおわるとき、なるべくんば、凡夫《ぼんぶ》に死《し》の縁《えん》、まちまちなり。火《ひ》にやけても死し、みずにながれても死し、乃至刀剣《ないしとうけん》にあたりても死し、ねぶりのうちにも死せん。これみな先業《せんごう》の所感《しょかん》、さらにのがるべからず。しかるに、もし、かかる業《ごう》ありておわらん機《き》、多念のおわりぞと、期《ご》するところ、たじろかずして、そのときかさねて十念《じゅうねん》を成《じょう》じ、来迎引接《らいこういんじょう》にあずからんこと、機《き》として、たとい、かねてあらますというとも、願《がん》としてかならず迎接《こうしょう》あらんこと、おおきに不《ふ》定《じょう》なり。

〈現代語訳〉もし数多くの念仏を称えることをもって本願とされるならば、その数の極限はいつと定めたものだろうか。いのちの終わる時であるならば、愚かな人の死に方はその姿がまちまちである。火に焼けて死ぬことも水に流れて死ぬことも、また刀にふれて死ぬことも、眠りながら死ぬこともあろう。これらは全て、以前の行為に引かれたもので、決してこれを逃れることは出来ない。ところが、もしこのような死に方で死んで行こうとする人が、今こそ数多く称えて来た念仏の終わりが来たと、かねて思い定めたところにひるむことなく、その臨終に際して重ねて十声《じっしょう》の念仏を行い、阿弥陀仏や菩薩のお迎えにあずかろうとすることは、その人の素質としては、たとえお迎えがあると予測されているとしても、本願の上からいって必ずお迎えに接するかどうか、はなはだ当てにはならない。

もし、多念の往生が本願の真意であるならば、往生はどの念仏で定まるのでしょうか。やはりそれは、命終間際の念仏になるでしょう。しかし、私達は、自らの命終の様相を、畳の上で穏やかに迎えるように考えますが、それは飽くまで理想に過ぎません。現実として、必ずしもそうなるとは限らないのです。死に様は人それぞれです。焼け死ぬこと、溺れ死ぬこと、斬殺されることも、穏やかに死ぬことも、催す縁によってそれぞれあります。命終が、いつどのような状況で来るかも分からないのが私達人間のいのちです。特に、親鸞や覚如が生きた鎌倉時代は、戦乱の時代で、飢饉《ききん》も長期間にわたってあり、今より生死の問題が身近に迫ってくるものであったことは容易に推察出来るでしょう。このことは、臨終業《りんじゅうごう》成《じょう》を願う者の死の様相を伝える『口伝鈔』第十六条にも確かめた通りです（本書、第24講参照）。

この『口伝鈔』第十六条では、臨終業成の思想における死の様相が描かれますが、やはり思い通りに臨終の状況を迎えることのままならない人間の姿が具体的に表現されています。しかし、臨終業成を願うとして、果たして思う通りに臨終の状況を迎えることが出来るでしょうか。第十六条でも、やはり臨終の様相が生々しく描かれます。火に焼かれ、水に溺れ、刀で切られ、はたまた床について穏やかに終えることもあり、様々な命終の姿があります。そういった中で、臨終に際して心乱れず平静な心で阿弥陀如来の来迎《らいこう》を待ち、浄土への往生を期することが、当時は理想とされました。心乱すことなく阿弥陀如来の来迎を待つには、床につきゆっくりと命終を待たねばなりません。ところが現実として、そのように穏やかに命終を迎えるとは限りません。このことは、現代でも変わらないでしょう。理想と現実の乖離《かいり》があるのです。まして、殺害という憂《う》き目《め》に遭遇することになると、念仏する暇《いとま》も与えられません。命終の姿を思う時、念仏する間もなく、死を迎えることも決して少なくないのです。多念の往生であるならば、突き詰めるとこの臨終業成の思想へと展開するでしょう。

「一念」も「多念」も同じように、臨終の際まで念仏を称える姿は変わりませんが、その立脚点が往生が定まった念仏か、往生定まるための念仏かで、大きく異なるのです。

三、親鸞の真意と覚如の覚悟

今回は、第二十一条を読み進め、「一念」による往生の決定から「多念」という念仏者の生活へと展開する、覚如の表現について確かめました。

但し、親鸞は「念仏往生」であって、決して「一念往生」「多念往生」ではないと言います。そこを覚如は一歩踏み込んで、「一念による往生《おうじょう》治定《じじょう》」と言い、そこから「多念」へと展開する念仏者の歩みを、この『口伝鈔』第二十一条で表現しています。あえて、親鸞が用いなかった表現を覚如が使用するのは、他の「一念多念」で迷い、争う人達に向けて、より分かり易く課題を抽出し、親鸞の真意にまで思索を展開しようとした覚悟が背景にあるように思われます。覚如の、その工夫と覚悟に、私達は学ばなければならないのではないでしょうか。

第32講

第二十一条・一念と多念（三）

今回は、引き続き第二十一条を最後まで読み進めます。それによって、「多念往生」の問題を浮き彫りにし、改めて「一念」と「多念」の関係性を吟味します。まずは、第十九願文の解釈から始まります。

一、第十九願文

◆第二十一条（承前）

されば第十九の願文《がんもん》にも「現其人前者《げんごにんぜんしゃ》」（大経）のうえに、「仮令不与《けりょうふよ》」とら、おかれたり。仮《け》令《りょう》の二字をば、「たとい」とよむべきなり。「たとい」というは、あらましなり。非本願《ひほんがん》たる諸《しょ》行《ぎょう》を修《しゅ》して、往生《おうじょう》を係求《けぐ》する行人《ぎょうにん》をも、仏《ぶつ》の大慈大悲《だいじだいひ》、御覧《ごらん》じはなたずして、修諸功徳《しゅしょくどく》のなかの称名《しょうみょう》を、よどころとして現《げん》じつべくは、その人《ひと》のまえに現ぜんとなり。不定《ふじょう》のあいだ、仮《け》令《りょう》の二字をおかる。もしさもありぬべくはと、いえるこころなり。

〈現代語訳〉であるから、〔『仏説無量寿経』の〕第十九願文《がんもん》にも「現其人前者《げんごにんぜんしゃ》〔その人の前に現れる〕」という言葉の前には、「仮令不与《けりょうふよ》」と置かれているのである。「仮令」の二字は「たとい」と読む言葉である。〔この〕「たとい」というのは、「大よそ」ということである。本願に外《そ》れた様々な行を修めて、浄土に往生したいと願い求める行者でさえも、〔阿弥陀〕仏は大慈大悲をもって御覧になり、お捨てにならない。〔阿弥陀仏は〕修められた様々な功徳の中にある称名念仏を依り処として、そのお姿を現さなければならない時には、その人の前に現れようというのである。〔必ずしも現れるとは〕定まっていないので、「仮令」の二字が置かれたもので、「もしそういうことがあり得るならば」という意味である。

第十九願とは『仏説無量寿経』における第十九願文のことです。

たとい我《われ》、仏《ぶつ》を得《え》んに、十方衆生《じっぽうじゅじょう》、菩提心《ぼだいしん》を発《おこ》し、もろもろの功徳《くどく》を修《しゅ》して、心《こころ》を至《いた》し願《がん》を発《おこ》して我《わ》が国《くに》に生《う》まれんと欲《おも》わん。寿終《いのちお》わる時《とき》に臨《のぞ》んで、たとい大衆《だいしゅ》と囲繞《いにょう》してその人《ひと》の前《まえ》に現《げん》ぜずんば、正覚《しょうがく》を取《と》らじ。

〈現代語訳〉もし私が仏となった時、あらゆる世界の生きとし生けるものが、仏道を求める心をおこし、様々な功徳を修めて、真実の心をもって願いをおこして私の国に生まれたいと思うだろう。そのいのちが終わる時に臨んで、たとえ聖なる者達と共に、その人の前に現れないならば、私は正覚の身とはならない。

この願文は、「諸々の功徳を修める」表現から、古来「修諸功徳《しゅしょくどく》の願《がん》」と呼ばれ、臨終に際して仏が来《らい》迎《こう》する表現から「臨終現前の願《りんじゅうげんぜんのがん》」とも呼ばれます。私達が様々な行を修め、仏道を求め、歩むための大切な願です。

ここで問題となってくるのは、「仮令《けりょう》」という言葉で、これは「たとえ、仮に」という意です。本来、本願の行は、称名念仏の一行です。しかし、第十九願は「修諸功徳」とあるように、様々な行を修めることですから、そのままでは本願にかなった行にはなっておらず、浄土往生は成就しません。しかし、その諸行を修める行者をも、阿弥陀如来は捨てないと願い、第十九願を建立しました。そして、行者が修める様々な功徳の中から称名念仏の行を頼りとして、阿弥陀如来は現前して下さると覚如は読み取るのです。

もともと専ら仏の名号を称えることが本願にかなった行ですから、「修諸功徳」は、仏の願いに依るものではなく、自らの力で修める功徳です。この「自力」に依ると、自身の浄土往生が臨終の間際まではっきりしない点に大きな問題があります。そのために第十九願では、「仮令」という文字が宛てられ、「おおよそのところ」という意が込められます。

どこまでも自力の修行であるが故に、臨終の際《きわ》まで往生が定まらない、そのことを覚如は「もしそういうことがあり得るならば」とおさえて「不定《ふじょう》」と言い表すのです。そして、その後に、「不定」の道理が確かめられます。

二、多念往生

まず不定《ふじょう》の失《しつ》のなかに、大段《だいだん》、自力《じりき》のくわだて本願《ほんがん》にそむき、仏智《ぶっち》に違《い》すべし。自力のくわだてというは、われとはからうところをきらうなり。つぎには、またさきにいうところのあまたの業因《ごういん》、身《み》にそなえんこと、かたかるべからず。他力《たりき》の仏智をこそ、「諸邪業繋無能碍者《しょじゃごうけむのうげしゃ》」（定善義）とみえたれば、さまたぐるものもなけれ。われとはからう往生《おうじょう》をば、凡夫《ぼんぶ》自力の迷心《めいしん》なれば、過去《かこ》の業因《ごういん》、身にそなえたらば、あに自力の往生を障碍《しょうげ》せざらんや。されば多念《たねん》の功《こう》をもって、臨終《りんじゅう》を期《ご》し、来迎《らいこう》をたのむ自力往生のくわだてには、か様《よう》の不可《ふか》の難《なん》どもおおきなり。

〈現代語訳〉まず、〔仏の来迎があるとは〕定まっていないというあやまちの中の根本は、自力の企てがあり、それは本願に背き、仏の智慧に違うであろう。「自力の企《くわだ》て」というのは、〔それを凡夫が〕「私自身の力で」とはからうのを嫌うことを示している。次に、また前に述べたような、幾多の過去の悪の行為が原因となって自然と身にそなわってしまっている。しかし、仏からの他力の智慧のはたらきは、〔善導の文に〕「諸邪業繋《しょじゃごうけ》もよく碍《さ》うるものなし」と見えているから、〔その他力を〕さまたげるものはないであろう。「私自身の力で」浄土に往生しようとすることこそ、愚かな凡夫の自力の迷い心であるから、過去の悪い行為を原因として身にそなえたならば、その原因が果たして自力によって浄土に往生しようとすることを妨害しないだろうか。だから数多く称える念仏の功徳によって、臨終を期して阿弥陀仏の来迎を期待する、自力によって浄土に往生しようとする企てには、このようなまぬかれることの出来ないあやまちなどが多いのである。

「諸邪業繋無能碍者《しょじゃごうけむのうげしゃ》」とは、善導の『観経疏《かんぎょうしょ》』「定善義《じょうぜんぎ》」にある文で、

諸邪業繋もよく碍《さ》うるものなし。

という意です。

〈現代語訳〉様々な悪の行為による繋縛《けばく》でさえも、よくさまたげることはない。

「不定」、すなわち浄土往生がはっきりと定まっていないのはどうしてかが、ここで確かめられます。ここでまず挙げられるのが、やはり私達の「自力」の心です。親鸞は、その著『一念多念文意《もんい》』で、「自力というは、わがみをたのみ、わがこころをたのむ、わがちからをはげみ、わがさまざまの善根をたのむひとなり」と述べます。このように、「我《われ》（私自身の力）」をたのむあり方が自力です。この人には、阿弥陀如来の本願を信じ、任せる姿勢が欠落しているので、自らの力をたのむ姿勢は、本願に背くこと、仏の智慧を疑うことへと繋がるのです。しかしながら、私達凡夫が、どこまでも自力を尽くすことがままならないことは本講義で度々記した通りです。本願の他力を依り処とする浄土真宗にあっては、その自らの姿をしっかりと見つめて、自身が愚か（自力をまっとう出来ないこと）であると自覚することが大切です。

ところが、阿弥陀如来の智慧は、そのような私達のちっぽけなさわりすら、さまたげにはなりません。その智慧を信じることが大切なのです。

そもそも、浄土真宗の念仏者にとって、臨終の際の阿弥陀如来の来迎が必要なのでしょうか。これについて、親鸞は、晩年の消息に次のように記しています。

真実信心の行人《ぎょうにん》は、摂取不捨《せっしゅふしゃ》のゆえに正定聚《しょうじょうじゅ》のくらいに住《じゅう》す、このゆえに臨終《りんじゅう》まつことなし。来《らい》

迎《こう》たのむことなし。信心の定まるとき往生また定まるなり。来迎の儀則をまたず。

〈現代語訳〉真実信心の行者は、阿弥陀如来の摂取不捨によって、浄土往生が定まる集まりの位に留まる。であるから、臨終をまつことはないし、来迎をたのむこともない。信心が定まる時に、浄土往生が定まるのであって、来迎を儀式をまつこともないのである。

「真実信心の行人」とは、阿弥陀如来より信心を賜《たまわ》った行者のことです。その行者は、既に浄土往生が定まっているので、臨終をまって浄土往生の可否に悩む必要もなく、また阿弥陀如来の来迎をたのむ必要もありません。ですから、浄土真宗においては、当時世間に流布《るふ》していた臨終来迎の儀式に則《のっと》ることすら不要なのです（本書、第23・24講参照）。但し、そのためには、行者には自力を尽くすことが出来ない愚かな凡夫であることの自覚が求められます。そのことは親鸞に先立って、師・法然が、

浄土宗の人は愚者になりて往生す。

〈現代語訳〉浄土宗の行者は、愚かな者であると自覚することで、浄土往生する。

と述べたとあります。親鸞以前から、法然は自力を尽くせない衆生の本性を見抜いていました。ならば、一念と多念はどう関係するのでしょうか。覚如は、一念から多念への展開を分かり易く繙きます。

三、一念と多念

されば紀典《きてん》のことばにも、「千里《せんり》は足《あし》の下《した》よりおこり、高山《こうせん》は微塵《みじん》にはじまる」といえり。一念《いちねん》

は多念《たねん》のはじめたり。多念は一念のつもりたり。ともにもって、あいはなれずといえども、おもてとし、うらとなるところを、人《ひと》みなまぎらかすものか。いまのこころは、一念無上《いちねんむじょう》の仏智《ぶっち》をもって、凡夫往生《ぼんぶおうじょう》の極促《ごくそく》とし、一形憶念《いちぎょうおくねん》の名願《みょうがん》をもって、仏恩報尽《ぶっとんほうじん》の経営《けいえい》とすべしと、つたうるものなり。

〈現代語訳〉だから『白氏文集《はくしもんじゅう》』の言葉にも「千里は足の下より起こり、高山は微塵に始まる」と言っている。ただ一たびの念仏は数多くの念仏の始まりであり、数多くの念仏はただ一たびの念仏の積み重なりである。世間の人は皆、一念と多念は互いに相離れないけれども、一方は表で、もう一方は裏の関係にあるのを、言い紛《まぎ》らしているのであろうか。ここで言うところは「ただ一たびの念仏によってこの上もない仏の智慧を頂くことを、愚かな凡夫が浄土に生まれるその瞬間と考え、その後の生涯にわたって、その本願による称名念仏を、仏の御恩に応えるいとなみとしなければならない」という心を伝えるものである。

「紀典」とは唐の文学者・白居易《はくきょい》（白楽天《はくらくてん》）（七七二～八四六）の詩文集である『白氏文集《はくしもんじゅう》』のことで、この三十九巻の、

千里は足の下より創《はじま》り、高山は微塵より起こる。

〈現代語訳〉千里という長い道のりは足下の一歩から始まり、高い山は細かな塵から起こる。

という文に依っています。「千里の道も一歩から」という言葉が、私達には馴染みがあるかもしれませ

ん。その一歩一歩の積み重ねが千里になります。ここでは、「足下の一歩」と「細かな塵」が「一念」を、「千里という長い道のり」と「高い山」が「多念」を指します。一念は多念の始まりであって、また多念は一念の積み重ねであるという関係性を、私達は忘れてはならないという覚如の教示でしょう。この覚如の誡《いまし》めによって、一念と多念は決して離れたものではないことをおさえたならば、一念と多念のどちらが正しいか間違っているか等とは言えないのではないでしょうか。

重ねて言いますが、一念も多念も、いずれも大切なことは勿論ですが、忘れてならないのは、一念の積み重ねが多念になるという関係です。ここまで読み進めて、覚如がこの条で伝えたかったのは、一念の大切さから、一念の積み重ねの大切さへの展開ではないでしょうか。

そのことが、

一念にてたりぬとしりて、多念をはげむべしという事。

という、第二十一条のタイトルに端的に表現されています。一念往生と多念往生で論争を企てる人達にとって、一念と多念は、まるで対極にある概念のようではありますが、本来的にはそのようなことでは全くなくて、一念と多念のいずれもが、決して相離れることのない、阿弥陀如来の本願の行だということが窺えます。

ですから、本願の行としての称名念仏について、一念が良いとか多念が正しいとかいうような諍論は、あってはならないことなのです。

四、一念の往生治定

先々回から、三回の講義を通して、第二十一条を読みました。『口伝鈔』の最後の条で、覚如は丁寧に浄土往生の道理を繙《ひもと》きます。それほどまでに、当時の一念多念の諍論は根深いものだったのでしょう。「一念往生」か「多念往生」かにとらわれるあまり、阿弥陀如来の本当の願いに気付かずにいる者に、親鸞は「念仏による往生」を訴えました。それが『一念多念文意』の結びにある（現代語訳は、本書290頁参照）、

浄土真宗のならいには、念仏往生ともうすなり。まったく、一念往生・多念往生ともうすことなし。という文です。そして、この一念多念の諍論について、覚如は噛んで含める如く、第二十一条で細部にわたって書き記します。それが「一念は多念の始まり」であり、且《か》つ「多念は一念の積み重ね」なのです。私達は、その覚如が丁寧に繙いた「一念《いちねん》の往生治定《おうじょうじじょう》」の意趣を読み取らないといけないのではないでしょうか。

第33講

覚如が描く親鸞像

一、はじめに

前回までで、『口伝鈔』二十一箇条を読み終えました。

覚如が撰述した『口伝鈔』は、単なる本願寺教団のための文献ではありません。その根底には、「なんとしても親鸞より受け継いだ念仏の教えを伝持しなければならない、そのためには本願寺教団を確立しなければならない」という志願があります。そのことは、本書第1講で確かめた通りです。

そこで今回は結語を読み、今一度『口伝鈔』の願いを確かめ、覚如にとって親鸞とはどういう存在であったかを吟味しましょう。

二、面授口決

◆結　語

元弘《げんこう》第一の暦《れき》辛未《かのとのひつじ》仲冬下旬《ちゅうとうげじゅん》の候《こう》、祖師聖人《そししょうにん》本願寺親鸞《ほんがんじしんらん》報恩謝徳《ほうおんしゃとく》の七日七夜《しちにちしちや》の勤行《ごんぎょう》の中に相当《あいあ》たりて、先師上人《せんししょうにん》釈如信《しゃくにょしん》面授口決《めんじゅくけつ》の専心《せんしん》・専修《せんじゅ》・別発《べっぽつ》の願《がん》を談話《たんかい》するについで、伝持《でんじ》したてまつるところの祖師聖人の御己証《ごこしょう》、相承《そうじょう》したてまつるところの他力真宗《たりきしんしゅう》の肝要《かんよう》、予《よ》が口筆《くひつ》をもってこれを記《しる》さしむ。

〈現代語訳〉元弘元（一三三一）年十一月下旬の頃、本願寺の祖師・親鸞聖人の恩に報いその徳を謝する、七昼夜にわたる勤行を営むに当たって、先師・如信上人が、（親鸞聖人から）直接真向かいに口伝えで受けた「専心」や「専修」や「本願」といったお話をなさり、伝え聞いた親鸞聖人自らの了解《りょうげ》や、継承した本願他力の浄土真宗の肝要を、この私、覚如が口で伝え、（弟子・乗専《じょうせん》に）筆記させる。

一三三一（元弘元）年は、一二六二（弘長二）年に親鸞が入滅し、七十年が経った頃です。「仲冬下旬の候、祖師聖人　本願寺親鸞　報恩謝徳の七日七夜の勤行」とは、親鸞の祥月《しょうつき》命日に合わせて勤められる法要、すなわち「報恩講《ほうおんこう》」のことです。覚如は、報恩講に併せて、親鸞の恩徳に謝せんとして、この『口伝鈔』を撰述しました。「面授《めんじゅ》」とは直接顔を合わせて教えを受けること、「口決《くけつ》」とは口伝えで教えを受けることです。ここでは、「親鸞―如信―覚如」という口伝の流れが記されます。親鸞から直接教えを受けることがなかった覚如にとっては、親鸞と覚如を繋《つな》ぐ、如信が「面授口決」のキーパーソンです。「専心《せんしん》」（他力の信心）・「専修」（専修念仏）・「別発」（『仏説無量寿経』の第十八願）の話を聞き、「祖師〔親鸞〕聖人の御己証」と「他力真宗の肝要」について、如信から教えを受けたと覚如は書き記すのです。

ならば、その教えとは一体どういう意味を持つものだったのでしょうか。

これ往生浄土《おうじょうじょうど》の券契《けんけい》、濁世末代《じょくせまつだい》の目足《もくそく》なり。ひろく後昆《こうこん》を湿《しっ》し、遠く衆類《しゅるい》を利《り》せんがための故なり。然《しか》りといえども、この書《しょ》においては機《き》を守りこれを許《ゆる》すべく、左右《さう》なく披閲《ひえつ》せしむべからざるものなり。宿善開発《しゅくぜんかいほつ》の器《き》にあらずは、痴鈍《ちどん》の輩《やから》、さだめて誹謗《ひほう》の唇《しん》を翻《ひるがえ》さんか。しからばおそらく生死海《しょうじかい》に沈没《ちんもつ》せしむべきのゆえなり。深く箱底《そうてい》に納《おさ》めてたやすく閫《しきみ》を出《いだ》すことなからんのみ。

釈宗昭《しゃくしゅうしょう》

〈現代語訳〉これこそ浄土に往生するための手形であり、濁《にご》った世・末法の時代に生きる者の目となり足となって導くものである。広く後世の人達を瑞々《みずみず》しくうるおし、遠く未来にわたって生きる者達に利益《りやく》を与えるためのものである。しかしながら、この書を読む人の素質をわきまえて許さなければならず、誰彼《だれかれ》の区別なく披露してはいけない。過去の善行が開花する者でなければ、〔愚〕痴・〔愚〕鈍の類は、きっと手の平をかえすように誹謗の言葉を並べたてるだろう。そうすると恐らく生死《まよい》を繰り返す海に沈没することになるからである。深く箱の底に納め、たやすく門外に出してはならない。

釈宗昭

「券契《けんけい》」とは手形や証券の総称です。つまり、如信から受けた浄土真宗の教えこそ、「浄土往生に欠かすことの出来ない約束手形」なのです。また「濁世《じょくせ》末代の目足」とは、源信《げんしん》の『往生要集《おうじょうようしゅう》』の、

それ往生極楽の教行《きょうぎょう》は濁世末代の目足なり。

〈現代語訳〉〔念仏という〕極楽へ往生するための教えと修行は、濁《にご》りきった世と末法の時代〔を生きる者〕の目となり足となるのである。

という文章に基づいています。この娑婆世界は、『仏説阿弥陀経』によれば、劫濁《こうじょく》（飢饉・悪疫・戦争等、時代の汚《けが》れ）・見濁《けんじょく》（誤った思想や見解がはびこること）・煩悩濁《ぼんのうじょく》（愛欲が盛んで争いが多いこと）・衆生濁《しゅじょうじょく》（身心が衰え苦しみが多くなること）・命濁《みょうじょく》（寿命が短くなっていくこと）という五つの濁りで満ちています。そして今の時代は「末代」、即ち末法の時代です。そもそも仏教では、仏の教え、修行、証果《しょうか》が正しく伝わるか否かで、「正法《しょうぼう》」「像法《ぞうぼう》」「末法《まっぽう》」と時代区分されます。正しい教えと正しい行、正しい証果が伝わる時代を「正法」、正しい教えと正しい行だけが伝わる時代を「像法」、正しい教えしか残らない時代を「末法」と言います。諸説ありますが、釈尊が入滅してから五百年間または千年間が正法、それから更に千年間が像法、それ以降が末法と区分されます。最澄《さいちょう》制作と伝えられる『末法灯明記《まっぽうとうみょうき》』には、一〇五二（永承七）年に末法に突入したと記されます。すると、日本では平安末期以降が末法の時代になります。

親鸞は、自らが生きる時代・世界を末法・濁世と自覚し、数多くある仏道修行の中から称名念仏《しょうみょうねんぶつ》こそ、時代に適《かな》った仏法であると見極めました。念仏こそ、濁世末代を生きる私達衆生が自身を見つめる眼になり、また仏道を進む足となり、導いてくれるのです。

ですから、この教えは親鸞のみならず、更に未来の者達の生涯を瑞々《みずみず》しく潤《うるお》す教えとなるのです。但し、この書は限られた者しか見ることは許されないと、覚如は注意を促します。浄土真宗を曲解することなく、素直に念仏を喜ぶ人だけが、見ることを許されるものでした。覚如は異義を危険視し、たやすくこの書を読ませてはならないと誡めたのです。このような表現は、法然の『選択集《せんじゃくしゅう》』にも以下のように記されています。

庶幾《こいねが》わくば、一たび高覧《こうらん》を経て後《のち》に、壁の底に埋みて、窓の前に遺《のこ》すことなかれ。おそらくは破法の人をして、悪道に堕《だ》せしめざらんがためなり。

〈現代語訳〉願わくは、〔この書は〕一度御覧になった後には、壁に埋め込み隠して、〔多くの人が目にする〕窓の前に置くようにしてはならない。仏法を破る人に、悪道へと堕ちるようにさせないためである。

ならば、覚如の異義に対する牽制は、法然の姿勢に倣《なら》ったものでしょう。こういった点からも、「法然―親鸞―如信」という「三代伝持の血脈《けちみゃく》」への意識が見られます。更には浄土真宗の宗祖であり、本願寺の開山である親鸞の恩徳をなんとしても伝えようとする姿勢も重ねて窺えます。その上で、やはり「親鸞―如信―覚如」という口伝の確かさを徹底しようとする願いも記されます。

三、補　記

そして覚如は、この後に更に補記を施します。

先年《せんねん》かくのごとくこれを註記《ちゅうき》しおわり、慮外《りょがい》に今に存命《ぞんめい》す。よって老筆《ろうひつ》を染《そ》めてこれを写すところなり。姓《しょう》いよいよ朦朧《もうろう》、身《しん》また羸劣《るいれつ》、右筆《ゆうひつ》に堪《た》えずといえども残留《ざんりゅう》す。ここに遺跡《ゆいしゃく》において書するは、もしこれを披見《ひけん》する人、往生《おうじょう》浄土《じょうど》の信心開発《しんじんかいほつ》するかの間、窮屈《きゅうくつ》を顧《かえり》みず灯下《とうか》において筆を馳《は》せおわりぬ。

康永《こうえい》三歳　甲申《きのえさる》　九月十二日、亡父《ぼうふ》の尊霊の御月忌《おんがっき》に相当するがゆえに、終《つい》に写功《しゃこう》しおわりぬ。

釈宗昭七十五

同年十月二十六日夜、灯下において仮名《かな》を付しおわりぬ。

〈現代語訳〉先年、このようにこの書を註記し終わったが、思いがけなく今まで生きながらえている。だから老いた者であるが筆を染め、これを写したのである。気質はいよいよ朦朧とし、身体もひどく弱って、乱筆で見るに堪えないだろうが書き残しおく。ここに、書き残したのは、これを披《ひら》き見る人が、浄土に往生しようという信心を開きおこすかとも思うからであって、窮屈ではあったが灯の下に筆を走らせ書き終えたのである。

康永三年九月十二日は、亡き父・覚恵の尊霊の命日に当たるので、この日に完成するよう筆写に励み、功を終えた。

釈宗昭　七十五歳

同年十月二十六日夜、灯下において仮名を付し終えた」

一三四四（康永三）年、七十五歳の覚如は、『口伝鈔』を改訂し、その折にこの結語を補います。現代と大きく異なる生活環境にあって、七十五歳という高齢での思索と執筆活動は、過酷なものだったでしょう。この営みを考えると、晩年に至るまで、並々ならぬ意欲をもって、この『口伝鈔』を記した覚如の情熱が窺《うかが》えます。身体は衰え、目もはっきりと見えない中で、それでも更に老体にむち打って執筆をする覚如が見え隠れします。その苦労に思いを馳せると、私達はその覚如の願いの深さに気付かされるでしょう。

四、おわりに

以上で、『口伝鈔』を読み終えました。序文、二十一条、結語まで通読して、改めて浄土真宗の教えを受け継いだ正統という覚如の自負が窺えます。

現代において、親鸞の言行録として注目を浴びているのは、何を差し置いても『歎異抄』です。『歎異抄』は、親鸞の直弟子・唯円《ゆいえん》が制作したとされる、浄土真宗のエッセンスが凝縮された傑作です。今なお、多くの現代語訳や解説書が刊行されており、私達にもなじみ深いものでしょう。すなわち、私達が親鸞という人物像を思い描く際に大きな影響を与える文献が『歎異抄』なのです。その親鸞像とは例えば、親鸞と唯円とのやりとりから伺うことが出来る、真宗門徒の手本となる念仏者の姿でしょう。するると、私達が思い描くのは、唯円の眼を通した親鸞像と言えるでしょう。しかし、それとは異なる親鸞像を私達は知ることが出来ます。それが、『歎異抄』と同時期に制作された、『口伝鈔』を通した親鸞像です。

覚如による『口伝鈔』撰述の願いは、繰り返し記したように、浄土真宗の教えの正統を訴えることにあります。そのためには、浄土真宗は、本願寺教団を中心として伝承されるべきであるという訴えです。親鸞自身は、寺院を建立する意図を持つことなく生涯を過ごしましたから、覚如の本願寺建立が、本当に親鸞の願いに応えたものであるかどうかは議論の余地があるかもしれません。しかし、覚如が本願寺教団の基盤を作ったからこそ、今私達のもとに念仏の教えが伝統されているのは疑いようのない事実です。その覚如は、親鸞をどのような存在と受け止めたのでしょうか。

『口伝鈔』第一条では、親鸞が阿弥陀如来の化身《けしん》としてこの世界に出現したとあります。また第十一、十二条では、観音菩薩が仮に親鸞の姿をもって現れたとあり、更に第十三条に至っては、観音菩薩の垂《すい》迹《じゃく》（仮の姿）であり且《か》つ阿弥陀如来の来現《らいげん》である親鸞が記されています。いずれも、阿弥陀如来・観音菩薩の化現《けげん》（姿を変えてこの世に現れる）として親鸞を仰ぐ覚如の記述なのです。すなわち、『口伝鈔』の端々からも窺える通り、覚如は、阿弥陀如来のはたらきを、親鸞の言行そのものに見出しているのです。このように覚如は、阿弥陀如来のはたらきとして親鸞を仰ぎ、敬いました。

私達は、自分と同じ地平上に親鸞像を探し続けがちです。これはいわば「人間・親鸞」です。しかし、それればかりではなく、むしろ親鸞を阿弥陀如来のはたらきとして仰ぐ、そういった視点もまた大切ではないでしょうか。これは、覚如一人に限ったことではありません。

親鸞とその妻・恵信尼《えしんに》の関係を振り返ると、様々な苦難を、相携《あいたずさ》えながら共に歩む二人の生活だったでしょう。そのような中、親鸞は六角堂の夢告（親鸞の夢に観音菩薩が出現し、「私があなたの妻となり、添い遂げよう」と告げたとされる出来事）によって、恵信尼こそ観音菩薩であると確かめました。一方恵信尼もまた、

あれは観音にてわたらせ給うぞかし。あれこそ善信《ぜんしん》の御房《ごぼう》よ。

〈現代語訳〉あの方は、観音菩薩です。あの方こそ、善信（親鸞）の御房です。

と、同じく親鸞を観音菩薩と確かめました。すなわち、夫も妻もお互いを観音菩薩として尊敬し合っていたのです。これが浄土真宗では大切な視点であり、また他者を敬う姿勢へと繋がります。この恵信尼による親鸞像は、覚如が描いた『口伝鈔』における親鸞像と重なるものでしょう。

本講義に当たっては、親鸞の言行を通して、浄土真宗のエッセンスを確かめると共に、覚如の視点を通した、『歎異抄』とは異なるもう一つの親鸞像の吟味を試みました。これによって、親鸞像が今より更に奥行きのあるものになるのではないでしょうか。是非とも、読者の皆さんにとって、「親鸞」という人物はどういった存在であるのか、覚如の『口伝鈔』を通して、確かめてみて下さい。

あとがき

親鸞は、九十年の生涯を賭して、師法然より受け継ぎし撰択本願念仏の教えを布教しました。その親鸞の言行録として、第一に挙げられるのが『歎異抄』でしょう。

親鸞滅後、七百五十年以上の時を経た現代に生きる私達がその親鸞像を描き出すには、現存する史料を元にして、なるべく真摯に想像するしか術はありません。その手掛かりとなる代表的な文献が『歎異抄』です。『歎異抄』の著者と伝えられる唯円は、直接親鸞より浄土真宗の教えを受けました。ですから、その唯円が制作した『歎異抄』が極めて重要な親鸞の言行録であることは言うまでもありません。

一方、『口伝鈔』は、浄土真宗の宗祖・親鸞の行実を二十一箇条にわたって整理した親鸞の言行録です。その本質は、法然から親鸞、そして如信を通して伝承された浄土真宗の正統なる念仏の教えを明らかにするというものです。著者・覚如は親鸞の曾孫に当たりますが、その覚如が誕生した一二七〇（文永七）年は、親鸞が入滅した一二六二（弘長二）年から八年を経ています。つまり覚如は、曾祖父・親鸞に見《まみ》えたことがないのです。その覚如は若い頃より父・覚恵と共に東国を巡回し、親鸞の遺跡を訪ね、親鸞の弟子や後継者達から、親鸞にまつわるエピソードを聞き取りました。そして、直接面授かなわなかった曾祖父・親鸞に思いを凝らし、『本願寺聖人親鸞伝絵』という伝記を制作しました。更に、覚如は『口伝鈔』等の文献を制作して浄土真宗の教学を確立し、本願寺教団の礎を築き上げました。

さて、鎌倉時代から遠く隔たった現代を生きる私達の中に、親鸞を直接知る者はいません。すると、その声を聞いたことのない親鸞の姿と教えを追い求めた覚如は、親鸞を直接知ることのない現代を生きる私達の先駆者なのではないでしょうか。そのように考えると『口伝鈔』は私達にとって、より身近なものになります。

直接面授かなわなかった覚如の『口伝鈔』に描かれる親鸞像は、直接教えを受けた唯円の『歎異抄』に描かれる親鸞像とは異なるでしょう。『口伝鈔』を講義するに当たって、「もう一つの親鸞像」という名を付した理由はここにあります。そして執筆中、つねに意識したのは「時隔たったがために面授あたわずとも、親鸞を敬慕して止まない覚如が描く、その人物像とはいかなるものか」ということでした。現代を生きる私達が知る親鸞は、厳しい自然環境・社会環境を生き抜き、法然より受けし撰択本願念仏の教えを、御同朋と共に聞き続けた、強靱な精神と身体を兼ね備えた人でしょう。しかし、親鸞という人物の側面は単にそればかりではないのではないでしょうか。

浄土真宗には、自身を仏道へと導く人を諸仏と仰ぐ伝統があります。その伝統に照らして、親鸞の生涯を辿るならば、間違いなく諸仏の化現という親鸞が出現します。私達は、親鸞の人間性に注目しますが、反面、諸仏として敬うことを忘れがちです。覚如が描く親鸞像は、私達にそのような視座を提供してくれます。

これこそが、「『歎異抄』とは少し異なる、〝もう一つの親鸞像〟を現代に構築し直し、親鸞の生き様が私達に届けようとするメッセージを聞き取りたい」（本書12頁）と志向しつつ、『口伝鈔』を読み解いた本書のベクトルです。しかしながら、『口伝鈔』が描く親鸞像から受け取るメッセージは決して画一的なものではありません。読者一人ひとりにそれぞれの受け止めがあるでしょう。是非とも、『口伝鈔』を通して、繰り返しその親鸞像からのメッセージに耳を傾けて下さい。

本書は、『大法輪』誌の『もう一つの親鸞像　―口伝鈔講義―』全三十三回をまとめたものです。この講義は、二〇一〇年七月号から足かけ三年にわたる連載でした。この間、『口伝鈔』を読めば読むほど、私自身の学びの浅薄さを知ると共に、この連載が私にとってどれほど身に余る仏道事業であるかを痛感しました。と同時に、小川一乗前真宗大谷派教学研究所長を始めとして、連載を促して下さった諸先輩方の「現況に満足することなく、常にブレークスルーをめざしてほしい」という深い願いをも聞くことが出来ました。改めて感謝申し上げます。とりわけ、師・安冨信哉大谷大学名誉教授並びに裕美子夫人には、度々激励と応援の言葉を頂戴致しました。安冨御夫妻の励ましが、私の執筆活動の大きな原動力となりましたこと、深く御礼申し上げます。

最後に、幸いにもこの度『大法輪』誌連載の拙文をこのように一書にまとめて上梓するご縁を頂きました。本誌での執筆以来、大法輪閣編集部・谷村英司氏並びに小山弘利氏には、何かとご指導とご鞭撻を賜りました。これまでのご厚情に、深甚の謝意を申し上げる次第です。

義盛　幸規

二〇一三（平成二十五）年四月

義盛　幸規（よしもり・こうき）
1972 年　北海道標津郡中標津町に生まれる。
1996 年　大阪大学経済学部経営学科卒業。
2005 年　大谷大学大学院文学研究科博士後期課程
真宗学専攻満期退学。
現在　真宗大谷派法藺寺住職。真宗大谷派擬講。博士（文学）。
編著　『これだけは知っておきたい浄土真宗の基礎知識』
（共著、大法輪閣、2012 年）

もう一つの親鸞像『口伝鈔』講義

2013 年　6 月 8 日　第 1 版第 1 刷発行

著　者　義 盛 幸 規
発行者　石 原 大 道
発行所　有限会社 大 法 輪 閣
〒 150-0011　東京都渋谷区東 2-5-36　大泉ビル
TEL　03-5466-1401（代表）
振替　00130-8-19 番
http://www.daihorin-kaku.com
印　刷　三協美術印刷 株式会社
製　本　株式会社 若林製本工場

ISBN978-4-8046-1349-9 C0015